경기도 공공기관 통합채용

NCS + 최종점검 모의고사 5회

시대에듀

2025 최신판 시대에듀 경기도 공공기관 통합채용
NCS + 최종점검 모의고사 5회 + 무료NCS특강

Always **with you**

사람의 인연은 길에서 우연하게 만나거나 함께 살아가는 것만을 의미하지는 않습니다.
책을 펴내는 출판사와 그 책을 읽는 독자의 만남도 소중한 인연입니다.
시대에듀는 항상 독자의 마음을 헤아리기 위해 노력하고 있습니다. 늘 독자와 함께하겠습니다.

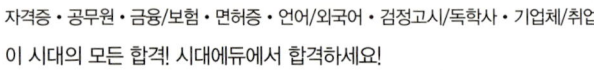

머리말 PREFACE

경기도 공공기관은 2025년에 신입사원을 통합채용할 예정이다. 경기도 공공기관의 채용절차는 「원서접수 ➡ 필기시험 ➡ 서류전형 ➡ 면접시험 ➡ 최종합격자 발표 ➡ 임용」 순서로 이루어진다. 필기시험은 인성검사와 직업기초능력평가로 진행되며, 그 중 직업기초능력평가는 의사소통능력, 수리능력, 문제해결능력, 자원관리능력, 조직이해능력 총 5개의 영역을 평가한다. 또한, 기관마다 지원자격 및 필기시험 합격자 선정기준이 상이하므로 반드시 지원하고자 하는 공공기관의 확정된 채용공고를 꼼꼼하게 확인하여야 한다.

경기도 공공기관 통합채용 필기시험 합격을 위해 시대에듀에서는 NCS 시리즈 누적 판매량 1위의 출간경험을 토대로 다음과 같은 특징을 가진 도서를 출간하였다.

도서의 특징

❶ 기출복원문제를 통한 출제경향 확인!
- 2024년 하반기 주요 공기업 NCS 기출복원문제를 수록하여 공기업별 출제경향을 파악할 수 있도록 하였다.

❷ 출제 영역 맞춤 문제를 통한 실력 상승!
- 직업기초능력평가 대표기출유형&기출응용문제를 수록하여 유형별로 학습할 수 있도록 하였다.

❸ 최종점검 모의고사를 통한 완벽한 실전 대비!
- 철저한 분석을 통해 실제 유형과 유사한 최종점검 모의고사를 수록하여 자신의 실력을 점검하고 향상시킬 수 있도록 하였다.

❹ 다양한 콘텐츠로 최종 합격까지!
- 경기도 공공기관 통합채용 채용 가이드와 면접 기출질문을 수록하여 채용 전반에 대비할 수 있도록 하였다.
- 온라인 모의고사를 무료로 제공하여 필기시험을 준비하는 데 부족함이 없도록 하였다.

끝으로 본 도서를 통해 경기도 공공기관 통합채용을 준비하는 모든 수험생 여러분이 합격의 기쁨을 누리기를 진심으로 기원한다.

SDC(Sidae Data Center) 씀

신입 채용 안내 INFORMATION

◇ 지원자격

채용 공공기관별 자격요건에 따름

◇ 통합채용 참여 공공기관

총 24개 기관 101명 채용		
경기주택도시공사	경기평택항만공사	경기관광공사
경기교통공사	경기연구원	경기문화재단
경기도경제과학진흥원	경기테크노파크	한국도자재단
경기도수원월드컵경기장관리재단	경기도청소년수련원	경기콘텐츠진흥원
경기아트센터	경기대진테크노파크	경기도농수산진흥원
경기도의료원	경기복지재단	경기도평생교육진흥원
경기도일자리재단	차세대융합기술연구원	경기도시장상권진흥원
경기도사회서비스원	경기환경에너지진흥원	경기도사회적경제원

◇ 필기시험

구분	내용	문항 수	시간
인성검사	인성 전반	210문항	30분
직업기초능력평가	의사소통능력, 수리능력, 문제해결능력, 자원관리능력, 조직이해능력	50문항	50분

❖ 위 채용 안내는 2024년 하반기 채용공고를 기준으로 작성하였으므로 세부사항은 확정된 채용공고를 확인하기 바랍니다.

2024년 하반기 기출분석 ANALYSIS

총평

2024년 하반기 경기도 공공기관 통합채용 필기시험은 PSAT형 중심 피듈형으로 출제되었으며, 난이도는 평이했다는 후기가 많았다. 하지만 지문 길이가 긴 문제와 계산 문제로 시간이 많이 소모되었다는 평이 많았으므로 실수 없는 계산과 꼼꼼한 학습을 통해 시간을 효율적으로 분배하는 연습이 필요해 보인다.

◇ 영역별 출제 비중

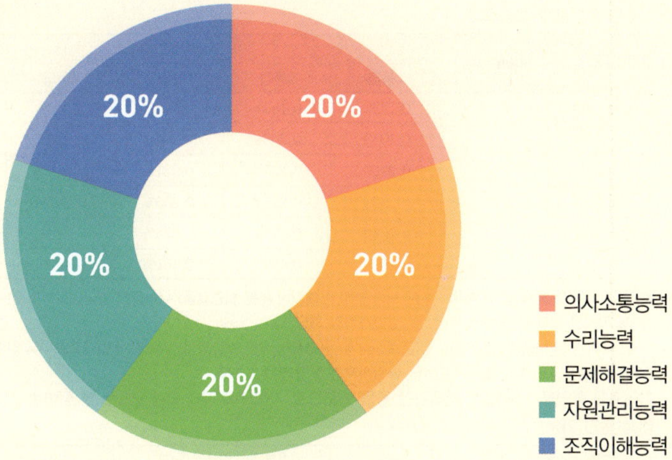

구분	출제 특징	출제 키워드
의사소통능력	• 지문이 긴 문제가 출제됨 • 맞춤법 문제가 출제됨	• 물류, 운송, 공문서 등
수리능력	• 응용 수리 문제가 출제됨 • 수열 문제가 출제됨	• 최솟값, 원탁, 부피 등
문제해결능력	• 명제 추론 문제가 출제됨	• 논리, 배열 등
자원관리능력	• 모듈형 문제가 출제됨 • 시간 계획 문제가 출제됨	• 이론, 시간 등
조직이해능력	• 모듈형 문제가 출제됨	• 조직, 기업 등

PSAT형

| 수리능력

04 다음은 신용등급에 따른 아파트 보증률에 대한 사항이다. 자료와 상황에 근거할 때, 갑(甲)과 을(乙)의 보증료의 차이는 얼마인가?(단, 두 명 모두 대지비 보증금액은 5억 원, 건축비 보증금액은 3억 원이며, 보증서 발급일로부터 입주자 모집공고 안에 기재된 입주 예정 월의 다음 달 말일까지의 해당 일수는 365일이다)

- (신용등급별 보증료)=(대지비 부분 보증료)+(건축비 부분 보증료)
- 신용평가 등급별 보증료율

구분	대지비 부분	건축비 부분				
		1등급	2등급	3등급	4등급	5등급
AAA, AA	0.138%	0.178%	0.185%	0.192%	0.203%	0.221%
A^+		0.194%	0.208%	0.215%	0.226%	0.236%
A^-, BBB^+		0.216%	0.225%	0.231%	0.242%	0.261%
BBB^-		0.232%	0.247%	0.255%	0.267%	0.301%
BB^+ ~CC		0.254%	0.276%	0.296%	0.314%	0.335%
C, D		0.404%	0.427%	0.461%	0.495%	0.531%

※ (대지비 부분 보증료)=(대지비 부분 보증금액)×(대지비 부분 보증료율)×(보증서 발급일로부터 입주자 모집공고 안에 기재된 입주 예정 월의 다음 달 말일까지의 해당 일수)÷365

※ (건축비 부분 보증료)=(건축비 부분 보증금액)×(건축비 부분 보증료율)×(보증서 발급일로부터 입주자 모집공고 안에 기재된 입주 예정 월의 다음 달 말일까지의 해당 일수)÷365

- 기여고객 할인율 : 보증료, 거래기간 등을 기준으로 기여도에 따라 6개 군으로 분류하며, 건축비 부분 요율에서 할인 가능

구분	1군	2군	3군	4군	5군	6군
차감률	0.058%	0.050%	0.042%	0.033%	0.025%	0.017%

〈상황〉

- 갑 : 신용등급은 A^+이며, 3등급 아파트 보증금을 내야 한다. 기여고객 할인율에서는 2군으로 선정되었다.
- 을 : 신용등급은 C이며, 1등급 아파트 보증금을 내야 한다. 기여고객 할인율은 3군으로 선정되었다.

① 554,000원
② 566,000원
③ 582,000원
④ 591,000원
⑤ 623,000원

특징
- 대부분 의사소통능력, 수리능력, 문제해결능력을 중심으로 출제(일부 기업의 경우 자원관리능력, 조직이해능력을 출제)
- 자료에 대한 추론 및 해석 능력을 요구

대행사
- 엑스퍼트컨설팅, 커리어넷, 태드솔루션, 한국행동과학연구소(행과연), 휴노 등

모듈형

| 문제해결능력

41 문제해결절차의 문제 도출 단계는 (가)와 (나)의 절차를 거쳐 수행된다. 다음 중 (가)에 대한 설명으로 적절하지 않은 것은?

(가)	→	(나)
전체 문제를 개별화된 이슈들로 세분화		문제에 영향력이 큰 핵심이슈를 선정

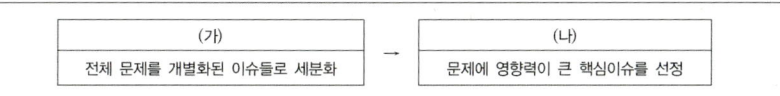

① 문제의 내용 및 영향 등을 파악하여 문제의 구조를 도출한다.
② 본래 문제가 발생한 배경이나 문제를 일으키는 메커니즘을 분명히 해야 한다.
③ 현상에 얽매이지 말고 문제의 본질과 실제를 봐야 한다.
④ 눈앞의 결과를 중심으로 문제를 바라봐야 한다.
⑤ 문제 구조 파악을 위해서 Logic Tree 방법이 주로 사용된다.

특징
- 이론 및 개념을 활용하여 푸는 유형
- 채용 기업 및 직무에 따라 NCS 직업기초능력평가 10개 영역 중 선발하여 출제
- 기업의 특성을 고려한 직무 관련 문제를 출제
- 주어진 상황에 대한 판단 및 이론 적용을 요구

대행사
- 인트로맨, 휴스테이션, ORP연구소 등

피듈형(PSAT형 + 모듈형)

| 자원관리능력

07 다음 자료를 근거로 판단할 때, 연구모임 A ~ E 중 세 번째로 많은 지원금을 받는 모임은?

〈지원계획〉

- 지원을 받기 위해서는 한 모임당 5명 이상 9명 미만으로 구성되어야 한다.
- 기본지원금은 모임당 1,500천 원을 기본으로 지원한다. 단, 상품개발을 위한 모임의 경우는 2,000천 원을 지원한다.
- 추가지원금

등급	상	중	하
추가지원금(천 원/명)	120	100	70

※ 추가지원금은 연구 계획 사전평가결과에 따라 달라진다.

- 협업 장려를 위해 협업이 인정되는 모임에는 위의 두 지원금을 합한 금액의 30%를 별도로 지원한다.

〈연구모임 현황 및 평가결과〉

특징
- 기초 및 응용 모듈을 구분하여 푸는 유형
- 기초인지모듈과 응용업무모듈로 구분하여 출제
- PSAT형보다 난도가 낮은 편
- 유형이 정형화되어 있고, 유사한 유형의 문제를 세트로 출제

대행사
- 사람인, 스카우트, 인크루트, 커리어케어, 트리피, 한국사회능력개발원 등

주요 공기업 적중 문제 TEST CHECK

경기도 공공기관

공문서 ▶ 키워드

2024년 적중

04 다음 중 목적에 맞는 문서작성 요령에 대한 설명으로 옳지 않은 것을 〈보기〉에서 모두 고르면?

보기

ㄱ. 업무지시서의 경우, 우선 협조가 가능한지 개괄적인 내용만을 담아 상대방의 의사를 확인하여야 한다.
ㄴ. 설명서의 경우, 소비자들의 오해 없는 정확한 이해를 위하여 전문용어를 이용하여 작성하여야 한다.
ㄷ. 공문서의 경우, 정해진 양식과 격식을 엄격하게 준수하여 작성하여야 한다.

① ㄱ
② ㄴ
③ ㄱ, ㄴ
④ ㄴ, ㄷ

시간 계획 ▶ 유형

2024년 적중

28 K공사에서는 부패방지 교육을 위해 오늘 일과 중 1시간을 반영하여 부서별로 토론식 교육을 할 것을 지시하였다. 귀하의 직급은 사원으로, 적당한 교육시간을 판단하여 보고하여야 한다. 부서원의 스케줄이 다음과 같고 스케줄 변동을 최소로 한다고 했을 때, 교육을 편성하기에 가장 적절한 시간은 언제인가?

<table>
<tr><th rowspan="2">시간</th><th colspan="5">직급별 스케줄</th></tr>
<tr><th>부장</th><th>차장</th><th>과장</th><th>대리</th><th>사원</th></tr>
<tr><td>09:00 ~ 10:00</td><td colspan="2">부서장 회의</td><td></td><td></td><td></td></tr>
<tr><td>10:00 ~ 11:00</td><td></td><td></td><td></td><td></td><td>비품 신청</td></tr>
<tr><td>11:00 ~ 12:00</td><td></td><td></td><td>고객 응대</td><td></td><td></td></tr>
<tr><td>12:00 ~ 13:00</td><td colspan="5">점심식사</td></tr>
<tr><td>13:00 ~ 14:00</td><td colspan="3">부서 업무 회의</td><td></td><td></td></tr>
<tr><td>14:00 ~ 15:00</td><td></td><td></td><td></td><td colspan="2">타 지점 방문</td></tr>
<tr><td>15:00 ~ 16:00</td><td></td><td></td><td colspan="3">일일 업무 결산</td></tr>
<tr><td>16:00 ~ 17:00</td><td></td><td>결산 업무보고</td><td></td><td></td><td></td></tr>
<tr><td>17:00 ~ 18:00</td><td>결산 업무보고</td><td></td><td></td><td></td><td></td></tr>
</table>

① 09:00 ~ 10:00
② 10:00 ~ 11:00
③ 13:00 ~ 14:00
④ 14:00 ~ 15:00

코레일 한국철도공사

농도 ▶ 유형

2024년 적중

02 농도가 10%인 소금물 200g에 농도가 15%인 소금물을 섞어서 13%인 소금물을 만들려고 한다. 이때, 농도가 15%인 소금물은 몇 g이 필요한가?

① 150g
② 200g
③ 250g
④ 300g
⑤ 350g

SWOT 분석 ▶ 유형

2024년 적중

01 다음은 K섬유회사에 대한 SWOT 분석 자료이다. 분석에 따른 대응 전략으로 적절한 것을 〈보기〉에서 모두 고르면?

S 강점	W 약점
• 첨단 신소재 관련 특허 다수 보유	• 신규 생산 설비 투자 미흡 • 브랜드의 인지도 부족
O 기회	**T 위협**
• 고기능성 제품에 대한 수요 증가 • 정부 주도의 문화 콘텐츠 사업 지원	• 중저가 의류용 제품의 공급 과잉 • 저임금의 개발도상국과 경쟁 심화

보기

ㄱ. SO전략으로 첨단 신소재를 적용한 고기능성 제품을 개발한다.
ㄴ. ST전략으로 첨단 신소재 관련 특허를 개발도상국의 경쟁업체에 무상 이전한다.
ㄷ. WO전략으로 문화 콘텐츠와 디자인을 접목한 신규 브랜드 개발을 통해 적극적으로 마케팅 한다.
ㄹ. WT전략으로 기존 설비에 대한 재투자를 통해 대량생산 체제로 전환한다.

① ㄱ, ㄷ
② ㄱ, ㄹ
③ ㄴ, ㄷ
④ ㄴ, ㄹ
⑤ ㄷ, ㄹ

도서 200% 활용하기 STRUCTURES

1 기출복원문제로 출제경향 파악

2024 | 하반기 주요 공기업 NCS 기출복원문제

정답 및 해설 p.002

| 경기도 공공기관 통합채용 / 의사소통능력

01 다음 중 밑줄 친 부분의 단어가 어법상 옳은 것은?

> A씨는 항상 ㉠ 짜깁기 / 짜집기한 자료로 보고서를 작성했다. 처음에는 아무도 눈치채지 못했지만, 시간이 지나면서 A씨의 작업이 다른 사람들의 것과 비교해 질적으로 떨어지는 것이 분명해졌다. A씨는 결국 동료들 사이에서 ㉡ 뒤처지기 / 뒤쳐지기 시작했고, 격차를 좁히기 위해 더 많은 시간을 투자해야 했다.

	㉠	㉡
①	짜깁기	뒤처지기
②	짜깁기	뒤쳐지기
③	짜집기	뒤처지기
④	짜집기	뒤쳐지기

| 경기도 공공기관 통합채용 / 수리능력

03 4개의 자연수 1, 2, 3, 4 중 3개의 수를 중복되지 않도록 골라 만들 수 있는 모든 세 자리 자연수의 합은?

① 6,580　② 6,660
③ 6,740　④ 6,820

| 경기도 공공기관 통합채용 / 수리능력

04 어떤 자연수 '25□'가 3의 배수일 때, □에 들어갈 수 있는 모든 자연수의 합은?

① 12　② 13
③ 14　④ 15

| 경기도 공공기관 통합채용 / 수리능력

05 대칭수는 순서대로 읽은 수와 거꾸로 읽은 수가 같은 수를 가리키는 말이다. 예컨대, 121, 303, 1,441, 85058 등은 대칭수이다. 1,000 이상 50,000 미만의 대칭수는 모두 몇 개인가?

① 180개　② 325개
③ 405개　④ 490개

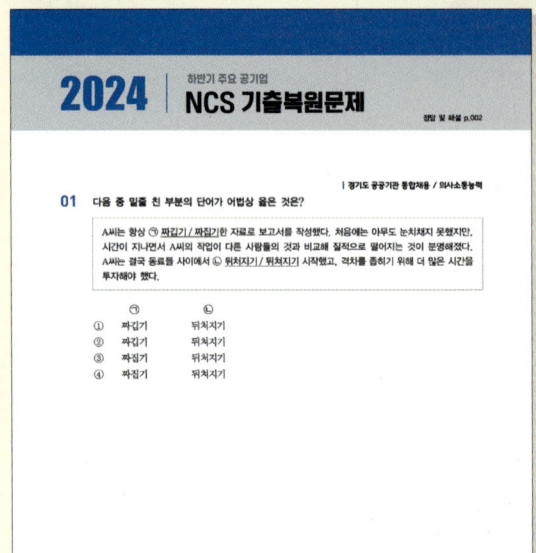

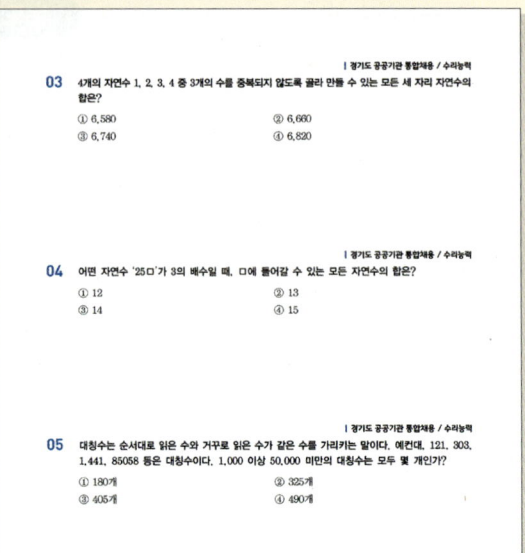

▸ 2024년 하반기 주요 공기업 NCS 기출복원문제를 수록하여 공기업별 출제경향을 파악할 수 있도록 하였다.

2 대표기출유형 + 기출응용문제로 NCS 완벽 대비

대표기출유형

01 | 문서 내용 이해

| 유형분석 |

- 주어진 지문을 읽고 선택지를 고르는 전형적인 독해 문제이다.
- 지문은 주로 신문기사(보도자료 등)나 업무 보고서, 시사 등이 제시된다.
- 공사공단에 따라 자사와 관련된 내용의 기사나 법조문, 보고서 등이 출제되기도 한다.

다음 글의 내용으로 적절하지 않은 것은?

> '저장강박증'은 사용 여부와 관계없이 물건을 버리지 못하고 저장해 두는 강박장애의 일종이다. 미래에 필요할 것이라고 생각해서 물건이나 음식을 버리지 못하고 쌓아 두거나, 어떤 경우 동물을 지나치게 많이 기르기도 한다. 저장강박증이 있는 사람들은 물건을 버리지 않고 모으지만 애정이 없기 때문에 관리는 하지 않는다. 다만 물건이 모아져 있는 상태에서 일시적인 편안함을 느낄 뿐이다. 그러나 결과적으로는 불안증과 강박증, 폭력성을 더욱 가중하는 결과를 낳게 된다.
> 저장강박증은 치료가 쉽지 않다. 아직까지 정확하게 밝혀진 원인이 없고, 무엇보다 저장강박증을 앓고 있는 사람들의 대부분은 자가 병식이 없다. 때문에 대부분 치료를 원하지 않거나 가족들의 강요에 의해 가까스로 병원을 찾는다. 그러나 자연적으로 좋아지기 어려우므로 반드시 초기에 치료를 진행해야 한다.

① 저장강박증은 물건을 버리지 못하는 강박장애이다.
② 저장강박증이 있는 사람은 동물을 지나치게 많이 기르기도 한다.
③ 저장강박증이 있는 사람은 물건에 애착을 느껴서 버리지 못한다.
④ 저장강박증의 정확한 원인은 아직 밝혀지지 않았다.

정답 ③
제시문에 따르면 저장강박증이 있는 사람들은 물건에 대한 애정이 없어서 관리를 하지 않는다. 따라서 애착을 느껴서 물건을 버리지 못한다는 것은 글의 내용으로 적절하지 않다.

대표기출유형 01 기출응용문제

※ 다음 글의 내용으로 적절하지 않은 것을 고르시오. [1~2]

01

> 데미스 하사비스(Demis Hassabis)는 영국의 인공지능 과학자이자 구글 딥마인드의 대표이다. 이세돌 9단과 바둑대결로 유명해진 알파고를 개발한 개발자로, 그는 어릴 때부터 남달랐다. 10대 초반 체스 최고 등급인 체스마스터가 됐을 뿐만 아니라 세계랭킹 2위까지 올랐고, 게임 개발사에 들어가 게임 프로그래머로 명성을 얻었으며 이후 케임브리지대 컴퓨터과학과에 진학했다. 그리고 대학원에서 인지신경과학 박사학위를 받은 이듬해인 2010년 딥마인드를 세웠다. 창업한지 4년 만에 구글에서 4억 유로를 주고 딥마인드를 인수했으며 그때부터 '구글 딥마인드(Google DeepMind)'가 된다. 그가 밝힌 현재 진행 중인 딥마인드의 임무는 학습 알고리즘을 통해 사람처럼 여러 가지 문제를 해결하는 범용 인공지능을 개발하는 것이다. 범용 인공지능이란 백지상태에서 출발하여 학습을 통해 다양한 분야에서 문제해결능력을 갖춘 인공지능이다. 결국 그의 최종 목표는 인간의 뇌와 비슷하게 작동하는 프로그램을 만들어 내는 것이다.

① 알파고의 다음 상대는 체스이다.
② 알파고는 사람처럼 스스로 학습할 수 있게 설계되었다.
③ 데미스 하사비스가 알파고를 만든 배경에는 컴퓨터과학과 인지신경과학이 모두 작용했다.
④ 구글이 딥마인드를 인수하기 위해 4억 유로의 큰 비용을 들였다.

02

> 우리 민족은 고유한 주거문화로 바닥 난방 기술인 구들을 발전시켜 왔는데, 구들은 우리 민족에 다양한 영향을 주었다. 우선 오랜 구들 생활은 우리 민족의 인체에 적지 않은 변화를 초래하였다. 태어나면서부터 따뜻한 구들에 누워 자는 것이 습관이 된 우리 아이들은 사지의 활동량이 적어 발육이 늦어졌다. 구들에서 자란 우리 아이들은 다른 어떤 민족의 아이들보다 따뜻한 곳에서 안정감을 느꼈으며, 우리 민족은 아이들에게 따뜻함을 만들어주기 위해 여러 가지를 고안하여 발전시켰다.

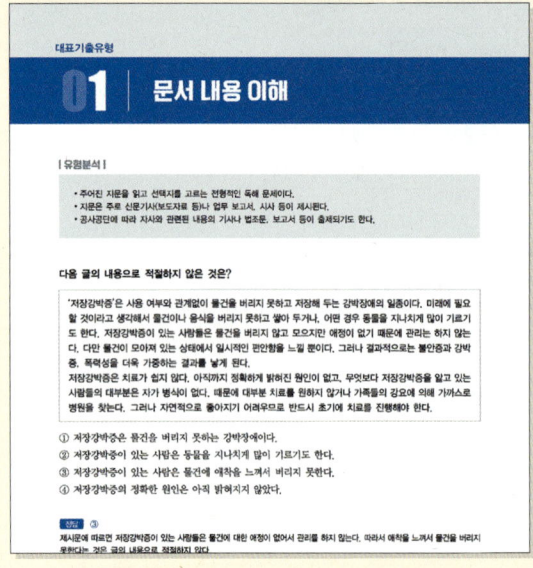

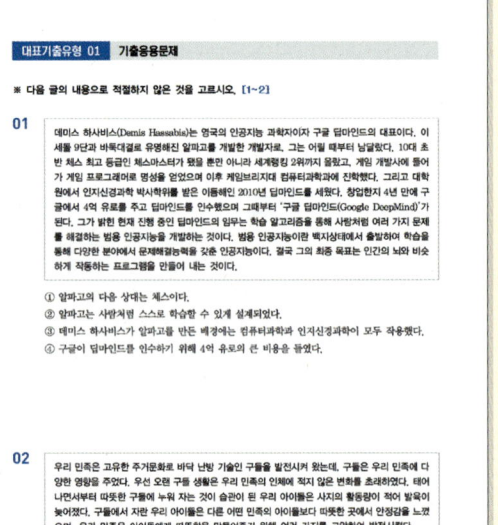

▸ 직업기초능력평가 출제영역에 대한 대표기출유형과 기출응용문제를 수록하여 유형별로 학습할 수 있도록 하였다.

3 최종점검 모의고사 + OMR을 활용한 실전 연습

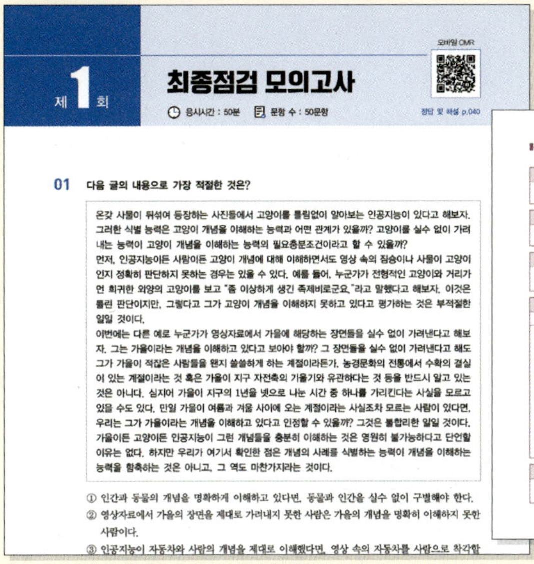
모바일 OMR

제 1 회 최종점검 모의고사

응시시간 : 50분 문항 수 : 50문항

정답 및 해설 p.040

01 다음 글의 내용으로 가장 적절한 것은?

온갖 사물이 뒤섞여 등장하는 사진들에서 고양이를 틀림없이 알아보는 인공지능이 있다고 해보자. 그러한 식별 능력은 고양이 개념을 이해하는 능력과 어떤 관계가 있을까? 고양이를 실수 없이 가려내는 능력이 고양이 개념을 이해하는 능력의 필요충분조건이라고 할 수 있을까?
먼저, 인공지능이든 사람이든 고양이 개념에 대해 이해하면서도 영상 속의 짐승이나 사물이 고양이인지 정확히 판단하지 못하는 경우는 있을 수 있다. 예를 들어, 누군가가 전형적인 고양이와 거리가 먼 희귀한 외양의 고양이를 보고 "좀 이상하게 생긴 족제비로군요."라고 말했다고 해보자. 이것은 틀린 판단이지만, 그렇다고 그가 고양이 개념을 이해하지 못하고 있다고 평가하는 것은 부적절한 일일 것이다.
이번에는 다른 예로 누군가가 영상자료에서 가을에 해당하는 장면들을 실수 없이 가려낸다고 해보자. 그는 가을이라는 개념을 이해하고 있다고 보아야 할까? 그 장면들을 실수 없이 가려낸다고 해도 그가 가을이 적잖은 사람들을 왠지 쓸쓸하게 하는 계절이라든가, 농경문화의 전통에서 수확의 결실이 있는 계절이라는 것 혹은 가을이 지구 자전축의 기울기와 유관하다는 것 등을 반드시 알고 있는 것은 아니다. 심지어 가을이 지구의 1년을 넷으로 나눈 시간 중 하나를 가리킨다는 사실을 모르고 있을 수도 있다. 만일 가을이 여름과 겨울 사이에 오는 계절이라는 사실조차 모르는 사람이 있다면, 우리는 그가 가을이라는 개념을 이해하고 있다고 인정할 수 있을까? 그것은 불합리한 일일 것이다.
가을이든 고양이든 인공지능이 그런 개념들을 충분히 이해하는 것은 영원히 불가능하다고 단언할 이유는 없다. 하지만 우리가 여기서 확인한 점은 개념의 사례를 식별하는 능력이 개념을 이해하는 능력을 함축하는 것은 아니고, 그 역도 마찬가지라는 것이다.

① 인간과 동물의 개념을 명확하게 이해하고 있다면, 동물과 인간을 실수 없이 구별해야 한다.
② 영상자료에서 가을의 장면을 제대로 가려내지 못한 사람은 가을의 개념을 명확히 이해하지 못한 사람이다.
③ 인공지능이 자동차와 사람의 개념을 제대로 이해했다면, 영상 속의 자동차를 사람으로 착각할

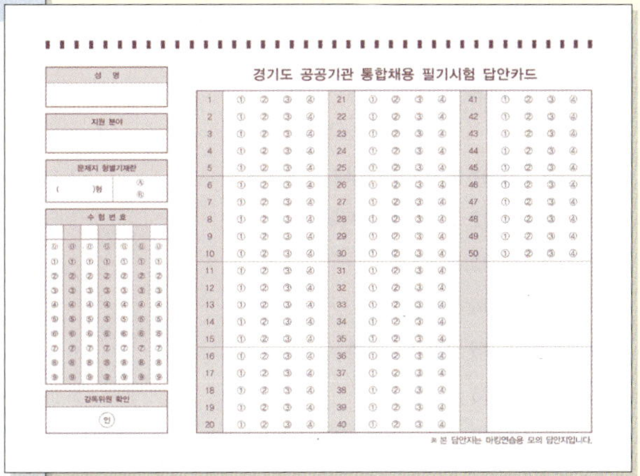

▸ 최종점검 모의고사와 OMR 답안카드를 수록하여 실제로 시험을 보는 것처럼 마무리 연습을 할 수 있도록 하였다.
▸ 모바일 OMR 답안채점/성적분석 서비스를 통해 필기시험에 대비할 수 있도록 하였다.

4 인성검사부터 면접까지 한 권으로 최종 마무리

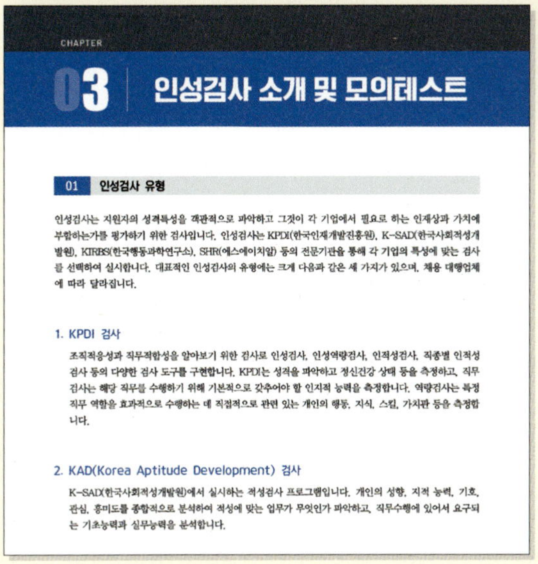
CHAPTER 03 인성검사 소개 및 모의테스트

01 인성검사 유형

인성검사는 지원자의 성격특성을 객관적으로 파악하고 그것이 각 기업에서 필요로 하는 인재상과 가치에 부합하는가를 평가하기 위한 검사입니다. 인성검사는 KPDI(한국인재개발진흥원), K-SAD(한국사회적성개발원), KIRBS(한국행동과학연구소), SHR(에스에이치알) 등의 전문기관을 통해 각 기업의 특성에 맞는 검사를 선택하여 실시합니다. 대표적인 인성검사의 유형에는 크게 다음과 같은 세 가지가 있으며, 채용 대행업체에 따라 달라집니다.

1. KPDI 검사

조직적응성과 직무적합성을 알아보기 위한 검사로 인성검사, 인성역량검사, 인적성검사, 직종별 인적성검사 등의 다양한 검사 도구를 구현합니다. KPDI는 성격을 파악하고 정신건강 상태 등을 측정하고, 직무검사는 해당 직무를 수행하기 위해 기본적으로 갖추어야 할 인지적 능력을 측정합니다. 역량검사는 특정 직무 역할을 효과적으로 수행하는 데 직접적으로 관련 있는 개인의 행동, 지식, 스킬, 가치관 등을 측정합니다.

2. KAD(Korea Aptitude Development) 검사

K-SAD(한국사회적성개발원)에서 실시하는 적성검사 프로그램입니다. 개인의 성향, 지적 능력, 기호, 관심, 흥미도를 종합적으로 분석하여 적성에 맞는 업무가 무엇인가 파악하고, 직무수행에 있어서 요구되는 기초능력과 실무능력을 분석합니다.

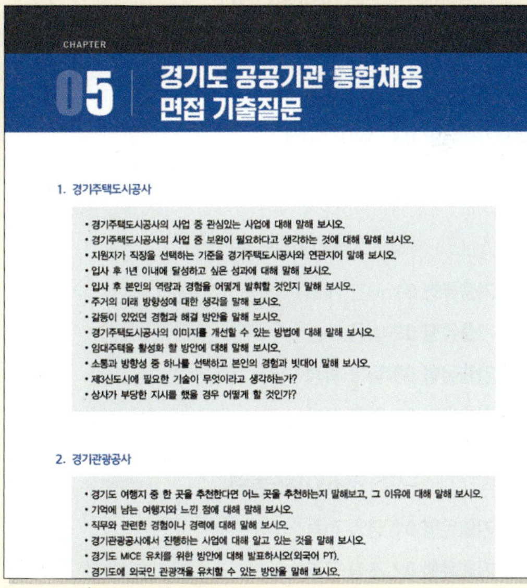
CHAPTER 05 경기도 공공기관 통합채용 면접 기출질문

1. 경기주택도시공사

- 경기주택도시공사의 사업 중 관심있는 사업에 대해 말해 보시오.
- 경기주택도시공사의 사업 중 보완이 필요하다고 생각하는 것에 대해 말해 보시오.
- 지원자가 직장을 선택하는 기준을 경기주택도시공사와 연관지어 말해 보시오.
- 입사 후 1년 이내에 달성하고 싶은 성과에 대해 말해 보시오.
- 입사 후 본인의 역량과 경험을 어떻게 발휘할 것인지 말해 보시오..
- 주거의 미래 방향성에 대한 생각을 말해 보시오.
- 갈등이 있었던 경험과 해결 방안을 말해 보시오.
- 경기주택도시공사의 이미지를 개선할 수 있는 방법에 대해 말해 보시오.
- 임대주택을 활성화 할 방안에 대해 말해 보시오.
- 소통과 방향성 중 하나를 선택하고 본인의 경험과 빗대어 말해 보시오.
- 제3신도시에 필요한 기술이 무엇이라고 생각하는가?
- 상사가 부당한 지시를 했을 경우 어떻게 할 것인가?

2. 경기관광공사

- 경기도 여행지 중 한 곳을 추천한다면 어느 곳을 추천하는지 말해보고, 그 이유에 대해 말해 보시오.
- 기억에 남는 여행지와 느낀 점에 대해 말해 보시오.
- 직무와 관련한 경험이나 경력에 대해 말해 보시오.
- 경기관광공사에서 진행하는 사업에 대해 알고 있는 것을 말해 보시오.
- 경기도 MICE 유치를 위한 방안에 대해 발표하시오(외국어 PT).
- 경기도에 외국인 관광객을 유치할 수 있는 방안을 말해 보시오.

▸ 인성검사 모의테스트를 수록하여 인성검사 유형 및 문항을 확인할 수 있도록 하였다.
▸ 경기도 공공기관 통합채용 면접 기출질문을 수록하여 면접에서 나오는 질문을 미리 파악하고 연습할 수 있도록 하였다.

이 책의 차례 CONTENTS

Add+

2024년 하반기 주요 공기업 NCS 기출복원문제

정답 및 해설 p.002

| 경기도 공공기관 통합채용 / 의사소통능력

01 다음 중 밑줄 친 부분의 단어가 어법상 옳은 것은?

> A씨는 항상 ㉠ 짜깁기 / 짜집기한 자료로 보고서를 작성했다. 처음에는 아무도 눈치채지 못했지만, 시간이 지나면서 A씨의 작업이 다른 사람들의 것과 비교해 질적으로 떨어지는 것이 분명해졌다. A씨는 결국 동료들 사이에서 ㉡ 뒤처지기 / 뒤쳐지기 시작했고, 격차를 좁히기 위해 더 많은 시간을 투자해야 했다.

	㉠	㉡
①	짜깁기	뒤처지기
②	짜깁기	뒤쳐지기
③	짜집기	뒤처지기
④	짜집기	뒤쳐지기

| 경기도 공공기관 통합채용 / 의사소통능력

02 다음 중 공문서 작성 시 유의해야 할 점으로 옳지 않은 것은?

① 한 장에 담아내는 것이 원칙이다.
② 부정문이나 의문문의 형식은 피한다.
③ 마지막엔 반드시 '끝'자로 마무리한다.
④ 날짜 다음에 괄호를 사용할 경우에는 반드시 마침표를 찍는다.

| 경기도 공공기관 통합채용 / 수리능력

03

4개의 자연수 1, 2, 3, 4 중 3개의 수를 중복되지 않도록 골라 만들 수 있는 모든 세 자리 자연수의 합은?

① 6,580 ② 6,660
③ 6,740 ④ 6,820

| 경기도 공공기관 통합채용 / 수리능력

04

어떤 자연수 '25□'가 3의 배수일 때, □에 들어갈 수 있는 모든 자연수의 합은?

① 12 ② 13
③ 14 ④ 15

| 경기도 공공기관 통합채용 / 수리능력

05

대칭수는 순서대로 읽은 수와 거꾸로 읽은 수가 같은 수를 가리키는 말이다. 예컨대, 121, 303, 1,441, 85058 등은 대칭수이다. 1,000 이상 50,000 미만의 대칭수는 모두 몇 개인가?

① 180개 ② 325개
③ 405개 ④ 490개

| 경기도 공공기관 통합채용 / 수리능력

06

영서가 어머니와 함께 40분 동안 만두를 60개 빚었다고 한다. 어머니가 혼자서 1시간 동안 만두를 빚을 수 있는 개수가 영서가 혼자서 1시간 동안 만두를 빚을 수 있는 개수보다 10개 더 많을 때, 영서는 1시간 동안 만두를 몇 개 빚을 수 있는가?

① 30개 ② 35개
③ 40개 ④ 45개

| 경기도 공공기관 통합채용 / 수리능력

07 다음과 같이 일정한 규칙으로 수를 나열할 때, 빈칸에 들어갈 수로 옳은 것은?

8 18 32 50 72 98 ( ) 162 200 …

① 128
② 130
③ 132
④ 134

| 경기도 공공기관 통합채용 / 수리능력

08 K씨는 A지점에서 B지점으로 80km/h의 속력으로 가서 도착 후 10분 동안 쉬고 난 뒤 60km/h의 속력으로 되돌아왔다. 이때 걸린 시간이 2시간 30분 이상일 때, 두 지점 사이의 거리는 최소 몇 km인가?

① 72km
② 80km
③ 88km
④ 96km

| 경기도 공공기관 통합채용 / 문제해결능력

09 바이올린, 호른, 오보에, 플루트 4가지의 악기를 〈조건〉에 따라 좌우로 4칸인 선반에 각각 1대씩 보관하려 한다. 각 칸에는 한 대의 악기만 배치할 수 있을 때, 왼쪽에서 두 번째 칸에 배치할 수 없는 악기는?

조건

- 호른은 바이올린 바로 왼쪽에 위치한다.
- 오보에는 플루트 왼쪽에 위치하지 않는다.

① 바이올린
② 호른
③ 오보에
④ 플루트

10 다음 중 비영리 조직으로 옳지 않은 것은?

① 교육기관 ② 자선단체
③ 사회적 기업 ④ 비정부기구

11 다음 밑줄 친 부분에 해당하는 키슬러의 대인관계 의사소통 유형은?

> 의사소통 시 이 유형의 사람은 따뜻하고 인정이 많고 자기희생적이나 타인의 요구를 거절하지 못하므로 타인과의 정서적인 거리를 유지하는 노력이 필요하다.

① 지배형 ② 사교형
③ 친화형 ④ 고립형
⑤ 순박형

12 다음 중 비언어적 요소인 쉼을 사용하는 경우로 적절하지 않은 것은?

① 양해나 동조를 구할 경우
② 상대방에게 반문을 할 경우
③ 이야기의 흐름을 바꿀 경우
④ 연단공포증을 극복하려는 경우
⑤ 이야기를 생략하거나 암시할 경우

13 **다음 글을 통해 알 수 있는 철도사고 발생 시 행동요령으로 적절하지 않은 것은?**

> 철도사고는 지하철, 고속철도 등 철도에서 발생하는 사고를 뜻한다. 많은 사람이 한꺼번에 이용하며 무거운 전동차가 고속으로 움직이는 특성상 철도사고가 발생할 경우 인명과 재산에 큰 피해가 발생한다.
> 철도사고는 다양한 원인에 의해 발생하며 사고 유형 또한 다양하게 나타나는데, 대표적으로는 충돌사고, 탈선사고, 열차화재사고가 있다. 이 사고들은 철도안전법에서 철도교통사고로 규정되어 있으며, 많은 인명피해를 야기하므로 철도사업자는 반드시 이를 예방하기 위한 조치를 취해야 한다. 또한 승객들은 위험으로부터 빠르게 벗어나기 위해 사고 시 대피요령을 파악하고 있어야 한다.
> 국토교통부는 철도사고 발생 시 인명과 재산을 보호하기 위한 국민행동요령을 제시하고 있다. 이 행동요령에 따르면 지하철에서 사고가 발생할 경우 가장 먼저 객실 양 끝에 있는 인터폰으로 승무원에게 사고를 알려야 한다. 만약 화재가 발생했다면 곧바로 119에 신고하고, 여유가 있다면 객실 양 끝에 비치된 소화기로 불을 꺼야 한다. 반면 화재의 진화가 어려울 경우 입과 코를 젖은 천으로 막고 화재가 발생하지 않은 다른 객실로 이동해야 한다. 전동차에서 대피할 때는 안내방송과 승무원의 안내에 따라 질서 있게 대피해야 하며 이때 부상자, 노약자, 임산부가 먼저 대피할 수 있도록 배려하고 도와주어야 한다. 만약 전동차의 문이 열리지 않으면 반드시 열차가 멈춘 후에 안내방송에 따라 비상핸들이나 비상콕크를 돌려 문을 열고 탈출해야 한다. 전동차가 플랫폼에 멈췄을 경우 스크린도어를 열고 탈출해야 하는데, 손잡이를 양쪽으로 밀거나 빨간색 비상바를 밀고 탈출해야 한다. 반대로 역이 아닌 곳에서 멈췄을 경우 감전의 위험이 있으므로 반드시 승무원의 안내에 따라 반대편 선로의 열차 진입에 유의하며 대피 유도등을 따라 침착하게 비상구로 대피해야 한다.
> 이와 같이 승객들은 철도사고 발생 시 신고, 질서 유지, 빠른 대피를 중점적으로 유념하여 행동해야 한다. 철도사고는 사고 자체가 일어나지 않도록 철저한 안전관리와 예방이 필요하지만, 다양한 원인으로 예상치 못하게 발생한다. 따라서 철도교통을 이용하는 승객 또한 평소에 안전 수칙을 준수하고 비상 상황에서 침착하게 대처하는 훈련이 필요하다.

① 침착함을 잃지 않고 승무원의 안내에 따라 대피해야 한다.
② 화재사고 발생 시 규모가 크지 않다면 빠르게 진화 작업을 해야 한다.
③ 선로에서 대피할 경우 승무원의 안내와 대피 유도등을 따라 대피해야 한다.
④ 열차에서 대피할 때는 탈출이 어려운 사람부터 대피할 수 있도록 도와야 한다.
⑤ 열차사고 발생 시 탈출을 위해 우선 비상핸들을 돌려 열차의 문을 개방해야 한다.

14 다음 글을 읽고 알 수 있는 하향식 읽기 모형의 사례로 적절하지 않은 것은?

> 글을 읽는 것은 단순히 책에 쓰인 문자를 해독하는 것이 아니라 그 안에 담긴 의미를 파악하는 과정이다. 그렇다면 사람들은 어떤 방식으로 글의 의미를 파악할까? 세상의 모든 어휘를 알고 있는 사람은 없을 것이다. 그러나 대부분의 사람들, 특히 고등교육을 받은 성인들은 자신이 잘 모르는 어휘가 있더라도 글의 전체적인 맥락과 의미를 파악할 수 있다. 이를 설명해 주는 것이 바로 하향식 읽기 모형이다.
> 하향식 읽기 모형은 독자가 이미 알고 있는 배경지식과 경험을 바탕으로 글의 전체적인 맥락을 먼저 파악하는 방식이다. 하향식 읽기 모형은 독자의 능동적인 참여를 활용하는 읽기로, 여기서 독자는 단순히 글을 받아들이는 수동적인 존재가 아니라 자신의 지식과 경험을 활용하여 글의 의미를 구성해 나가는 주체적인 역할을 한다. 이때 독자는 글의 내용을 예측하고 추론하며, 심지어 자신의 생각을 더하여 글에 대한 이해를 넓혀갈 수 있다.
> 하향식 읽기 모형의 장점은 빠르고 효율적인 독서가 가능하다는 것이다. 글의 전체적인 맥락을 먼저 파악하기 때문에 글의 핵심 내용을 빠르게 파악할 수 있고, 배경지식을 활용하여 더 깊이 있는 이해를 얻을 수 있다. 또한 예측과 추론을 통한 능동적인 독서는 독서에 대한 흥미를 높여 주는 효과도 있다.
> 그러나 하향식 읽기 모형은 독자의 배경지식에 의존하여 읽는 방법이므로 배경지식이 부족한 경우 글의 의미를 정확하게 파악하기 어려울 수 있으며, 배경지식에 의존하여 오해를 할 가능성도 크다. 또한 글의 내용이 복잡하다면 많은 배경지식을 가지고 있더라도 글의 맥락을 적극적으로 가정하거나 추측하기 어려운 것 또한 하향식 읽기 모형의 단점이 된다.
> 하향식 읽기 모형은 글의 내용을 빠르게 이해하고 독자 스스로 내면화할 수 있으므로 독서 능력 향상에 유용한 방법이다. 그러나 모든 글에 동일하게 적용할 수 있는 읽기 모델은 아니므로 글의 종류와 독자의 배경지식에 따라 적절한 읽기 전략을 사용해야 한다. 따라서 하향식 읽기 모형과 함께 상향식 읽기(문자의 정확한 해독), 주석 달기, 소리 내어 읽기 등 다양한 읽기 전략을 활용하여야 한다.

① 회의 자료를 읽기 전 회의 주제를 먼저 파악하여 회의 안건을 예상하였다.
② 기사의 헤드라인을 먼저 읽어 기사의 내용을 유추한 뒤 상세 내용을 읽었다.
③ 제품 설명서를 읽어 제품의 기능과 각 버튼의 용도를 파악하고 기계를 작동시켰다.
④ 요리법의 전체적인 조리 과정을 파악하고 단계별로 필요한 재료와 순서를 확인하였다.
⑤ 서문이나 목차를 통해 책의 전체적인 흐름을 파악하고 관심 있는 부분을 집중적으로 읽었다.

| 코레일 한국철도공사 / 수리능력

15 농도가 15%인 소금물 200g과 농도가 20%인 소금물 300g을 섞었을 때, 섞인 소금물의 농도는?

① 17%
② 17.5%
③ 18%
④ 18.5%
⑤ 19%

| 코레일 한국철도공사 / 수리능력

16 남직원 A ~ C, 여직원 D ~ F 6명이 일렬로 앉고자 한다. 여직원끼리 인접하지 않고, 여직원 D와 남직원 B가 서로 인접하여 앉는 경우의 수는?

① 12가지
② 20가지
③ 40가지
④ 60가지
⑤ 120가지

| 코레일 한국철도공사 / 수리능력

17 다음과 같이 일정한 규칙으로 수를 나열할 때 빈칸에 들어갈 수로 옳은 것은?

−23	−15	−11	5	13	25	( )	45	157	65

① 49
② 53
③ 57
④ 61
⑤ 65

18 다음은 K시의 유치원, 초·중·고등학교, 고등교육기관의 취학률 및 초·중·고등학교의 상급학교 진학률에 대한 자료이다. 이에 대한 설명으로 옳지 않은 것은?

〈유치원, 초·중·고등학교, 고등교육기관 취학률〉

(단위 : %)

구분	2014년	2015년	2016년	2017년	2018년	2019년	2020년	2021년	2022년	2023년
유치원	45.8	45.2	48.3	50.6	51.6	48.1	44.3	45.8	49.7	52.8
초등학교	98.7	99	98.6	98.9	99.3	99.6	98.1	98.1	99.5	99.9
중학교	98.5	98.6	98.1	98	98.9	98.5	97.1	97.6	97.5	98.2
고등학교	95.3	96.9	96.2	95.4	96.2	94.7	92.1	93.7	95.2	95.6
고등교육기관	65.6	68.9	64.9	66.2	67.5	69.2	70.8	71.7	74.3	73.5

〈초·중·고등학교 상급학교 진학률〉

(단위 : %)

구분	2014년	2015년	2016년	2017년	2018년	2019년	2020년	2021년	2022년	2023년
초등학교	100	100	100	100	100	100	100	100	100	100
중학교	99.7	99.7	99.7	99.7	99.7	99.7	99.7	99.7	99.7	99.6
고등학교	93.5	91.8	90.2	93.2	91.7	90.5	91.4	92.6	93.9	92.8

① 중학교의 취학률은 매년 97% 이상이다.

② 매년 취학률이 가장 높은 기관은 초등학교이다.

③ 고등교육기관의 취학률이 70%를 넘긴 해는 2020년부터이다.

④ 2023년에 중학교에서 고등학교로 진학하지 않은 학생의 비율은 전년 대비 감소하였다.

⑤ 고등교육기관의 취학률이 가장 낮은 해와 고등학교의 상급학교 진학률이 가장 낮은 해는 같다.

19 다음은 A기업과 B기업의 2024년 1 ~ 6월 매출액에 대한 자료이다. 이를 그래프로 옮겼을 때의 개형으로 옳은 것은?

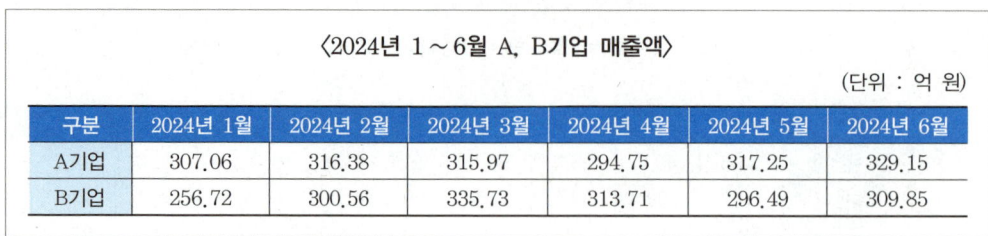

〈2024년 1 ~ 6월 A, B기업 매출액〉

(단위 : 억 원)

구분	2024년 1월	2024년 2월	2024년 3월	2024년 4월	2024년 5월	2024년 6월
A기업	307.06	316.38	315.97	294.75	317.25	329.15
B기업	256.72	300.56	335.73	313.71	296.49	309.85

①
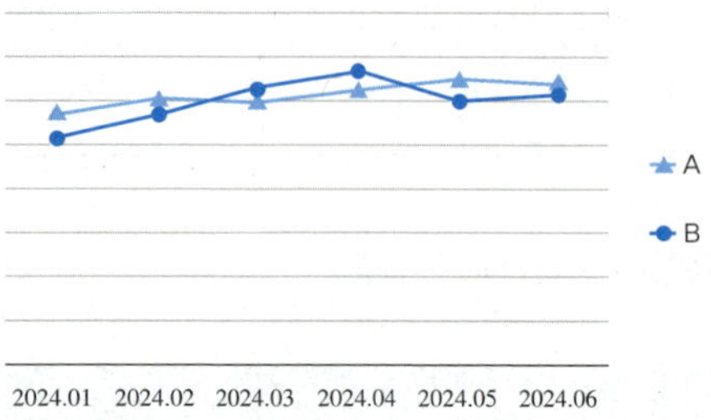

②
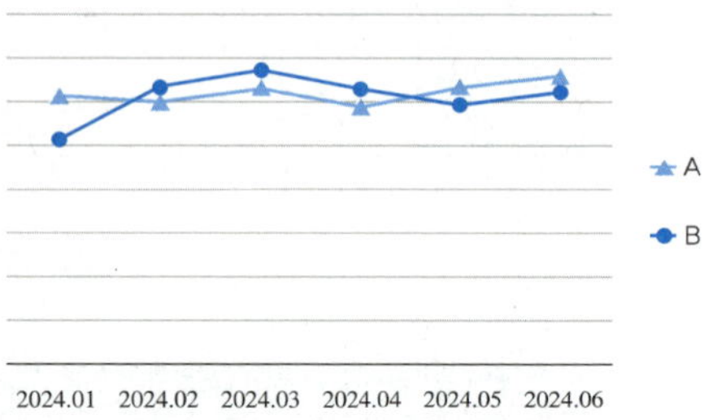

③
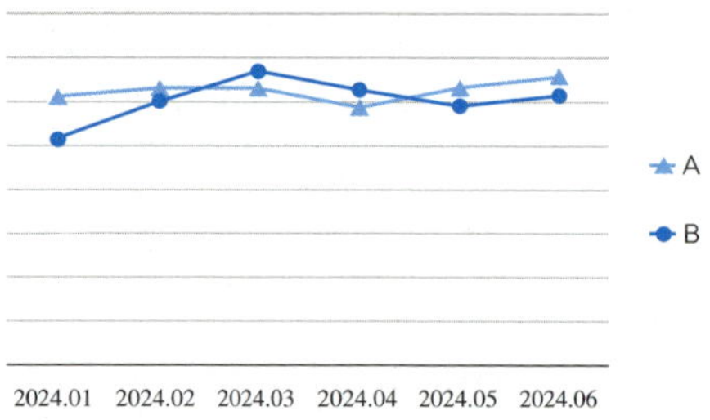

④
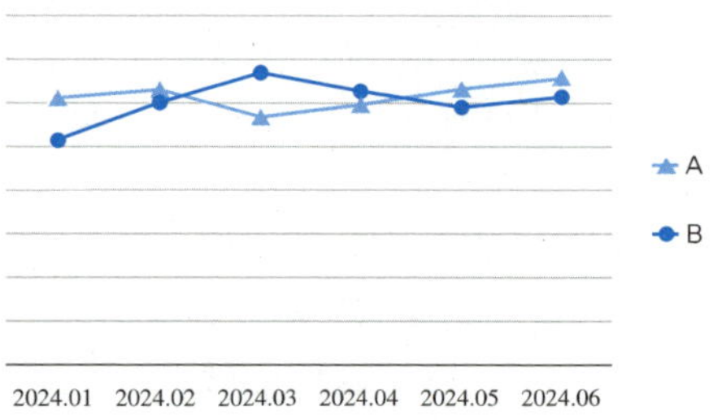

⑤
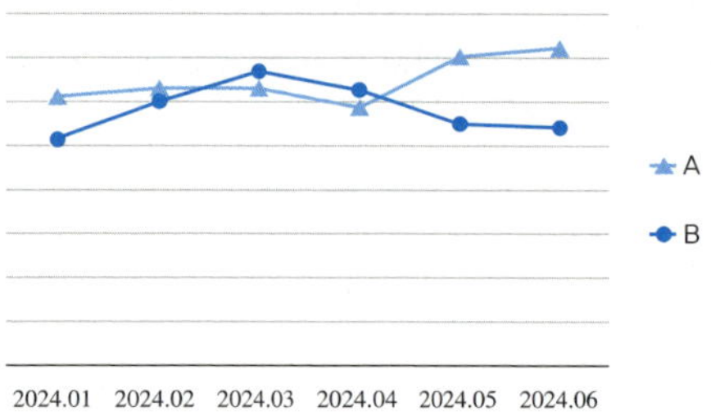

20 다음은 스마트 팜을 운영하는 K사에 대한 SWOT 분석 결과이다. 이에 따른 전략이 나머지와 다른 것은?

〈K사 스마트 팜 SWOT 분석 결과〉

구분		분석 결과
내부환경요인	강점(Strength)	• 차별화된 기술력 : 기존 스마트 팜 솔루션과 차별화된 센서 기술, AI 기반 데이터 분석 기술 보유 • 젊고 유연한 조직 : 빠른 의사결정과 시장 변화에 대한 적응력 • 정부 사업 참여 경험 : 스마트 팜 관련 정부 사업 참여 가능성
	약점(Weakness)	• 자금 부족 : 연구개발, 마케팅 등에 필요한 자금 확보 어려움 • 인력 부족 : 다양한 분야의 전문 인력 확보 필요 • 개발력 부족 : 신규 기술 개발 속도 느림
외부환경요인	기회(Opportunity)	• 스마트 팜 시장 성장 : 스마트 팜에 대한 관심 증가와 이에 따른 정부의 적극적인 지원 • 해외 시장 진출 가능성 : 글로벌 스마트 팜 시장 진출 기회 확대 • 활발한 관련 연구 : 스마트 팜 관련 공동연구 및 포럼, 설명회 등 정보 교류가 활발하게 논의
	위협(Threat)	• 경쟁 심화 : 후발 주자의 등장과 기존 대기업의 시장 장악 가능성 • 기술 변화 : 빠르게 변화하는 기술 트렌드에 대한 대응 어려움 • 자연재해 : 기후 변화 등 예측 불가능한 자연재해로 인한 피해 가능성

① 정부 지원을 바탕으로 연구개발에 필요한 자금을 확보
② 스마트 팜 관련 공동연구에 참가하여 빠르게 신규 기술을 확보
③ 스마트 팜에 대한 높은 관심을 바탕으로 온라인 펀딩을 통해 자금을 확보
④ 포럼 등 설명회에 적극적으로 참가하여 전문 인력 확충을 위한 인맥을 확보
⑤ 스마트 팜 관련 정부 사업 참여 경험을 바탕으로 정부의 적극적인 지원을 확보

21 다음 대화에서 공통적으로 나타나는 논리적 오류로 가장 적절한 것은?

A : 반려견 출입 금지라고 쓰여 있는 카페에 갔는데 거절당했어. 반려견 출입 금지면 고양이는 괜찮은 거 아니야?
B : 어제 직장동료가 "조심히 들어가세요."라고 했는데 집에 들어갈 때만 조심하라는 건가?
C : 친구가 비가 와서 우울하다고 했는데, 비가 안 오면 행복해지겠지?
D : 이웃을 사랑하라는 선생님의 가르침을 실천하기 위해 사기를 저지른 이웃을 숨겨 주었어.
E : 의사가 건강을 위해 채소를 많이 먹으라고 하던데 앞으로는 채소만 먹으면 되겠어.
F : 긍정적인 생각을 하면 좋은 일이 생기니까 아무리 나쁜 일이 있어도 긍정적으로만 생각하면 될 거야.

① 무지의 오류
② 연역법의 오류
③ 과대해석의 오류
④ 허수아비 공격의 오류
⑤ 권위나 인신공격에 의존한 논증

22 A ~ E열차를 운행거리가 가장 긴 순서대로 나열하려고 한다. 운행시간 및 평균 속력이 다음과 같을 때, C열차는 몇 번째로 운행거리가 긴 열차인가?(단, 열차 대기시간은 고려하지 않는다)

〈A ~ E열차 운행시간 및 평균 속력〉

구분	운행시간	평균 속력
A열차	900분	50m/s
B열차	10시간 30분	150km/h
C열차	8시간	55m/s
D열차	720분	2.5km/min
E열차	10시간	2.7km/min

① 첫 번째
② 두 번째
③ 세 번째
④ 네 번째
⑤ 다섯 번째

| 코레일 한국철도공사 / 문제해결능력

23 다음 글에서 나타난 문제해결 절차의 단계로 가장 적절한 것은?

> K대학교 기숙사는 최근 학생들의 불만이 끊이지 않고 있다. 특히, 식사의 질이 낮고, 시설이 노후화되었으며, 인터넷 연결 상태가 불안정하다는 의견이 많았다. 이에 K대학교 기숙사 운영위원회는 문제해결을 위해 긴급회의를 소집했다.
> 회의에서 학생 대표들은 식단의 다양성 부족, 식재료의 신선도 문제, 식당 내 위생 상태 불량 등을 지적했다. 또한, 시설 관리 담당자는 건물 외벽의 균열, 낡은 가구, 잦은 누수 현상 등 시설 노후화 문제를 강조했다. IT 담당자는 기숙사 내 와이파이 연결 불안정, 인터넷 속도 저하 등 통신환경 문제를 제기했다.
> 운영위원회는 이러한 다양한 의견을 종합하여 문제를 더욱 구체적으로 분석하기로 결정했다. 먼저, 식사 문제의 경우 학생들의 식습관 변화에 따른 메뉴 구성의 문제점, 식자재 조달 과정의 비효율성, 조리 시설의 부족 등의 문제점을 파악했다. 시설 문제는 건물의 노후화로 인한 안전 문제, 에너지 효율 저하, 학생들의 편의성 저하 등으로 세분화했다. 마지막으로, 통신환경 문제는 기존 네트워크 장비의 노후화, 학생 수 증가에 따른 네트워크 부하 증가 등의 세부 문제가 제시되었다.

① 문제 인식
② 문제 도출
③ 원인 분석
④ 해결안 개발
⑤ 실행 및 평가

| 한국전력공사 / 의사소통능력

24 다음 중 빈칸에 들어갈 단어로 가장 적절한 것은?

> 감사원의 조사 결과 J공사는 공공사업을 위해 투입된 세금을 본래의 목적에 사용하지 않고 무단으로 ______했음이 밝혀졌다.

① 전용(轉用)
② 남용(濫用)
③ 적용(適用)
④ 활용(活用)
⑤ 준용(遵用)

25 다음 중 비행을 하기 위한 시조새의 신체 조건으로 가장 적절한 것은?

> 시조새(Archaeopteryx)는 약 1억 5천만 년 전 중생대 쥐라기 시대에 살았던 고대 생물로, 조류와 공룡의 중간 단계에 위치한 생물이다. 1861년 독일 바이에른 지방에 있는 졸른호펜 채석장에서 화석이 발견된 이후, 시조새는 조류의 기원과 공룡에서 새로의 진화 과정을 밝히는 데 중요한 단서를 제공해 왔다. '시조(始祖)'라는 이름에서 알 수 있듯이 시조새는 현대 조류의 조상으로 여겨지며 고생물학계에서 매우 중요한 연구 대상으로 취급된다.
> 시조새는 오늘날의 새와는 여러 가지 차이점이 있다. 이빨이 있는 부리, 긴 척추뼈로 이루어진 꼬리, 그리고 날개에 있는 세 개의 갈고리 발톱은 공룡의 특징을 잘 보여준다. 비록 현대 조류처럼 가슴뼈가 비행에 최적화된 형태로 발달되지는 않았지만, 갈비뼈와 팔에 강한 근육이 붙어있어 짧은 거리를 활강하거나 나뭇가지 사이를 오르내리며 이동할 수 있었던 것으로 추정된다.
> 한편, 시조새는 비대칭형 깃털을 가진 최초의 동물 중 하나로, 이는 비행을 하기에 적합한 형태이다. 시조새의 깃털은 현대의 날 수 있는 조류처럼 바람을 맞는 곳의 깃털은 짧고, 뒤쪽은 긴 형태인데, 이러한 비대칭형 깃털은 양력을 제공해 짧은 거리의 활강을 가능하게 했으며, 새의 조상으로서 비행의 초기 형태를 보여준다. 이로 인해 시조새는 공룡에서 새로 이어지는 진화 과정을 이해하는 데 있어 중요한 생물학적 증거로 여겨지고 있다.
> 시조새의 화석 연구는 당시의 생태계에 대한 정보도 제공하고 있다. 시조새는 열대 우림이나 활엽수림 근처에서 생활하며 나뭇가지를 오르내렸을 가능성이 큰 것으로 추정된다. 시조새의 이동 방식에 대해서는 여러 가설이 존재하지만, 짧은 거리의 활강을 통해 먹이를 찾고 이동했을 것이라는 주장이 유력하다.
> 결론적으로 시조새는 공룡과 새의 특성을 모두 가진 중간 단계의 생물로, 진화의 과정을 이해하는 데 핵심적인 역할을 한다. 시조새의 다양한 신체적 특징들은 공룡에서 새로 이어지는 진화의 연결고리를 보여주며, 조류 비행의 기원을 이해하는 중요한 증거로 평가된다.

① 날개 사이에 근육질의 익막이 있다.
② 날개에는 세 개의 갈고리 발톱이 있다.
③ 날개의 깃털이 비대칭 구조로 형성되어 있다.
④ 척추뼈가 꼬리까지 이어지는 유선형 구조이다.
⑤ 현대 조류처럼 가슴뼈가 비행에 최적화된 구조이다.

26 다음 글의 주제로 가장 적절한 것은?

> 사람들에게 의학을 대표하는 인물을 물어본다면 대부분 히포크라테스(Hippocrates)를 떠올릴 것이다. 히포크라테스는 당시 신의 징벌이나 초자연적인 힘으로 생각되었던 질병을 관찰을 통해 자연적 현상으로 이해하였고, 당시 마술이나 철학으로 여겨졌던 의학을 분리하였다. 이에 따라 의사라는 직업이 과학적인 기반 위에 만들어지게 되었다. 현재에는 의학의 아버지로 불리며 히포크라테스 선서라고 불리는 의사의 윤리적 기준을 저술한 것으로 알려져 있다. 이처럼 히포크라테스는 서양의학의 상징으로 받아들여지지만, 서양의학에 절대적인 영향을 준 사람은 클라우디오스 갈레노스(Claudius Galenus)이다.
>
> 갈레노스는 로마 시대 검투사 담당의에서 황제 마르쿠스 아우렐리우스의 주치의로 활동한 의사로, 해부학, 생리학, 병리학에 걸친 방대한 의학체계를 집대성하여 이후 1,000년 이상 서양의학의 토대를 닦았다. 당시에는 인체의 해부가 금지되어 있었기 때문에 갈레노스는 원숭이, 돼지 등을 사용하여 해부학적 지식을 쌓았으며, 임상 실험을 병행하여 의학적 지식을 확립하였다. 이러한 해부 및 실험을 통해 갈레노스는 여러 장기의 기능을 밝히고, 근육과 뼈를 구분하였으며, 심장의 판막이나 정맥과 동맥의 차이점 등을 밝혀내거나, 혈액이 혈관을 통해 신체 말단까지 퍼져나가며 신진대사를 조절하는 물질을 운반한다고 밝혀냈다. 물론 갈레노스도 히포크라테스가 주장한 4원소에 따른 4체액설(혈액, 담즙, 황담즙, 흑담즙)을 믿거나 피를 뽑아 치료하는 사혈법을 주장하는 등 현대 의학과는 거리가 있지만, 당시에 의학 이론을 해부와 실험을 통해 증명하고 방대한 저술을 남겼다는 놀라운 업적을 가지고 있으며, 이것이 실제로 가장 오랫동안 서양의학을 실제로 지배하는 토대가 되었다.

① 갈레노스의 생애와 의학의 발전

② 고대에서 현대까지 해부학의 발전 과정

③ 히포크라테스 선서에 의한 전문직의 도덕적 기준

④ 히포크라테스와 갈레노스가 서양의학에 끼친 영향과 중요성

⑤ 히포크라테스와 갈레노스의 4체액설이 현대 의학에 끼친 영향

| 한국전력공사 / 의사소통능력

27 다음 중 제시된 단어와 가장 비슷한 단어는?

비상구

① 진입로
② 출입구
③ 돌파구
④ 여울목
⑤ 탈출구

| 한국전력공사 / 수리능력

28 A열차가 어떤 터널을 진입하고 5초 후 B열차가 같은 터널에 진입하였다. 그로부터 5초 후 B열차가 터널을 빠져나왔고 5초 후 A열차가 터널을 빠져나왔다. A열차가 터널을 빠져나오는 데 걸린 시간이 14초일 때, B열차는 A열차보다 몇 배 빠른가?(단, A열차와 B열차 모두 속력의 변화는 없으며, 두 열차의 길이는 서로 같다)

① 2배
② 2.5배
③ 3배
④ 3.5배
⑤ 4배

| 한국전력공사 / 수리능력

29 A팀은 5일부터 5일마다 회의실을 사용하고, B팀은 4일부터 4일마다 회의실을 사용하기로 하였으며, 두 팀이 사용하고자 하는 날이 겹칠 경우에는 A, B팀이 번갈아가며 사용하기로 하였다. 어느 날 A팀과 B팀이 사용하고자 하는 날이 겹쳤을 때, 겹친 날을 기준으로 A팀이 9번, B팀이 8번 회의실을 사용했다면, 이때까지 A팀은 회의실을 최대 몇 번 이용하였는가?(단, 회의실 사용일이 첫 번째로 겹친 날에는 A팀이 먼저 사용하였으며, 회의실 사용일은 주말 및 공휴일도 포함한다)

① 61회
② 62회
③ 63회
④ 64회
⑤ 65회

30 다음 모스 굳기 10단계에 해당하는 광물 A ~ C가 〈조건〉을 만족할 때, 이에 대한 설명으로 옳은 것은?

〈모스 굳기 10단계〉

단계	1단계	2단계	3단계	4단계	5단계
광물	활석	석고	방해석	형석	인회석
단계	6단계	7단계	8단계	9단계	10단계
광물	정장석	석영	황옥	강옥	금강석

- 모스 굳기 단계의 단계가 낮을수록 더 무른 광물이고, 단계가 높을수록 단단한 광물이다.
- 단계가 더 낮은 광물로 단계가 더 높은 광물을 긁으면 긁힘 자국이 생기지 않는다.
- 단계가 더 높은 광물로 단계가 더 낮은 광물을 긁으면 긁힘 자국이 생긴다.

조건

- 광물 A로 광물 B를 긁으면 긁힘 자국이 생기지 않는다.
- 광물 A로 광물 C를 긁으면 긁힘 자국이 생긴다.
- 광물 B로 광물 C를 긁으면 긁힘 자국이 생긴다.
- 광물 B는 인회석이다.

① 광물 C는 석영이다.
② 광물 A는 방해석이다.
③ 광물 A가 가장 무르다.
④ 광물 B가 가장 단단하다.
⑤ 광물 B는 모스 굳기 단계가 7단계 이상이다.

※ 다음은 에너지바우처 사업에 대한 자료이다. 이어지는 질문에 답하시오. [31~32]

〈에너지바우처〉

1. 에너지바우처란?

국민 모두가 시원한 여름, 따뜻한 겨울을 보낼 수 있도록 에너지 취약계층을 위해 에너지바우처(이용권)를 지급하여 전기, 도시가스, 지역난방, 등유, LPG, 연탄을 구입할 수 있도록 지원하는 제도

2. 신청대상 : 소득기준과 세대원 특성기준을 모두 충족하는 세대

- 소득기준 : 국민기초생활 보장법에 따른 생계급여 / 의료급여 / 주거급여 / 교육급여 수급자
- 세대원 특성기준 : 주민등록표 등본상 기초생활수급자(본인) 또는 세대원이 다음 중 어느 하나에 해당하는 경우
  - 노인 : 65세 이상
  - 영유아 : 7세 이하의 취학 전 아동
  - 장애인 : 장애인복지법에 따라 등록한 장애인
  - 임산부 : 임신 중이거나 분만 후 6개월 미만인 여성
  - 중증질환자, 희귀질환자, 중증난치질환자 : 국민건강보험법 시행령에 따라 보건복지부장관이 정하여 고시하는 중증질환, 희귀질환, 중증난치질환을 가진 사람
  - 한부모가족 : 한부모가족지원법에 따른 '모' 또는 '부'로서 아동인 자녀를 양육하는 사람
  - 소년소녀가정 : 보건복지부에서 정한 아동분야 지원대상에 해당하는 사람(아동복지법에 의한 가정위탁보호 아동 포함)
- 지원 제외 대상 : 세대원 모두가 보장시설 수급자
- 다음의 경우 동절기 에너지바우처 중복 지원 불가
  - 긴급복지지원법에 따라 동절기 연료비를 지원받은 자(세대)
  - 한국에너지공단의 등유바우처를 발급받은 자(세대)
  - 한국광해광업공단의 연탄쿠폰을 발급받은 자(세대)

  ※ 하절기 에너지바우처를 사용한 수급자가 동절기에 위 사업들을 신청할 경우 동절기 에너지바우처를 중지 처리한 후 신청(중지사유 : 타동절기 에너지이용권 수급)

  ※ 단, 동절기 에너지바우처를 일부 사용한 경우 위 사업들은 신청 불가

3. 바우처 지원금액

구분	1인 세대	2인 세대	3인 세대	4인 이상 세대
하절기	55,700원	73,800원	90,800원	117,000원
동절기	254,500원	348,700원	456,900원	599,300원
총액	310,200원	422,500원	547,700원	716,300원

4. 지원방법

- 요금차감
  - 하절기 : 전기요금 고지서에서 요금을 자동으로 차감
  - 동절기 : 도시가스 / 지역난방 중 하나를 선택하여 고지서에서 요금을 자동으로 차감
- 실물카드 : 동절기 도시가스, 등유, LPG, 연탄을 실물카드(국민행복카드)로 직접 결제

31 **다음 중 에너지바우처에 대한 설명으로 옳지 않은 것은?**

① 36개월의 아이가 있는 의료급여 수급자 A는 에너지바우처를 신청할 수 있다.
② 혼자서 아이를 3명 키우는 교육급여 수급자 B는 1년에 70만 원을 넘게 지원받을 수 있다.
③ 보장시설인 양로시설에 살면서 생계급여를 받는 70세 독거노인 C는 에너지바우처를 신청할 수 있다.
④ 에너지바우처 기준을 충족하는 D는 겨울에 연탄보일러를 사용하므로 실물카드를 받는 방법으로 지원을 받아야 한다.
⑤ 희귀질환을 앓고 있는 어머니와 함께 단둘이 사는 생계급여 수급자 E는 에너지바우처를 통해 여름에 전기비에서 73,800원이 차감될 것이다.

32 **다음은 A, B가족의 에너지바우처 정보이다. A, B가족이 올해 에너지바우처를 통해 지원받는 금액의 총합은 얼마인가?**

〈A, B가족의 에너지바우처 정보〉

구분	세대 인원	소득기준	세대원 특성기준	특이사항
A가족	5명	의료급여 수급자	영유아 2명	연탄쿠폰 발급받음
B가족	2명	생계급여 수급자	소년소녀가정	지역난방 이용

① 190,800원
② 539,500원
③ 948,000원
④ 1,021,800원
⑤ 1,138,800원

33 J공사는 지방에 있는 지점 사무실을 공유 오피스로 이전하고자 한다. 다음 사무실 이전 조건을 참고할 때, 〈보기〉 중 이전할 오피스로 가장 적절한 곳은?

〈사무실 이전 조건〉

- 지점 근무 인원 : 71명
- 사무실 예상 이용 기간 : 5년
- 교통 조건 : 역이나 버스 정류장에서 도보 10분 이내
- 시설 조건 : 자사 홍보영상 제작을 위한 스튜디오 필요, 회의실 필요
- 비용 조건 : 다른 조건이 모두 가능한 공유 오피스 중 가장 저렴한 곳(1년 치 비용 선납 가능)

보기

구분	가용 인원수	보유시설	교통 조건	임대비용
A오피스	100인	라운지, 회의실, 스튜디오, 복사실, 탕비실	A역에서 도보 8분	1인당 연간 600만 원
B오피스	60인	회의실, 스튜디오, 복사실	B정류장에서 도보 5분	1인당 월 40만 원
C오피스	100인	라운지, 회의실, 스튜디오	C역에서 도보 7분	월 3,600만 원
D오피스	90인	회의실, 복사실, 탕비실	D정류장에서 도보 4분	월 3,500만 원 (1년 치 선납 시 8% 할인)
E오피스	80인	라운지, 회의실, 스튜디오	E역과 연결된 사무실	월 3,800만 원 (1년 치 선납 시 10% 할인)

① A오피스
② B오피스
③ C오피스
④ D오피스
⑤ E오피스

34 다음 C 프로그램을 실행하였을 때의 결과로 옳은 것은?

```
#include <stdio.h>
int main() {
    int result=0;
    while (result<2) {
        result=result+1;
        printf("%d₩n",result);
        result=result-1;
    }
}
```

① 실행되지 않는다.

② 0
1

③ 0
−1

④ 1
1

⑤ 1이 무한히 출력된다.

35 다음은 A국과 B국의 물가지수 동향에 대한 자료이다. [E2] 셀에 「=ROUND(D2, −1)」를 입력하였을 때, 출력되는 값은?

〈A, B국 물가지수 동향〉

	A	B	C	D	E
1		A국	B국	평균 판매지수	
2	2024년 1월	122.313	112.36	117.3365	
3	2024년 2월	119.741	110.311	115.026	
4	2024년 3월	117.556	115.379	116.4675	
5	2024년 4월	124.739	118.652	121.6955	
6	⋮	⋮	⋮	⋮	
7					

① 100
② 105
③ 110
④ 115
⑤ 120

36 다음 중 빈칸에 들어갈 내용으로 가장 적절한 것은?

> 주의력 결핍 과잉행동장애(ADHD)는 학령기 아동에게 흔히 나타나는 질환으로, 주의력 결핍, 과잉행동, 충동성의 증상을 보인다. 이는 아동의 학교 및 가정생활에 큰 영향을 미치며, 적절한 치료와 관리가 필요하다. ADHD의 원인은 신경화학적 요인과 유전적 요인이 복합적으로 작용하는 것으로 여겨진다. 도파민과 노르에피네프린 같은 신경전달물질의 불균형이 주요 원인으로 지목되며, 가족력이 있는 경우 ADHD 발병 확률이 높아진다. 연구에 따르면, ADHD는 상당한 유전적 연관성을 보이며, 부모나 형제 중에 ADHD를 가진 사람이 있을 경우 그 위험이 증가한다.
> 환경적 요인도 ADHD 발병에 영향을 미칠 수 있다. 임신 중 음주, 흡연, 약물 사용 등이 위험을 높일 수 있으며, 조산이나 저체중 출산도 연관성이 있다. 이러한 환경적 요인들은 태아의 뇌 발달에 영향을 미쳐 ADHD 발병 가능성을 증가시킬 수 있다. 그러나 이러한 요인들이 단독으로 ADHD를 유발하는 것은 아니며, 다양한 요인이 복합적으로 작용하여 증상이 나타난다.
> ADHD 치료는 약물요법과 비약물요법으로 나뉜다. 약물요법에서는 메틸페니데이트 같은 중추신경자극제가 널리 사용된다. 이 약물은 도파민과 노르에피네프린의 재흡수를 억제해 증상을 완화한다. 이러한 약물은 주의력 향상과 충동성 감소에 효과적이며, 많은 연구에서 그 효능이 입증되었다. 비약물요법으로는 행동개입 요법과 심리사회적 프로그램이 있다. 이는 구조화된 환경에서 집중을 방해하는 요소를 최소화하고, 연령에 맞는 개입방법을 적용한다. 예를 들어, 학령기 아동에게는 그룹부모훈련과 교실 내 행동개입 프로그램이 추천된다.
> 가정에서는 부모가 아이가 해야 할 일을 목록으로 작성하도록 돕고, 한 번에 한 가지씩 처리하도록 지도해야 한다. 특히 아이의 바람직한 행동에는 칭찬하고, 잘못된 행동에는 책임을 지도록 하는 것이 중요하다. 이러한 방법은 아이의 자존감을 높이고 긍정적인 행동을 강화하는 데 도움이 된다. 학교에서는 과제를 짧게 나누고, 수업이 지루하지 않도록 하며, 규칙과 보상을 일관되게 유지해야 한다. 교사는 ADHD 아동이 주의가 산만해질 수 있는 환경적 요소를 제거하고, 많은 격려와 칭찬을 통해 학습 동기를 유발해야 한다.
> ADHD는 완치가 어려운 만성 질환이지만 적절한 치료와 관리를 통해 증상을 개선할 수 있다. 약물치료와 비약물 치료를 병행하고 가정과 학교에서 적절한 지원이 이루어지면 ADHD 아동도 건강하고 행복한 삶을 영위할 수 있다. 결론적으로, ADHD는 ____________________ 따라서 다양한 원인에 부합하는 맞춤형 치료와 환경 조성을 통해 아동의 잠재력을 최대한 발휘할 수 있도록 지원해야 한다. 이는 아동이 자신의 능력을 충분히 발휘하고 성공적인 삶을 살아가는 데 중요한 역할을 한다.

① 완벽한 치료가 불가능한 불치병이다.

② 약물 치료를 통해 쉽게 치료가 가능하다.

③ 다양한 원인이 복합적으로 작용하는 질환이다.

④ 아동에게 적극적으로 개입해 충동성을 감소시켜야 하는 질환이다.

37 **다음 중 밑줄 친 단어가 맞춤법상 옳지 않은 것은?**

① 김주임은 지난 분기 매출을 조사하여 증가량을 <u>백분율</u>로 표기하였다.
② 젊은 세대를 중심으로 빠른 이직 트렌드가 형성되어 <u>이직률</u>이 높아지고 있다.
③ 이번 학기 <u>출석율</u>이 이전보다 크게 향상되어 학생들의 참여도가 높아지고 있다.
④ 이번 시험의 <u>합격률</u>이 역대 최고치를 기록하며 수험생들에게 희망을 안겨주었다.

38 **S공사는 2024년 상반기에 신입사원을 채용하였다. 전체 지원자 중 채용에 불합격한 남성 수와 여성 수의 비율은 같으며, 합격한 남성 수와 여성 수의 비율은 2 : 3이라고 한다. 남성 전체 지원자와 여성 전체 지원자의 비율이 6 : 7일 때, 합격한 남성 수가 32명이면 전체 지원자는 몇 명인가?**

① 192명　② 200명
③ 208명　④ 216명

39 다음은 직장가입자 보수월액보험료에 대한 자료이다. A씨가 〈조건〉에 따라 장기요양보험료를 납부할 때, A씨의 2023년 보수 월액은?(단, 소수점 첫째 자리에서 반올림한다)

〈직장가입자 보수월액보험료〉

- 개요 : 보수월액보험료는 직장가입자의 보수월액에 보험료율을 곱하여 산정한 금액에 경감 등을 적용하여 부과한다.
- 보험료 산정 방법
  - 건강보험료는 다음과 같이 산정한다.
    (건강보험료)=(보수월액)×(건강보험료율)
    ※ 보수월액 : 동일사업장에서 당해 연도에 지급받은 보수총액을 근무월수로 나눈 금액
  - 장기요양보험료는 다음과 같이 산정한다.
    2022.12.31. 이전 : (장기요양보험료)=(건강보험료)×(장기요양보험료율)
    2023.01.01. 이후 : (장기요양보험료)=(건강보험료)×$\frac{\text{(장기요양보험료율)}}{\text{(건강보험료율)}}$

〈2020 ~ 2024년 보험료율〉

(단위 : %)

구분	2020년	2021년	2022년	2023년	2024년
건강보험료율	6.67	6.86	6.99	7.09	7.09
장기요양보험료율	10.25	11.52	12.27	0.9082	0.9182

조건

- A씨는 K공사에서 2011년 3월부터 2023년 9월까지 근무하였다.
- A씨는 3개월 후 2024년 1월부터 S공사에서 현재까지 근무하고 있다.
- A씨의 2023년 장기요양보험료는 35,120원이었다.

① 3,866,990원
② 3,974,560원
③ 4,024,820원
④ 4,135,970원

40 **다음 중 개인정보보호법에서 사용하는 용어에 대한 정의로 옳지 않은 것은?**

① '가명처리'란 추가 정보 없이도 특정 개인을 알아볼 수 있도록 처리하는 것을 말한다.

② '정보주체'란 처리되는 정보에 의하여 알아볼 수 있는 사람으로서 그 정보의 주체가 되는 사람을 말한다.

③ '개인정보'란 살아 있는 개인에 관한 정보로서 성명, 주민등록번호 및 영상 등을 통하여 개인을 알아볼 수 있는 정보를 말한다.

④ '처리'란 개인정보의 수집, 생성, 연계, 연동, 기록, 저장, 보유, 가공, 편집, 검색, 출력, 정정, 복구, 이용, 제공, 공개, 파기, 그 밖에 이와 유사한 행위를 말한다.

41 **다음은 생활보조금 신청자의 소득 및 결과에 대한 자료이다. 월 소득이 100만 원 이하인 사람은 보조금 지급이 가능하고, 100만 원을 초과한 사람은 보조금 지급이 불가능할 때, 보조금 지급을 받는 사람의 수를 구하는 함수로 옳은 것은?**

〈생활보조금 신청자 소득 및 결과〉

	A	B	C	D	E
1	지원번호	소득(만 원)	결과		
2	1001	150	불가능		
3	1002	80	가능		보조금 지급 인원 수
4	1003	120	불가능		
5	1004	95	가능		
6	⋮	⋮	⋮		
7					

① =COUNTIF(A:C,"<=100")

② =COUNTIF(A:C,<=100)

③ =COUNTIF(B:B,"<=100")

④ =COUNTIF(B:B,<=100)

42 다음은 초등학생의 주차별 용돈에 대한 자료이다. 빈칸에 들어갈 함수를 바르게 짝지은 것은?(단, 한 달은 4주로 한다)

〈초등학생 주차별 용돈〉

	A	B	C	D	E	F
1	학생번호	1주	2주	3주	4주	합계
2	1	7,000	8,000	12,000	11,000	(A)
3	2	50,000	60,000	45,000	55,000	
4	3	70,000	85,000	40,000	55,000	
5	4	10,000	6,000	18,000	14,000	
6	5	24,000	17,000	34,000	21,000	
7	6	27,000	56,000	43,000	28,000	
8	한 달 용돈이 150,000원 이상인 학생 수					(B)

	(A)	(B)
①	=SUM(B2:E2)	=COUNTIF(F2:F7,">=150,000")
②	=SUM(B2:E2)	=COUNTIF(B2:E2,">=150,000")
③	=SUM(B2:E2)	=COUNTIF(B2:E7,">=150,000")
④	=SUM(B2:E7)	=COUNTIF(F2:F7,">=150,000")

43 다음 중 빅데이터 분석 기획 절차를 순서대로 바르게 나열한 것은?

① 범위 설정 → 프로젝트 정의 → 위험 계획 수립 → 수행 계획 수립
② 범위 설정 → 프로젝트 정의 → 수행 계획 수립 → 위험 계획 수립
③ 프로젝트 정의 → 범위 정의 → 위험 계획 수립 → 수행 계획 수립
④ 프로젝트 정의 → 범위 설정 → 수행 계획 수립 → 위험 계획 수립

| 한국도로공사 / 수리능력

44 다음은 D기업의 분기별 재무제표에 대한 자료이다. 2022년 4분기의 영업이익률은 얼마인가?

〈D기업 분기별 재무제표〉

(단위 : 십억 원, %)

구분	2022년 1분기	2022년 2분기	2022년 3분기	2022년 4분기	2023년 1분기	2023년 2분기	2023년 3분기	2023년 4분기
매출액	40	50	80	60	60	100	150	160
매출원가	30	40	70	80	100	100	120	130
매출총이익	10	10	10	(　)	−40	0	30	30
판관비	3	5	5	7	8	5	7.5	10
영업이익	7	5	5	(　)	−8	−5	22.5	20
영업이익률	17.5	10	6.25	(　)	−80	−5	15	12.5

※ (영업이익률)=(영업이익)÷(매출액)×100

※ (영업이익)=(매출총이익)−(판관비)

※ (매출총이익)=(매출액)−(매출원가)

① −30%　　② −45%

③ −60%　　④ −75%

| 한국도로공사 / 수리능력

45 5km/h의 속력으로 움직이는 무빙워크를 이용하여 이동하는 데 36초가 걸렸다. 무빙워크 위에서 무빙워크와 같은 방향으로 4km/h의 속력으로 걸어 이동할 때 걸리는 시간은?

① 10초　　② 15초

③ 20초　　④ 25초

※ 다음은 청소 유형별 청소기 사용 방법 및 고장 유형별 확인 사항에 대한 자료이다. 이어지는 질문에 답하시오. [46~47]

〈청소 유형별 청소기 사용 방법〉

유형	사용 방법
일반 청소	1. 기본형 청소구를 장착해 주세요. 2. 작동 버튼을 눌러 주세요.
틈새 청소	1. 기본형 청소구의 입구 돌출부를 누르고 잡아당기면 좁은 흡입구를 꺼낼 수 있습니다. 반대로 돌출부를 누르면서 밀어 넣으면 좁은 흡입구를 안쪽으로 정리할 수 있습니다. 2. 1.의 좁은 흡입구를 꺼낸 상태에서 돌출부를 시계 방향으로 돌리면 돌출부를 고정할 수 있습니다. 3. 좁은 흡입구를 고정한 후 작동 버튼을 눌러 주세요. (좁은 흡입구에는 솔이 함께 들어 있습니다)
카펫 청소	1. 별도의 돌기 청소구로 교체해 주세요. (기본형으로도 카펫 청소를 할 수 있으나, 청소 효율이 떨어집니다) 2. 작동 버튼을 눌러 주세요.
스팀 청소	1. 별도의 스팀 청소구로 교체해 주세요. 2. 스팀 청소구의 물통에 물을 충분히 채운 후 뚜껑을 잠가 주세요. ※ 반드시 전원을 분리한 상태에서 진행해 주세요. 3. 걸레판에 걸레를 부착한 후 스팀 청소구의 노즐에 장착해 주세요. ※ 반드시 전원을 분리한 상태에서 진행해 주세요. 4. 스팀 청소 버튼을 누르고 안전 스위치를 눌러 주세요. ※ 안전을 위해 안전 스위치를 누르는 동안에만 스팀이 발생합니다. ※ 스팀 청소 작업 도중 및 완료 직후에 청소기를 거꾸로 세우거나 스팀 청소구를 눕히면 뜨거운 물이 새어 나와 화상을 입을 수 있습니다. 5. 스팀 청소 완료 후 물이 충분히 식은 후 물통 및 스팀 청소구를 분리해 주세요. ※ 충분히 식지 않은 상태에서 분리 시 뜨거운 물이 새어 나와 화상의 위험이 있습니다.

〈고장 유형별 확인 사항〉

유형	확인 사항
흡입력 약화	• 흡입구, 호스, 먼지통, 먼지분리기에 크기가 큰 이물질이 걸려 있는지 확인해 주세요. • 필터를 교체해 주세요. • 먼지통, 먼지분리기, 필터의 조립 상태를 확인해 주세요.
청소기 미작동	• 전원이 제대로 연결되어 있는지 확인해 주세요.
물 보충 램프 깜빡임	• 물통에 물이 충분한지 확인해 주세요. • 물이 충분히 채워졌어도 꺼질 때까지 시간이 다소 걸립니다. 잠시 기다려 주세요.
스팀 안 나옴	• 물통에 물이 충분한지 확인해 주세요. • 안전 스위치를 눌렀는지 확인해 주세요.
바닥에 물이 남음	• 스팀 청소구를 너무 자주 좌우로 기울이면 물이 소량 새어 나올 수 있습니다. • 걸레가 많이 젖었으므로 걸레를 교체해 주세요.
악취 발생	• 제품 기능상의 문제는 아니므로 고장이 아닙니다. • 먼지통 및 필터를 교체해 주세요. • 스팀 청소구의 물통 등 청결 상태를 확인해 주세요.
소음 발생	• 흡입구, 호스, 먼지통, 먼지분리기에 크기가 큰 이물질이 걸려 있는지 확인해 주세요. • 먼지통, 먼지분리기, 필터의 조립 상태를 확인해 주세요.

46 **다음 중 청소 유형별 청소기 사용 방법에 대한 설명으로 옳지 않은 것은?**

① 기본형 청소구로 카펫 청소가 가능하다.
② 스팀 청소 직후 통을 분리하면 화상의 위험이 있다.
③ 기본형 청소구를 이용하여 좁은 틈새를 청소할 수 있다.
④ 안전 스위치를 1회 누르면 별도의 외부 입력 없이 스팀을 지속하여 발생시킬 수 있다.
⑤ 스팀 청소 시 물 보충 및 걸레 부착 작업은 반드시 전원을 분리한 상태에서 진행해야 한다.

47 **다음 중 고장 유형별 확인 사항이 바르게 연결되어 있지 않은 것은?**

① 물 보충 램프 깜빡임 : 잠시 기다리기
② 악취 발생 : 스팀 청소구의 청결 상태 확인하기
③ 흡입력 약화 : 먼지통, 먼지분리기, 필터 교체하기
④ 바닥에 물이 남음 : 물통에 물이 너무 많이 있는지 확인하기
⑤ 소음 발생 : 흡입구, 호스, 먼지통, 먼지분리기의 이물질 걸림 확인하기

48 다음 순서도에서 출력되는 result 값은?

〈순서도 기호〉

기호	설명	기호	설명
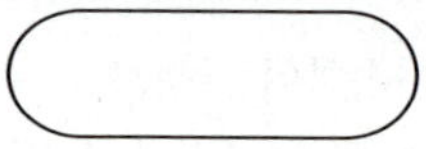	시작과 끝을 나타낸다.	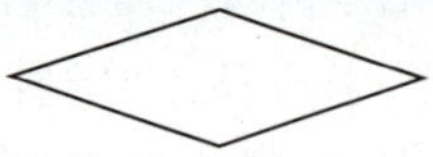	어느 것을 택할 것인지 판단한다.
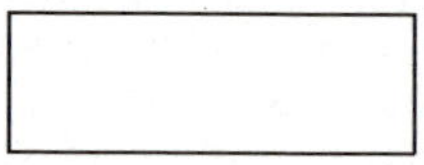	데이터를 입력하거나 계산하는 등의 처리를 한다.		선택한 값을 출력한다.

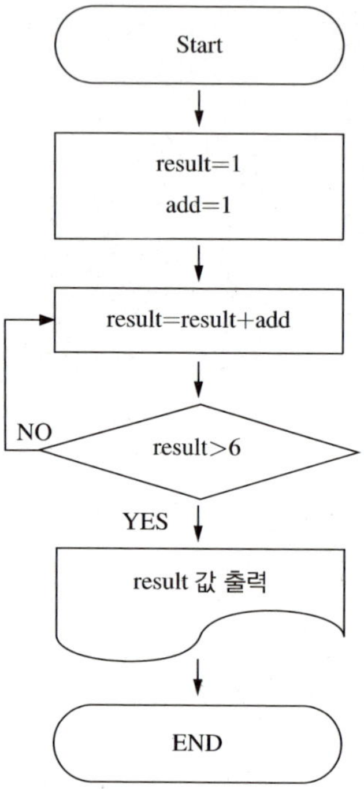

① 11
② 10
③ 9
④ 8
⑤ 7

49 **다음 중 내적 동기를 유발하는 방법으로 적절하지 않은 것은?**

① 변화를 두려워하지 않는다.
② 업무 관련 교육을 생략한다.
③ 주어진 일에 책임감을 갖는다.
④ 창의적인 문제해결법을 찾는다.
⑤ 새로운 도전의 기회를 부여한다.

50 **다음은 갈등 정도와 조직 성과의 관계에 대한 그래프이다. 이에 대한 설명으로 옳지 않은 것은?**

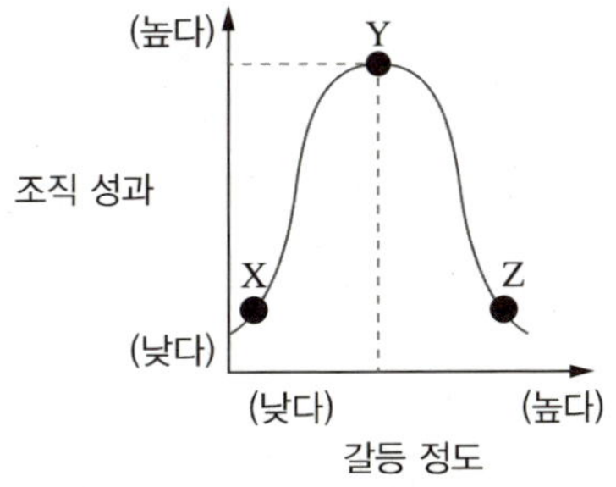

① 적절한 갈등이 있을 경우 가장 높은 조직 성과를 얻을 수 있다.
② 갈등이 없을수록 조직 내부가 결속되어 높은 조직 성과를 보인다.
③ Y점에서는 갈등의 순기능, Z점에서는 갈등의 역기능이 작용한다.
④ 갈등이 없을 경우 낮은 조직 성과를 얻을 수 있다.
⑤ 갈등이 잦을 경우 낮은 조직 성과를 얻을 수 있다.

S D E D U

합격의 공식 **시대에듀**

아이들이 답이 있는 질문을 하기 시작하면 그들이 성장하고 있음을 알 수 있다.

– 존 J. 플롬프 –

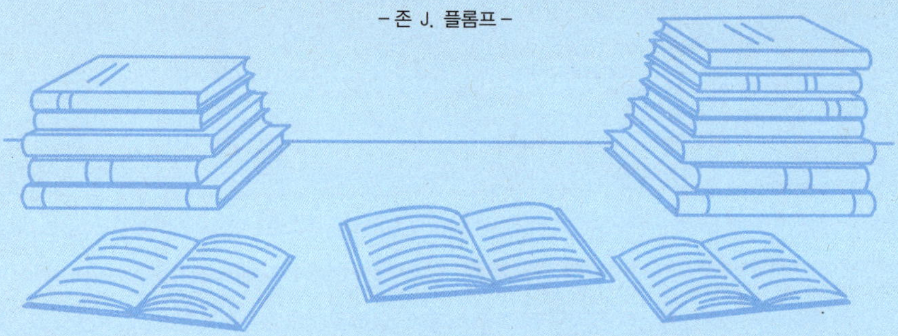

PART 1

직업기초능력평가

CHAPTER 01

의사소통능력

합격 Cheat Key

의사소통능력은 평가하지 않는 공사・공단이 없을 만큼 필기시험에서 중요도가 높은 영역으로, 세부 유형은 문서 이해, 문서 작성, 의사 표현, 경청, 기초 외국어로 나눌 수 있다. 문서 이해・문서 작성과 같은 지문에 대한 주제 찾기, 내용 일치 문제의 출제 비중이 높으며, 문서의 특성을 파악하는 문제도 출제되고 있다.

1 문제에서 요구하는 바를 먼저 파악하라!

의사소통능력에서 가장 중요한 것은 제한된 시간 안에 빠르고 정확하게 답을 찾아내는 것이다. 의사소통능력에서는 지문이 아니라 문제가 주인공이므로 지문을 보기 전에 문제를 먼저 파악해야 하며, 문제에 따라 전략적으로 빠르게 풀어내는 연습을 해야 한다.

2 잠재되어 있는 언어 능력을 발휘하라!

세상에 글은 많고 우리가 학습할 수 있는 시간은 한정적이다. 이를 극복할 수 있는 방법은 다양한 글을 접하는 것이다. 실제 시험장에서 어떤 내용의 지문이 나올지 아무도 예측할 수 없으므로 평소에 신문, 소설, 보고서 등 여러 글을 접하는 것이 필요하다.

3 상황을 가정하라!

업무 수행에 있어 상황에 따른 언어 표현은 중요하다. 같은 말이라도 상황에 따라 다르게 해석될 수 있기 때문이다. 그런 의미에서 자신의 의견을 효과적으로 전달할 수 있는 능력을 평가하는 것이다. 업무를 수행하면서 발생할 수 있는 여러 상황을 가정하고 그에 따른 올바른 언어표현을 정리하는 것이 필요하다.

4 말하는 이의 입장에서 생각하라!

잘 듣는 것 또한 하나의 능력이다. 상대방의 이야기에 귀 기울이고 공감하는 태도는 업무를 수행하는 관계 속에서 필요한 요소이다. 그런 의미에서 다양한 상황에서 듣는 능력을 평가하는 것이다. 말하는 이가 요구하는 듣는 이의 태도를 파악하고, 이에 따른 판단을 할 수 있도록 언제나 말하는 사람의 입장이 되는 연습이 필요하다.

01 문서 내용 이해

| 유형분석 |

- 주어진 지문을 읽고 선택지를 고르는 전형적인 독해 문제이다.
- 지문은 주로 신문기사(보도자료 등)나 업무 보고서, 시사 등이 제시된다.
- 공사공단에 따라 자사와 관련된 내용의 기사나 법조문, 보고서 등이 출제되기도 한다.

다음 글의 내용으로 적절하지 않은 것은?

'저장강박증'은 사용 여부와 관계없이 물건을 버리지 못하고 저장해 두는 강박장애의 일종이다. 미래에 필요할 것이라고 생각해서 물건이나 음식을 버리지 못하고 쌓아 두거나, 어떤 경우 동물을 지나치게 많이 기르기도 한다. 저장강박증이 있는 사람들은 물건을 버리지 않고 모으지만 애정이 없기 때문에 관리는 하지 않는다. 다만 물건이 모아져 있는 상태에서 일시적인 편안함을 느낄 뿐이다. 그러나 결과적으로는 불안증과 강박증, 폭력성을 더욱 가중하는 결과를 낳게 된다.
저장강박증은 치료가 쉽지 않다. 아직까지 정확하게 밝혀진 원인이 없고, 무엇보다 저장강박증을 앓고 있는 사람들의 대부분은 자가 병식이 없다. 때문에 대부분 치료를 원하지 않거나 가족들의 강요에 의해 가까스로 병원을 찾는다. 그러나 자연적으로 좋아지기 어려우므로 반드시 초기에 치료를 진행해야 한다.

① 저장강박증은 물건을 버리지 못하는 강박장애이다.
② 저장강박증이 있는 사람은 동물을 지나치게 많이 기르기도 한다.
③ 저장강박증이 있는 사람은 물건에 애착을 느껴서 버리지 못한다.
④ 저장강박증의 정확한 원인은 아직 밝혀지지 않았다.

정답 ③

제시문에 따르면 저장강박증이 있는 사람들은 물건에 대한 애정이 없어서 관리를 하지 않는다. 따라서 애착을 느껴서 물건을 버리지 못한다는 것은 글의 내용으로 적절하지 않다.

풀이 전략!

주어진 선택지에서 키워드를 체크한 후, 지문의 내용과 비교해 가면서 내용의 일치 유무를 빠르게 판단한다.

대표기출유형 01 기출응용문제

※ 다음 글의 내용으로 적절하지 않은 것을 고르시오. [1~2]

01

데미스 하사비스(Demis Hassabis)는 영국의 인공지능 과학자이자 구글 딥마인드의 대표이다. 이세돌 9단과 바둑대결로 유명해진 알파고를 개발한 개발자로, 그는 어릴 때부터 남달랐다. 10대 초반 체스 최고 등급인 체스마스터가 됐을 뿐만 아니라 세계랭킹 2위까지 올랐고, 게임 개발사에 들어가 게임 프로그래머로 명성을 얻었으며 이후 케임브리지대 컴퓨터과학과에 진학했다. 그리고 대학원에서 인지신경과학 박사학위를 받은 이듬해인 2010년 딥마인드를 세웠다. 창업한 지 4년 만에 구글에서 4억 유로를 주고 딥마인드를 인수했으며 그때부터 '구글 딥마인드(Google DeepMind)'가 된다. 그가 밝힌 현재 진행 중인 딥마인드의 임무는 학습 알고리즘을 통해 사람처럼 여러 가지 문제를 해결하는 범용 인공지능을 개발하는 것이다. 범용 인공지능이란 백지상태에서 출발하여 학습을 통해 다양한 분야에서 문제해결능력을 갖춘 인공지능이다. 결국 그의 최종 목표는 인간의 뇌와 비슷하게 작동하는 프로그램을 만들어 내는 것이다.

① 알파고의 다음 상대는 체스이다.
② 알파고는 사람처럼 스스로 학습할 수 있게 설계되었다.
③ 데미스 하사비스가 알파고를 만든 배경에는 컴퓨터과학과 인지신경과학이 모두 작용했다.
④ 구글이 딥마인드를 인수하기 위해 4억 유로의 큰 비용을 들였다.

02

우리 민족은 고유한 주거문화로 바닥 난방 기술인 구들을 발전시켜 왔는데, 구들은 우리 민족에 다양한 영향을 주었다. 우선 오랜 구들 생활은 우리 민족의 인체에 적지 않은 변화를 초래하였다. 태어나면서부터 따뜻한 구들에 누워 자는 것이 습관이 된 우리 아이들은 사지의 활동량이 적어 발육이 늦어졌다. 구들에서 자란 우리 아이들은 다른 어떤 민족의 아이들보다 따뜻한 곳에서 안정감을 느꼈으며, 우리 민족은 아이들에게 따뜻함을 만들어주기 위해 여러 가지를 고안하여 발전시켰다.
구들은 농경을 주업으로 하는 우리 민족의 생산도구의 제작과 사용에 많은 영향을 주었다. 구들에 앉아 오랫동안 활동하는 습관은 하반신보다 상반신의 작업량을 증가시켰고 상반신의 움직임이 상대적으로 정교하게 되었다. 구들 생활에 익숙해진 우리 민족은 방 안에서의 작업뿐만 아니라 농사를 비롯한 야외의 많은 작업에서도 앉아서 하는 습관을 갖게 되었는데 이는 큰 농기구를 이용하여 서서 작업을 하는 서양과는 완전히 다른 방식이었다.

① 구들의 영향으로 우리 민족은 앉아서 하는 작업방식이 일반화되었다.
② 구들은 실내뿐만 아니라 실외활동에도 영향을 끼쳤다.
③ 우리 민족은 하반신 활동보다 상반신 활동이 많은 대신 상반신 작업이 정교한 특징이 있다.
④ 구들은 아이들의 체온을 높여 발육을 방해한다.

03 다음 글의 내용으로 가장 적절한 것은?

> 상업 광고는 기업은 물론이고 소비자에게도 요긴하다. 기업은 마케팅 활동의 주요한 수단으로 광고를 적극적으로 이용하여 기업과 상품의 인지도를 높이려 한다. 소비자는 소비 생활에 필요한 상품의 성능, 가격, 판매 조건 등의 정보를 광고에서 얻으려 한다. 광고를 통해 기업과 소비자가 모두 이익을 얻는다면 이를 규제할 필요는 없을 것이다. 그러나 광고에서 기업과 소비자의 이익이 상충하는 경우도 있고, 광고가 사회 전체에 폐해를 낳는 경우도 있어 다양한 규제 방식이 모색되었다.
>
> 이때 문제가 된 것은 과연 광고로 인한 피해를 책임질 당사자로서 누구를 상정할 것인가였다. 초기에는 '소비자 책임 부담 원칙'에 따라 광고 정보를 활용한 소비자의 구매 행위에 대해 소비자가 책임을 져야 한다고 보았다. 여기에는 광고 정보가 정직한 것인지와는 관계없이 소비자는 이성적으로 이를 판단하여 구매할 수 있어야 한다는 전제가 있었다. 그래서 기업은 광고에 의존하여 물건을 구매한 소비자가 입은 피해에 대하여 책임을 지지 않았고, 광고의 기만성에 대한 입증 책임도 소비자에게 있었다.
>
> 책임 주체로 기업을 상정하여 '기업 책임 부담 원칙'이 부상하게 된 배경은 복합적이다. 시장의 독과점 상황이 광범위해지면서 소비자의 자유로운 선택이 어려워졌고, 상품에 응용된 과학 기술이 복잡해지고 첨단화되면서 상품 정보에 대한 소비자의 정확한 이해도 기대하기 어려워졌다. 또한 다른 상품 광고와의 차별화를 위해 통념에 어긋나는 표현이나 장면도 자주 활용되었다. 그리하여 경제적, 사회・문화적 측면에서 광고로부터 소비자를 보호해야 한다는 당위를 바탕으로 기업이 광고에 대해 책임을 져야 한다는 공감대가 확산되었다.
>
> 오늘날 행해지고 있는 여러 광고 규제는 크게 법적 규제와 자율 규제로 나눌 수 있다. 구체적인 법 조항을 통해 광고를 규제하는 법적 규제는 광고 또한 사회적 활동의 일환이라는 점에 근거한다. 특히 자본주의 사회에서는 기업이 시장 점유율을 높여 다른 기업과의 경쟁에서 승리하기 위하여 사실에 반하는 광고나 소비자를 현혹하는 광고를 할 가능성이 높다. 법적 규제는 허위 광고나 기만 광고 등을 불공정 경쟁의 수단으로 간주하여 정부 기관이 규제를 가하는 것이다.
>
> 자율 규제는 법적 규제에 대한 기업의 대응책으로 등장했다. 법적 규제가 광고의 역기능에 따른 피해를 막기 위한 강제적 조치라면, 자율 규제는 광고의 순기능을 극대화하기 위한 자율적 조치이다. 광고에 대한 기업의 책임감에서 비롯된 자율 규제는 법적 규제를 보완하는 효과가 있다.

① 광고 주체의 자율 규제가 잘 작동될수록 광고에 대한 법적 규제의 역할도 커진다.

② 기업의 이익과 소비자의 이익이 상충하는 정도가 클수록 법적 규제와 자율 규제의 필요성이 약화된다.

③ 시장 독과점 상황이 심각해지면서 기업 책임 부담 원칙이 약화되고 소비자 책임부담 원칙이 부각되었다.

④ 첨단 기술을 강조한 상품의 광고일수록 소비자가 광고 내용을 정확히 이해하지 못한 채 상품을 구매할 가능성이 커진다.

04 다음 글을 통해 알 수 있는 내용으로 적절하지 않은 것은?

인간의 사유는 특정한 기준을 바탕으로 다른 것과의 차이를 인식하는 것이라 할 수 있다. 이때의 기준을 이루는 근간(根幹)은 당연히 현실 세계의 경험과 인식이다. 하지만 인간은 현실적 경험으로 인식되지 않는 대상을 사유하기도 하는데, 그중 하나가 신화적 사유이고 이는 상상력의 산물이다. 상상력은 통념(通念)상 현실과 대립되는 위치에 속한다. 또한, 현대 문명에서 상상력은 과학적·합리적 사고와 반대되는 사유 체계로 간주되기도 한다. 그러나 신화적 사유를 떠받치고 있는 상상력은 '현실적 – 비현실적', '논리적 – 비논리적', '합리적 – 비합리적' 등과 같은 단순한 양항 체계 속으로 환원될 수 없다.

초기 인류학에서는 근대 문명과 대비시켜 신화적 사유를 미개한 존재들의 미숙한 단계의 사고로 간주(看做)했었다. 이러한 입장을 대표하는 레비브륄에 따르면 미개인은 논리 이전의 사고방식과 비현실적 감각을 가진 존재이다. 그러나 신화 연구에 적지 않은 영향을 끼쳤고 오늘날에도 여전히 유효한 레비스트로스의 논의에 따르면 미개인과 문명인의 사고방식은 사물을 분류하는 방식과 주된 관심 영역 등이 다를 뿐, 어느 것이 더 합리적이거나 논리적이라고 할 수는 없다. 또한, 그것은 세계를 이해하는 두 가지의 서로 다른 방식 혹은 태도일 뿐이다. 신화적 사유를 비롯한 이른바 미개인의 사고방식을 가리키는 레비스트로스가 말하는 '야생의 사고'는 이러한 사고방식이 근대인 혹은 문명인 못지않게 질서와 체계에 민감하고 그 나름의 현실적, 논리적, 합리적 기반을 갖추고 있음을 함축하고 있는 개념이다.

레비스트로스의 '야생의 사고'는 신화시대와 신화적 사유를 근대적 문명에 입각한 발전론적 시각이 아닌 상대주의적 시각으로 바라보았다는 점에서 의미가 크다. 그러나 그가 신화 자체의 사유 방식이나 특성을 특정 시대의 것으로 한정(限定)하는 오류를 범하고 있다는 점에 유의해야 한다. 과거 신화시대에 생겨난 신화적 사유는 신화가 재현되고 재생되는 한 여전히 시간과 공간을 뛰어넘어 현재화되고 있기 때문이다.

이상에서 보듯이 신화적 사유는 현실적·경험적 차원의 '진실'이나 '비진실'로 구분될 수 없다. 신화는 허구적이거나 진실한 것 모두를 '재료'로 사용할 수 있으며, 이러한 재료들은 신화적 사유 고유의 규칙과 체계에 따라 배열된다. 그러므로 신화 텍스트에서 이러한 재료들의 구성 원리를 밝히는 것은 그 신화에 반영된 신화적 사유 체계를 밝히는 것이라 할 수 있다. 또한, 이는 신화를 공유하고 전승(傳承)해 왔던 집단의 원형적 사유 체계에 접근하는 작업이라고도 할 수 있다.

① 신화는 그 고유의 규칙과 체계를 갖고 있다.
② 신화적 사유는 상상력의 산물이라 할 수 있다.
③ 신화적 사유는 특정 시대의 사유 특성에 한정된다.
④ 신화적 상상력은 상상력에 대한 통념적 인식과 차이가 있다.

02 글의 주제 · 제목

| 유형분석 |

- 주어진 지문을 파악하여 전달하고자 하는 핵심 주제를 고르는 문제이다.
- 정보를 종합하고 중요한 내용을 구별하는 능력이 필요하다.
- 설명문부터 주장, 반박문까지 다양한 성격의 지문이 제시되므로 글의 성격별 특징을 알아두는 것이 좋다.

다음 글의 주제로 가장 적절한 것은?

표준화된 언어는 의사소통을 효과적으로 하기 위하여 의도적으로 선택해야 할 공용어로서의 가치가 있다. 반면에 방언은 지역이나 계층의 언어와 문화를 보존하고 드러냄으로써 국가 전체의 언어와 문화를 다양하게 발전시키는 토대로서의 가치가 있다. 이러한 의미에서 표준화된 언어와 방언은 상호 보완적인 관계에 있다. 표준화된 언어가 있기에 정확한 의사소통이 가능하며, 방언이 있기에 개인의 언어생활에서나 언어 예술 활동에서 자유롭고 창의적인 표현이 가능하다. 결국 우리는 표준화된 언어와 방언 둘 다의 가치를 인정해야 하며, 발화(發話) 상황(狀況)을 잘 고려해서 표준화된 언어와 방언을 잘 가려서 사용할 줄 아는 능력을 길러야 한다.

① 창의적인 예술 활동에서는 방언의 기능이 중요하다.
② 표준화된 언어와 방언에는 각각 독자적인 가치와 역할이 있다.
③ 정확한 의사소통을 위해서는 표준화된 언어가 꼭 필요하다.
④ 표준화된 언어와 방언을 구분할 줄 아는 능력을 길러야 한다.
⑤ 표준화된 언어는 방언보다 효용가치가 있다.

정답 ②

마지막 문장의 '표준화된 언어와 방언 둘 다의 가치를 인정'하고, '잘 가려서 사용할 줄 아는 능력을 길러야 한다.'는 내용을 바탕으로 ②와 같은 주제를 이끌어낼 수 있다.

풀이 전략!

'결국', '즉', '그런데', '그러나', '그러므로' 등의 접속어 뒤에 주제가 드러나는 경우가 많다는 것에 주의하면서 지문을 읽는다.

대표기출유형 02 기출응용문제

※ 다음 글의 제목으로 가장 적절한 것을 고르시오. [1~2]

01

감시용으로만 사용되는 CCTV가 최근에 개발된 신기술과 융합되면서 그 용도가 점차 확대되고 있다. 대표적인 것이 인공지능(AI)과의 융합이다. CCTV가 지능을 가지게 되면 단순 행동 감지에서 벗어나 객체를 추적해 행위를 판단할 수 있게 된다. 단순히 사람의 눈을 대신하던 CCTV가 사람의 두뇌를 대신하는 형태로 진화하고 있는 셈이다.
인공지능을 장착한 CCTV는 범죄현장에서 이상 행동을 하는 사람을 선별하고, 범인을 추적하거나 도주 방향을 예측해 통합관제센터로 통보할 수 있다. 또한 수상한 사람의 행동 패턴에 따라 지속적인 추적이나 감시를 수행하고, 차량번호 및 사람 얼굴 등을 인식해 관련 정보를 분석하여 제공할 수 있다.
한국전자통신연구원(ETRI)에서는 CCTV 등의 영상 데이터를 활용해 특정 인물이 어떤 행동을 할지를 사전에 예측하는 영상분석 기술을 연구 중인 것으로 알려져 있다. 인공지능 CCTV는 범인 추적뿐만 아니라 자연재해를 예측하는 데 사용할 수도 있다. 장마철이나 국지성 집중호우 때 홍수로 범람하는 하천의 수위를 감지하는 것은 물론 산이나 도로의 붕괴 예측 등 다양한 분야에 적용될 수 있기 때문이다.

① AI와 융합한 CCTV의 진화
② 범죄를 예측하는 CCTV
③ 당신을 관찰한다, CCTV의 폐해
④ CCTV와 AI의 현재와 미래

02

미래 사회에서는 산업 구조에 변화가 일어나고 대량 생산 방식에 변화가 일어나면서 전반적인 사회 조직의 원리도 크게 바뀔 것이다. 즉, 산업 사회에서는 대량 생산 체계를 발전시키기 위해 표준화・집중화・거대화 등의 원리에 의해 사회가 조직되었지만, 미래 사회에서는 그와는 반대로 다원화・분산화・소규모화 등이 사회조직의 원리가 된다는 것이다. 사실상 산업 사회에서 인간 소외 현상이 일어났던 것도 이러한 표준화・집중화・거대화 등의 조직 원리로 인한 것이었다면, 미래 사회의 조직 원리라고 할 수 있는 다원화・분산화・소규모화 등은 인간 소외와 비인간화 현상을 극복하는 데도 많은 도움을 줄 수 있을 것이다.

① 산업 사회와 대량 생산
② 미래 사회조직의 원리
③ 미래 사회의 산업 구조
④ 인간 소외와 비인간화 현상

※ 다음 글의 주제로 가장 적절한 것을 고르시오. **[3~4]**

03

세계 최대의 소금사막인 우유니 사막은 남아메리카 중앙부 볼리비아의 포토시주(州)에 위치한 소금 호수로, '우유니 소금사막' 혹은 '우유니 염지' 등으로 불린다. 지각변동으로 솟아오른 바다가 빙하기를 거쳐 녹기 시작하면서 거대한 호수가 생겨났는데, 그 면적은 1만 2,000km^{2}이며 해발고도 3,680m의 고지대에 위치한다. 물이 배수되지 않는 지형적 특성 때문에 물이 고여 얕은 호수가 되었으며, 소금으로 덮인 수면 위에 푸른 하늘과 흰 구름이 거울처럼 투명하게 반사되어 관광지로도 이름이 높다.

소금층 두께는 30cm부터 깊은 곳은 100m 이상이며 호수의 소금 매장량은 약 100억 톤 이상이다. 우기인 12월에서 3월 사이에는 20 ~ 30cm의 물이 고여 얕은 염호를 형성하는 반면, 긴 건기 동안에는 표면뿐만 아니라 사막의 아래까지 증발한다. 특이한 점은 지역에 따라 호수의 색이 흰색, 적색, 녹색 등의 다른 빛깔을 띤다는 점이다. 이는 호수마다 쌓인 침전물의 색깔과 조류의 색깔이 다르기 때문이다. 또한 소금 사막 곳곳에서는 커다란 바위부터 작은 모래까지 한꺼번에 섞인 빙하성 퇴적물들과 같은 빙하의 흔적들을 볼 수 있다.

① 우유니 사막의 기후와 식생
② 우유니 사막의 주민 생활
③ 우유니 사막의 자연지리적 특징
④ 우유니 사막 이름의 유래

04

임신 중 고지방식 섭취가 태어날 자식의 생식기에서 종양의 발생 가능성을 높일 수 있다는 것이 밝혀졌다. 이 결과는 임신한 암쥐 261마리 중 130마리의 암쥐에게는 고지방식을, 131마리의 암쥐에게는 저지방식을 제공한 연구를 통해 얻었다. 실험 결과, 고지방식을 섭취한 암쥐에게서 태어난 새끼 가운데 54%가 생식기에 종양이 생겼지만 저지방식을 섭취한 암쥐가 낳은 새끼 중에서 그러한 종양이 생긴 것은 21%였다.

한편, 사지 중 하나 이상의 절단 수술이 심장병으로 사망할 가능성을 증가시킬 수 있다는 것이 밝혀졌다. 이것은 제2차 세계대전 중에 부상을 당한 9,000명의 군인에 대한 진료 기록을 조사한 결과이다. 이들 중 4,000명은 사지 중 하나 이상의 절단 수술을 받은 사람이었고, 5,000명은 사지 절단 수술을 받지 않았지만 중상을 입은 사람이었다. 이들에 대한 기록을 추적 조사한 결과, 사지 중 하나 이상의 절단 수술을 받은 사람이 심장병으로 사망한 비율은 그렇지 않은 사람의 1.5배였다. 즉, 사지 중 하나 이상의 절단 수술을 받은 사람 중 600명은 심장병으로 사망하였고, 그렇지 않은 사람 중 500명이 심장병으로 사망하였다.

① 발생 부위에 따른 뇌종양 증상
② 염색체 이상 유전병의 위험을 높이는 요인
③ 절단 수술과 종양의 상관관계
④ 의외의 질병 원인과 질병 사이의 상관관계

05 다음 글의 제목으로 가장 적절한 것은?

우리 고유의 발효식품이자 한식 제1의 반찬인 김치는 천년이 넘는 역사를 함께해 온 우리 삶의 일부이다. 채소를 오래 보관하여 먹기 위한 절임 음식으로 시작된 김치는 양념을 버무리고 숙성시키는 우리만의 발효과학 식품으로 변신하였고, 김장은 우리 민족의 가장 중요한 행사 중 하나가 되었다. 다른 나라에도 소금 등에 채소를 절인 절임 음식이 존재하지만, 절임 후 양념으로 2차 발효시키는 음식으로는 우리 김치가 유일하다. 김치는 발효과정을 통해 원재료보다 영양이 한층 더 풍부하게 변신하며, 암과 노화, 비만 등의 예방과 억제에 효과적인 기능성을 보유한 슈퍼 발효 음식으로 탄생한다.

김치는 지역마다, 철마다, 또 특별한 의미를 담아 다양하게 변신하여 300가지가 넘는 종류로 탄생하는데, 기후와 지역 등에 따라서 다채로운 맛을 담은 김치들이 있으며, 주재료로 채소뿐만 아니라 수산물이나 육류를 이용한 독특한 김치도 있고, 같은 김치라도 사람에 따라 특별한 김치로 재탄생되기도 한다. 지역과 집안마다 저마다의 비법으로 담그기 때문에 유서 깊은 종가마다 비법으로 만든 특별한 김치가 전해오며, 김치를 담그고 먹는 일도 수행의 연속이라 여기는 사찰에서는 오신채를 사용하지 않은 김치가 존재한다.

우리 문화의 정수이자 자존심인 김치는 현대에 들어서는 문화와 전통이 결합한 복합 산업으로 펼쳐지고 있다. 김치에 들어가는 수많은 재료에 관련된 산업의 생산액은 3.3조 원이 넘으며, 주로 배추김치로 형성된 김치 생산은 약 2.3조 원의 시장을 형성하고 있고, 시판 김치의 경우 대기업의 시장 주도력이 증가하고 있다. 소비자 요구에 맞춘 다양한 포장 김치가 등장하고, 김치냉장고는 1.1조 원의 시장을 형성하고 있으며, 정성과 기다림을 상징하는 김치는 문화산업의 소재로 활용되며, 김치문화는 관광 관련 산업으로 활성화되고 있다. 김치의 영양 기능성과 김치 유산균을 활용한 여러 기능성 제품이 개발되고, 부식뿐 아니라 새로운 요리의 식재료로서 김치는 39조 원의 외식산업 시장을 뒷받침하고 있다.

① 김치의 탄생
② 김치산업의 활성화 방안
③ 우리 민족의 축제, 김장
④ 우리 민족의 전통이자 자존심, 김치

03 | 문단 나열

| 유형분석 |

- 각 문단의 내용을 파악하고 논리적 순서에 맞게 배열하는 복합적인 문제이다.
- 전체적인 글의 흐름을 이해하는 것이 중요하며, 각 문장의 지시어나 접속어에 주의한다.

다음 문단을 논리적 순서대로 바르게 나열한 것은?

(가) 오류가 발견된 교과서들은 편향적 내용을 검증 없이 인용하거나 부실한 통계를 일반화하는 등의 문제점을 보였다. 대표적으로 교과서 대부분이 대도시의 온도 상승 평균값만을 보고 한반도의 기온 상승이 세계 평균보다 2배 높다고 과장한 것으로 나타났다.

(나) 환경 관련 교과서 대부분이 표면적으로 드러나는 사실을 검증하지 않고 그대로 싣는 문제점을 보였다. 고등학생들이 보는 교과서인 만큼 객관적 사실에 기반을 둬 균형 있는 내용을 실어야 한다.

(다) 고등학교 환경 관련 교과서 대부분이 특정 주장을 검증 없이 게재하는 등 많은 오류가 존재한다는 보수 환경・시민단체의 지적이 제기됐다. 환경정보평가원이 고등학교 환경 관련 교과서 23종을 분석한 결과 총 1,175개의 오류가 발견됐다.

(라) 또한 우리나라 전력 생산의 상당 부분을 차지하는 원자력 발전의 경우 단점만을 자세히 기술하고 경제성과 효율성이 낮은 신재생 에너지는 장점만 언급한 교과서도 있었다.

① (가) – (라) – (나) – (다)
② (나) – (가) – (라) – (다)
③ (나) – (다) – (가) – (라)
④ (다) – (가) – (라) – (나)
⑤ (다) – (라) – (나) – (가)

정답 ④

제시문은 교과서에서 많은 오류가 발견된 사실을 제시하고 오류의 유형과 예시를 차례로 언급하며 문제 해결에 대한 요구를 제시하고 있는 글이다. 따라서 (다) 교과서에서 많은 오류가 발견됨 – (가) 교과서에서 나타나는 오류의 유형과 예시 – (라) 편향된 내용을 담은 교과서의 또 다른 예시 – (나) 교과서의 문제 지적과 해결 촉구 순으로 나열해야 한다.

풀이 전략!

상대적으로 시간이 부족하다고 느낄 때는 선택지를 참고하여 문장의 순서를 생각해 본다.

대표기출유형 03 기출응용문제

※ 다음 제시된 문단에 이어질 내용을 논리적 순서대로 바르게 나열한 것을 고르시오. [1~2]

01

전 세계적으로 온난화 기체 저감을 위한 습지 건설 기술은 아직 보고된 바가 없으며 관련 특허도 없다.

(가) 동남아시아 등에서 습지를 보존하고 복원하는 데 국내 개발 기술을 활용하면
(나) 이산화탄소를 고정하고 메탄을 배출하지 않는 인공 습지를 개발하면
(다) 기존의 목적에 덧붙여 온실가스를 제거하는 새로운 녹색 성장 기술로 사용할 수 있으며
(라) 기술 이전에 따른 별도 효과도 기대할 수 있을 것이다.

① (가) – (나) – (다) – (라)
② (가) – (다) – (나) – (라)
③ (나) – (가) – (다) – (라)
④ (나) – (다) – (가) – (라)

02

연금 제도의 금융 논리와 관련하여 결정적으로 중요한 원리는 중세에서 비롯된 신탁 원리다. 12세기 영국에서는 미성년 유족(遺族)에게 토지에 대한 권리를 합법적으로 이전할 수 없었다. 그럼에도 불구하고 영국인들은 유언을 통해 자식에게 토지 재산을 물려주고 싶어 했다.

(가) 이런 상황에서 귀족들이 자신의 재산을 미성년 유족이 아닌, 친구나 지인 등 제3자에게 맡기기 시작하면서 신탁 제도가 형성되기 시작했다. 여기서 재산을 맡긴 성인 귀족, 재산을 물려받은 미성년 유족, 그리고 미성년 유족을 대신해 그 재산을 관리·운용하는 제3자로 구성되는 관계, 즉 위탁자, 수익자, 그리고 수탁자로 구성되는 관계가 등장했다.
(나) 연금 제도가 이 신탁 원리에 기초해 있는 이상, 연금 가입자는 연기금 재산의 운용에 대해 영향력을 행사하기 어렵게 된다. 왜냐하면 신탁의 본질상 공·사 연금을 막론하고 신탁 원리에 기반을 둔 연금 제도에서는 수익자인 연금 가입자의 적극적인 권리 행사가 허용되지 않기 때문이다.
(다) 이 관계에서 주목해야 할 것은 미성년 유족은 성인이 될 때까지 재산권을 온전히 인정받지는 못했다는 점이다. 즉 신탁 원리하에서 수익자는 재산에 대한 운용 권리를 모두 수탁자인 제3자에게 맡기도록 되어 있었기 때문에 수익자의 지위는 불안정했다.
(라) 결국 신탁 원리는 수익자의 연금 운용 권리를 현저히 약화시키는 것을 기본으로 한다. 그 대신 연금 운용을 수탁자에게 맡기면서 '수탁자 책임'이라는, 논란이 분분하고 불분명한 책임이 부과된다. 수탁자 책임 이행의 적절성을 어떻게 판단할 수 있는가에 대해 많은 논의가 있었지만, 수탁자 책임의 내용에 대해서 실질적인 합의가 이루어지지는 못했다.

① (가) – (나) – (라) – (다)
② (가) – (다) – (나) – (라)
③ (나) – (가) – (다) – (라
④ (나) – (라) – (가) – (다)

※ 다음 문단을 논리적 순서대로 바르게 나열한 것을 고르시오. [3~4]

03

(가) 이러한 수평적 연결은 사물인터넷 서비스로 새로운 성장 동력을 모색할 수 있다. 예를 들어, 스마트 컵인 프라임베실(개인에게 필요한 수분 섭취량을 알려줌), 스마트 접시인 탑뷰(음식의 양을 측정함), 스마트 포크인 해피포크(식사 습관개선을 돕는 스마트 포크로서 식사 속도와 시간, 1분간 떠먹는 횟수 등을 계산해 식사 습관을 분석함)를 연결하면 식생활 습관을 관리할 수 있을 것이다. 이를 식당, 병원, 헬스케어 센터에서 이용하면 고객의 식생활을 부가 서비스로 관리할 수 있다.

(나) 마치 100m 달리기를 하듯 각자의 트랙에서 목표를 향해 전력 질주하던 시대가 있었다. 선택과 집중의 논리로 수직 계열화를 통해 효율을 확보하고, 성능을 개선하고자 했었다. 그런데 세상이 변하고 있다. 고객 혹은 사용자를 중심으로 기존의 제품과 서비스가 재정의되고 있는 것이다. 이러한 산업의 패러다임적 전환을 신성장 동력이라 말한다.

(다) 기존의 가스 경보기를 만들려면 미세한 가스도 놓치지 않는 센서의 성능, 오래 지속되는 배터리, 크게 알릴 수 있는 알람 소리, 인테리어에 잘 어울리는 멋진 제품 디자인이 필요하다. 그런데 아무리 좋은 가스 경보기를 만들어도 사람의 안전을 담보하지는 못한다. 만약 집에서 가스 경보기가 울리면 아마 창문을 열어 환기시키고, 가스 밸브를 잠그고, 119에 신고를 해야 할 것이다. 사람의 안전을 담보하는, 즉 연결 지배성이 높은 가스 경보기는 이런 일을 모두 해내야 한다. 이런 가스 경보기를 만들려면 전기, 전자, 통신, 기계, 인테리어, 디자인 등의 도메인들이 사용자 경험을 중심으로 연결되어야 한다. 이를 수평적 연결이라 부른다.

(라) 똑똑한 사물인터넷은 점점 더 다양해진다. SK텔레콤의 '누구'나 아마존 '에코' 같은 스마트 스피커는 사용자가 언제 어디든, 일상에서 인공 비서로 사용되는 시대가 되었다. 그리고 귀뚜라미 보일러의 사물인터넷 서비스는 보일러 쪽으로 직접 가지 않아도 스마트폰 전용 앱으로 보일러를 관리한다. 이제 보일러가 언제, 얼마나, 어떻게 쓰이는지, 그리고 보일러의 상태는 어떠한지, 사용하는 방식과 에너지 소모 등의 정보도 얻을 수 있다. 4차 산업혁명의 전진기지 역할을 하는 사물인터넷 서비스는 이제 거스를 수 없는 대세이다.

① (나) – (가) – (다) – (라)
② (나) – (다) – (가) – (라)
③ (다) – (가) – (라) – (나)
④ (다) – (나) – (가) – (라)

04

(가) 대부분의 반딧불이는 빛을 사랑의 도구로 사용하지만, 어떤 반딧불이는 번식 목적이 아닌 적대적 목적으로 사용하기도 한다. 포투루스(Photurus)라는 반딧불이의 암컷은 아무렇지 않게 상대 반딧불이를 잡아먹는다. 이 무시무시한 작업을 벌이기 위해 암컷 포투루스는 포티너스(Photinus) 암컷의 불빛을 흉내 낸다. 이를 자신과 같은 종으로 생각한 수컷 포티너스가 사랑이 가득 찬 마음으로 암컷 포투루스에게 달려들지만, 정체를 알았을 때는 이미 너무 늦었다는 것을 알게 된다.

(나) 먼저 땅에 사는 반딧불이 한 마리가 60마리 정도의 다른 반딧불이들과 함께 일렬로 빛을 내뿜는 경우가 있다. 수많은 반딧불이가 기차처럼 한 줄을 지어 마치 리더의 지시에 따르듯 한 반딧불이의 섬광을 따라 불빛을 내는 모습은 마치 작은 번개처럼 보인다. 이처럼 반딧불이는 집단으로 멋진 작품을 연출하는데 그중 가장 유명한 것은 동남아시아에 서식하는 반딧불이다. 이들은 공동으로 동시에 그리고 완벽하게 발광함으로써 크리스마스 트리의 불빛을 연상시키기도 한다. 그러다 암컷을 발견한 반딧불이는 무리에서 빠져나와 암컷을 향해 직접 빛을 번쩍거리기도 한다.

(다) 이렇게 다른 종의 불빛을 흉내 내는 반딧불이는 북아메리카에서 흔히 찾아볼 수 있다. 그러므로 짝을 찾아 헤매는 수컷 반딧불이에게 황혼이 찾아드는 하늘은 유혹의 무대인 동시에 위험한 장소이기도 하다. 성욕을 채우려 연인을 찾다 그만 식욕만 왕성한 암컷을 만나게 되는 비운을 맞을 수 있기 때문이다.

(라) 사랑과 관련하여 반딧불이의 섬광은 여러 가지 형태의 신호가 있으며, 빛 색깔의 다양성, 밝기, 빛을 내는 빈도, 빛의 지속성 등에서 반딧불이 자신만의 특징을 가지기도 한다. 예를 들어 황혼 무렵에 사랑을 나누고 싶어 하는 반딧불이는 오렌지색을 선호하며, 그래도 역시 사랑엔 깊은 밤이 최고라는 반딧불이는 초록계열의 색을 선호한다. 발광 장소도 땅이나 공중, 식물 등 그 선호도가 다양하다. 반딧불이는 이런 모든 요소를 결합하여 다양한 모습을 보여주는데 이런 다양성이 조화를 이루거나 또는 동시에 이루어지게 되면 말 그대로 장관을 이루게 된다.

(마) 이처럼 혼자 행동하기를 좋아하는 반딧불이는 빛을 번쩍거리면서 서식지를 홀로 돌아다니기도 한다. 대표적인 뉴기니 지역의 반딧불이는 짝을 찾아 좁은 해안선과 근처 숲 사이를 반복적으로 왔다 갔다 한다. 반딧불이 역시 달이 빛나고 파도가 철썩이는 해변을 사랑을 나누기에 최적인 로맨틱한 장소로 여기는 것이다.

① (가) – (나) – (다) – (라) – (마)
② (가) – (다) – (라) – (나) – (마)
③ (라) – (가) – (다) – (마) – (나)
④ (라) – (나) – (마) – (가) – (다)

대표기출유형

04 | 문서 작성

| 유형분석 |

- 글의 내용을 파악하고 문맥을 읽을 줄 알아야 한다.
- 문서의 종류에 대한 이해를 묻는 문제가 자주 출제된다.

K공사의 신입사원인 A ~ E는 문서 작성 시 주의해야 할 사항에 대한 교육을 받은 뒤 서로 이야기를 나누었다. 다음 중 잘못된 내용을 이야기하고 있는 사람을 〈보기〉에서 모두 고르면?

보기

A사원 : 문서를 작성할 때는 주로 '누가, 언제, 어디서, 무엇을, 어떻게, 왜'의 육하원칙에 따라 작성해야 해.
B사원 : 물론 육하원칙에 따라 글을 작성하는 것도 중요하지만, 되도록 글이 한눈에 들어올 수 있도록 하나의 사안은 한 장의 용지에 작성해야 해.
C사원 : 글은 한 장의 용지에 작성하되, 자료는 최대한 많이 첨부하여 문서를 이해하는 데 어려움이 없도록 하는 것이 좋아.
D사원 : 문서를 작성한 후에는 내용을 다시 한 번 검토해 보면서 높임말로 쓰인 부분은 없는지 살펴보고, 있다면 이를 낮춤말인 '해라체'로 고쳐 써야 해.
E사원 : 특히 문서나 첨부 자료에 금액이나 수량, 일자 등이 사용되었다면 정확하게 쓰였는지 다시 한 번 꼼꼼하게 검토하는 것이 좋겠지.

① A사원, B사원
② A사원, C사원
③ B사원, D사원
④ C사원, D사원
⑤ D사원, E사원

정답 ④

- C사원 : 문서의 첨부 자료는 반드시 필요한 자료 외에는 첨부하지 않도록 해야 하므로 옳지 않다.
- D사원 : 문서를 작성한 후에는 다시 한 번 내용을 검토해야 하지만, 문장 표현은 작성자의 성의가 담기도록 경어나 단어 사용에 신경을 써야 하므로 낮춤말인 '해라체'로 고쳐 쓰는 것은 옳지 않다.

풀이 전략!

공문서나 보고서와 같은 자주 출제되는 문서의 작성법을 반드시 숙지해야 하며, 상황이나 대화문이 제시되는 경우 대화의 흐름을 통해 문제에서 묻고 있는 문서의 종류를 빠르게 파악해야 한다.

대표기출유형 04 기출응용문제

01 **다음 상황에서 차팀장이 이부장에게 제출한 문서의 종류로 가장 적절한 것은?**

> B사업의 시행을 담당하고 있는 김사원은 업무 진행 과정에서 B사업과 관련된 특이 사항을 발견하였다. 사안의 중대성을 깨닫고 혼자서 해결하기 어렵다고 생각한 김사원은 차팀장에게 이를 보고하였다. 차팀장은 문제를 해결하기 위한 방안을 문서로 작성하여 결재권자인 이부장에게 제출하였다.

① 결의서
② 품의서
③ 기안서
④ 기획서

02 **다음 중 공문서의 특징에 대한 설명으로 가장 적절한 것은?**

① 회사 내부로 전달되는 글이므로 육하원칙이 드러나지 않아도 된다.
② 날짜 다음에 괄호를 사용할 경우 반드시 마침표를 찍어야 한다.
③ 복잡한 내용은 도표를 통해 시각화하여 이해도를 높인다.
④ 반드시 일정한 양식과 격식을 갖추어 작성하여야 한다.

03 **다음 중 문서의 종류에 대한 설명으로 적절하지 않은 것은?**

① 공문서는 정부 행정기관에서 대내적, 혹은 대외적 공무를 집행하기 위해 작성하는 문서이다.
② 비즈니스 레터는 적극적으로 아이디어를 내고 기획한 하나의 프로젝트를 문서형태로 만들어, 상대방에게 그 내용을 전달하여 기획을 시행하도록 설득하는 문서이다.
③ 기안서는 회사의 업무에 대한 협조를 구하거나 의견을 전달할 때 작성하며 흔히 사내 공문서로 불린다.
④ 보도 자료는 정부 기관이나 기업체, 각종 단체 등이 언론을 상대로 자신들의 정보가 기사로 보도되도록 하기 위해 보내는 자료이다.

05 맞춤법 · 어휘

| 유형분석 |

- 맞춤법에 맞는 단어를 찾거나 주어진 지문의 내용에 어울리는 단어를 찾는 문제가 주로 출제된다.
- 단어 사이의 관계에 대한 문제가 출제되므로 뜻이 비슷하거나 반대되는 단어를 함께 학습하는 것이 좋다.
- 자주 출제되는 단어나 헷갈리는 단어에 대한 학습을 꾸준히 하는 것이 좋다.

다음 중 밑줄 친 단어와 바꿔 사용할 수 있는 것은?

최저임금법 시행령 제5조 제1항 제2호 및 제3호는 주 단위 또는 월 단위로 지급된 임금에 대해 1주 또는 월의 소정근로시간 수로 나눈 금액을 시간에 대한 임금으로 규정하고 있다. 그러나 최저임금 산정을 위한 소정근로시간 수에 대해 고용노동부와 대법원의 해석이 어긋나 눈길을 끈다. 고용노동부는 소정근로시간에 유급주휴시간을 포함하여 계산하여 통상임금 산정기준 근로시간 수와 동일하게 본 반면, 대법원은 최저임금 산정을 위한 소정근로시간 수에 유급주휴시간을 제외하고 산정하였다.

① 배치되어
② 도치되어
③ 대두되어
④ 전도되어
⑤ 발생되어

정답 ①

- 어긋나다 : 방향이 비껴서 서로 만나지 못하다.
- 배치하다 : 서로 반대로 되어 어그러지거나 어긋나다.

오답분석

② 도치하다 : 차례나 위치 따위를 서로 뒤바꾸다.
③ 대두하다 : 어떤 세력이나 현상이 새롭게 나타나다.
④ 전도하다 : 거꾸로 되거나 거꾸로 하다.
⑤ 발생하다 : 어떤 일이나 사물이 생겨나다.

풀이 전략!

문제에서 물어보는 단어를 정확히 확인해야 하고, 문제에서 다루고 있는 단어의 앞뒤 내용을 읽고 글의 전체적 흐름을 생각하며 문제에 접근해야 한다.

대표기출유형 05 기출응용문제

01 **다음 중 밑줄 친 단어의 맞춤법이 옳지 않은 것은?**

① 우리는 첨단산업을 개발하고 육성해야 한다.
② 기술자가 없어서 고가의 장비를 썩이고 있다.
③ 생선 장수들이 좌판을 벌이고 손님을 맞아들였다.
④ 메모지를 벽에 덕지덕지 붙여 놓아 지저분해 보인다.

02 **다음 중 밑줄 친 단어의 맞춤법이 옳게 쓰인 것을 모두 고르면?**

> 오늘은 웬지 아침부터 기분이 좋지 않았다. 회사에 가기 싫은 마음을 다독이며 출근 준비를 하였다. 회사에 겨우 도착하여 업무용 컴퓨터를 켰지만, 모니터 화면에는 아무것도 보이지 않았다. 심각한 바이러스에 노출된 컴퓨터를 힘들게 복구했지만, 며칠 동안 힘들게 작성했던 문서가 훼손되었다. 당장 오늘까지 제출해야 하는 문서인데, 이 문제를 어떡게 해결해야 할지 걱정이 된다. 문서를 다시 작성하든지, 팀장님께 사정을 말씀드리던지 해결책을 찾아야만 한다. 현재 나의 간절한 바램은 이 문제가 무사히 해결되는 것이다.

① 웬지, 며칠, 훼손
② 며칠, 어떡게, 바램
③ 며칠, 훼손, 작성하든지
④ 며칠, 말씀드리던지, 바램

03 **다음 중 밑줄 친 ㉠과 ㉡의 관계와 가장 유사한 것은?**

> 남성적 특성과 여성적 특성을 모두 가지고 있는 사람이 남성적 특성 혹은 여성적 특성만 지니고 있는 사람에 비하여 훨씬 더 다양한 ㉠ 자극에 대하여 다양한 ㉡ 반응을 보일 수 있다. 이렇게 여러 개의 반응 레퍼토리를 가지고 있다는 것은 다시 말하면, 그때그때 상황의 요구에 따라 적합한 반응을 보일 수 있다는 것이며, 이는 곧 사회적 환경에 더 유연하고 효과적으로 대처할 수 있다는 것을 의미한다.

① 개인 – 사회
② 정신 – 육체
③ 물고기 – 물
④ 입력 – 출력

06 한자성어

| 유형분석 |

- 실생활에서 활용되는 한자성어를 이해할 수 있는지 평가한다.
- 제시된 상황과 일치하는 한자성어를 고르거나 한자의 훈음·독음을 맞히는 등 다양한 유형이 출제된다.

다음 상황과 가장 관련 있는 한자성어는?

> 대규모 댐 건설 사업 공모에 K건설회사가 참여하였다. 해당 사업은 막대한 자금과 고도의 건설 기술이 필요했기에 K건설회사가 감당하기 어려운 것이었다. 많은 사람들은 무리하게 공모에 참여한 K건설회사에 대해 무모하다고 여겼다.

① 각골난망(刻骨難忘)
② 난공불락(難攻不落)
③ 빈천지교(貧賤之交)
④ 당랑거철(螳螂拒轍)
⑤ 파죽지세(破竹之勢)

정답 ④

'당랑거철(螳螂拒轍)'은 '제 역량을 생각하지 않고 강한 상대나 되지 않을 일에 덤벼드는 무모한 행동거지'를 비유하는 말로, 댐 건설 사업 공모에 무리하게 참여한 K건설회사의 상황에 가장 적절한 한자성어이다.

오답분석

① 각골난망(刻骨難忘) : '은혜를 입은 고마움이 뼈에 깊이 새겨져 잊히지 않음'을 뜻한다.
② 난공불락(難攻不落) : '공격하기에 어려울 뿐 아니라 결코 함락되지 않음'을 뜻한다.
③ 빈천지교(貧賤之交) : '가난하고 어려울 때 사귄 사이 또는 벗'을 일컫는 말이다.
⑤ 파죽지세(破竹之勢) : '대나무를 쪼개는 기세'라는 뜻으로, 세력이 강대하여 대적을 거침없이 물리치고 쳐들어가는 기세를 말한다.

풀이 전략!

- 한자성어 관련 문제의 경우 일정 수준 이상의 사전지식을 요구하므로, 지원 기업 관련 기사 및 이슈를 틈틈이 찾아보며 한자성어에 대입하는 연습을 하면 효과적으로 대처할 수 있다.
- 문제에 제시된 한자성어의 의미를 파악하기 어렵다면, 먼저 알고 있는 한자가 있는지 확인한 후 글의 문맥과 상황에 대입하며 선택지를 하나씩 소거해 나가는 것이 효율적이다.

대표기출유형 06 기출응용문제

※ 다음 글을 읽고 가장 관련 있는 한자성어를 고르시오. [1~3]

01

C선수가 한국인 메이저리거의 새 역사를 쓰고 있다. C선수는 미국 텍사스 주에서 열린 경기에서 메이저리그 통산 200홈런을 날렸다. 아시아 선수 최초의 기록이다.
1번 타자 좌익수로 선발 출전한 C선수는 첫 타석부터 대포를 쏘아 올렸다. 0 : 4로 뒤진 1회 말 선두타자로 나선 C선수는 상대 선발의 2구째 91.5마일(약 147.3㎞) 볼을 공략해 홈런을 날렸다.
지난해에는 52경기 연속 출루에 성공하면서 아시아 선수 최다 연속 경기 출루 신기록, 현역 메이저리거 최다 연속 출루 신기록을 동시에 썼다. 연속 경기 출루 신기록 활약 덕분에 생애 첫 올스타에 선정되기도 했다.
그리고 마침내 아시아 선수 최초의 200홈런이라는 대기록을 작성했다. 지난해 캔자스시티에서 열린 경기에서는 통산 176번째 홈런을 때려내 역대 아시아 타자 최다 홈런 신기록을 썼다. 이후 C선수가 홈런을 때려낼 때마다 아시아 타자의 새로운 역사가 만들어지고 있다.

① 전전반측 ② 전대미문
③ 망양보뢰 ④ 과유불급

02

지하철 선로에 떨어진 아이를 구한 고등학생에게 서울시에서 표창장을 주었다.

① 신언서판 ② 신상필벌
③ 순망치한 ④ 각주구검

03

사회 초년생인 A씨는 최근 많은 뉴스에서 주식으로 돈을 벌었다는 소식을 많이 듣고 자신도 주식하면 돈을 벌 수 있다는 확신을 가졌다. 아무런 지식도 없지만 남들이 다 샀다는 주식을 산 이후 오르기만을 기다렸다. 하지만 주식가격은 점점 내려갔고, 주변에서도 그 주식은 처분해야 된다는 말을 들었지만 A씨는 오를 거라 확신하며 기다렸다. 하지만 이후에도 주가는 오르지 않고 계속 내려갔으며, A씨는 그래도 오를 거라 믿으면서 주변의 만류에도 불구하고 그 주식만 쳐다보고 있다.

① 사필귀정(事必歸正) ② 조삼모사(朝三暮四)
③ 수주대토(守株待兎) ④ 새옹지마(塞翁之馬)

대표기출유형

07 경청 · 의사 표현

| 유형분석 |

- 주로 특정 상황을 제시한 뒤 올바른 의사소통 방법을 묻는 형태의 문제가 출제된다.
- 경청과 관련한 이론에 대해 묻거나 대화문 중에서 올바른 경청 자세를 고르는 문제가 출제되기도 한다.

다음 중 올바른 경청 자세로 적절하지 않은 것은?

① 상대를 정면으로 마주하는 자세는 상대방이 자칫 위축되거나 부담스러워할 수 있으므로 지양한다.
② 손이나 다리를 꼬지 않는 개방적인 자세는 상대에게 마음을 열어놓고 있음을 알려주는 신호이다.
③ 우호적인 눈의 접촉(Eye－Contact)은 자신이 상대방에게 관심을 가지고 있음을 알려준다.
④ 비교적 편안한 자세는 전문가다운 자신만만함과 아울러 편안한 마음을 상대방에게 전할 수 있다.

정답 ①

상대를 정면으로 마주하는 자세는 자신이 상대방과 함께 의논할 준비가 되어있다는 것을 알리는 자세이므로 경청을 하는 데 있어 올바른 자세이다.

풀이 전략!

별다른 암기 없이도 풀 수 있는 문제가 자주 출제되지만, 문제에 주어진 상황에 대한 확실한 이해가 필요하다.

대표기출유형 07 기출응용문제

01 A씨 부부는 대화를 하다 보면 사소한 다툼으로 이어지곤 한다. A씨의 아내는 A씨가 자신의 이야기를 제대로 들어주지 않기 때문이라고 생각한다. 다음 사례에 나타난 A씨의 경청을 방해하는 습관은 무엇인가?

> A씨의 아내가 남편에게 직장에서 업무 실수로 상사에게 혼난 일을 이야기하자 A씨는 "항상 일을 진행하면서 꼼꼼하게 확인하라고 했잖아요. 당신이 일을 처리하는 방법이 잘못됐어요. 다음부터는 일을 하기 전에 미리 계획을 세우고 체크리스트를 작성해보세요."라고 이야기했다. A씨의 아내는 이런 대답을 듣자고 이야기한 것이 아니라며 더 이상 이야기하고 싶지 않다고 말하며 밖으로 나가 버렸다.

① 짐작하기
② 걸러내기
③ 판단하기
④ 조언하기

02 다음은 새로 부임한 김과장에 대한 직원들의 대화 내용이다. 키슬러의 대인관계 의사소통에 따를 때, 김과장에게 해 줄 조언으로 가장 적절한 것은?

> 직원 A : 최과장님이 본사로 발령 나시면서, 홍보팀에 과장님이 새로 부임하셨다며. 어떠셔? 계속 지방에 출장 중이어서 이번에 처음 뵙는데 궁금하네.
> 직원 B : 김과장님? 음. 되게 능력이 있으시다고 들었어. 회사에서 상당한 연봉을 제시해 직접 스카우트 하셨다고 들었거든. 근데, 좀 직원들에게 관심이 너무 많으셔.
> 직원 C : 맞아. 최과장님은 업무를 지시하시고 나서는 우리가 보고할 때까지 아무 간섭 안 하시고 보고 후에 피드백을 주셔서 일하는 중에는 부담이 덜했잖아. 근데, 새로 온 김과장님은 업무 중간 중간에 어디까지 했냐? 어떻게 처리되었냐? 이렇게 해야 한다. 저렇게 해야 한다. 계속 말씀하셔서 너무 눈치 보여. 물론 바로바로 피드백을 받을 수 있어 수정이 수월하긴 하지만 말이야.
> 직원 B : 맞아. 그것도 그거지만 나는 회식 때마다 이전 회사에서 했던 프로젝트에 대해 계속 자랑하셔서 이젠 그 대사도 외울 지경이야. 물론 김과장님의 능력이 출중하다는 건 우리도 알기는 하지만.

① 독단적으로 결정하시면 대인 갈등을 겪으실 수도 있으니 직원들과의 상의가 필요합니다.
② 자신만 생각하지 마시고, 타인에게 관심을 갖고 배려해 주세요.
③ 직원들과 어울리지 않으시고 혼자 있는 것만 선호하시면 대인관계를 유지하기 어려워요.
④ 타인에 대한 높은 관심과 인정받고자 하는 욕구는 낮출 필요성이 있어요.

CHAPTER 02

수리능력

합격 Cheat Key

수리능력은 사칙 연산·통계·확률의 의미를 정확하게 이해하고 이를 업무에 적용하는 능력으로, 기초 연산과 기초 통계, 도표 분석 및 작성의 문제 유형으로 출제된다. 수리능력 역시 채택하지 않는 공사·공단이 거의 없을 만큼 필기시험에서 중요도가 높은 영역이다.

특히, 난이도가 높은 공사·공단의 시험에서는 도표 분석, 즉 자료 해석 유형의 문제가 많이 출제되고 있고, 응용 수리 역시 꾸준히 출제하는 공사·공단이 많기 때문에 기초 연산과 기초 통계에 대한 공식의 암기와 자료 해석 능력을 기를 수 있는 꾸준한 연습이 필요하다.

1 응용 수리의 공식은 반드시 암기하라!

응용 수리는 공사·공단마다 출제되는 문제는 다르지만, 사용되는 공식은 비슷한 경우가 많으므로 자주 출제되는 공식을 반드시 암기하여야 한다. 문제에서 묻는 것을 정확하게 파악하여 그에 맞는 공식을 적절하게 적용하는 꾸준한 노력과 공식을 암기하는 연습이 필요하다.

2 자료의 해석은 자료에서 즉시 확인할 수 있는 지문부터 확인하라!

수리능력 중 도표 분석, 즉 자료 해석 능력은 많은 시간을 필요로 하는 문제가 출제되므로, 증가·감소 추이와 같이 눈으로 확인이 가능한 지문을 먼저 확인한 후 복잡한 계산이 필요한 지문을 확인하는 방법으로 문제를 풀이한다면 시간을 조금이라도 아낄 수 있다. 또한, 여러 가지 보기가 주어진 문제 역시 지문을 잘 확인하고 문제를 풀이한다면 불필요한 계산을 생략할 수 있으므로 항상 지문부터 확인하는 습관을 들여야 한다.

3 도표 작성에서 지문에 작성된 도표의 제목을 반드시 확인하라!

도표 작성은 하나의 자료 혹은 보고서와 같은 수치가 표현된 자료를 도표로 작성하는 형식으로 출제되는데, 대체로 표보다는 그래프를 작성하는 형태로 많이 출제된다. 지문을 살펴보면 각 지문에서 주어진 도표에도 소제목이 있는 경우가 대부분이다. 이때, 자료의 수치와 도표의 제목이 일치하지 않는 경우 함정이 존재하는 문제일 가능성이 높으므로 도표의 제목을 반드시 확인하는 것이 중요하다.

01 응용 수리

| 유형분석 |

- 문제에서 제공하는 정보를 파악한 뒤, 사칙연산을 활용하여 계산하는 전형적인 수리문제이다.
- 문제를 풀기 위한 정보가 산재되어 있는 경우가 많으므로 주어진 조건 등을 꼼꼼히 확인해야 한다.

대학 서적을 도서관에서 빌리면 10일간 무료이고, 그 이상은 하루에 100원의 연체료가 부과되며 한 달 단위로 연체료는 두 배로 늘어난다. 1학기 동안 대학 서적을 도서관에서 빌려 사용하는 데 얼마의 비용이 드는가?(단, 1학기의 기간은 15주이고, 한 달은 30일로 정한다)

① 18,000원 ② 20,000원
③ 23,000원 ④ 25,000원
⑤ 28,000원

정답 ④

- 1학기의 기간 : 15×7=105일
- 연체료가 부과되는 기간 : 105−10=95일
- 연체료가 부과되는 시점에서부터 한 달 동안의 연체료 : 30×100=3,000원
- 첫 번째 달부터 두 번째 달까지의 연체료 : 30×100×2=6,000원
- 두 번째 달부터 세 번째 달까지의 연체료 : 30×100×2×2=12,000원
- 95일(3개월 5일) 연체료 : 3,000+6,000+12,000+5×(100×2×2×2)=25,000원

따라서 1학기 동안 대학 서적을 도서관에서 빌려 사용한다면 25,000원의 비용이 든다.

풀이 전략!

문제에서 묻는 바를 정확하게 확인한 후, 필요한 조건 또는 정보를 구분하여 신속하게 풀어 나간다. 단, 계산에 착오가 생기지 않도록 유의한다.

대표기출유형 01 기출응용문제

01 농도 8%의 소금물 200g에서 한 컵의 소금물을 퍼내고 퍼낸 양만큼 물을 부었다. 그리고 다시 농도 2%의 소금물을 더 넣었더니 농도 3%의 소금물 320g이 되었다고 할 때, 퍼낸 소금물의 양은?

① 100g
② 110g
③ 120g
④ 130g

PART 1

02 수민이가 혼자 하면 8시간, 현정이가 혼자 하면 5시간 걸리는 일이 있다. 오후 6시부터 야근을 시작하여 수민이와 현정이가 함께 일하다가, 중간에 현정이가 퇴근하고 수민이 혼자 나머지 일을 끝낸 후 시계를 봤더니 오후 10시 48분이었다. 현정이가 퇴근한 시각은?

① 오후 7시
② 오후 7시 30분
③ 오후 8시
④ 오후 8시 30분

03 나영이와 현지가 집에서 공원을 향해 분당 150m의 속력으로 걸어가고 있다. 30분 정도 걸었을 때, 나영이가 지갑을 집에 두고 온 것을 기억하여 분당 300m의 속력으로 집에 갔다가 같은 속력으로 다시 공원을 향해 걸어간다고 한다. 현지는 그 속력 그대로 20분 뒤에 공원에 도착했을 때, 나영이는 현지가 공원에 도착하고 몇 분 후에 공원에 도착할 수 있는가?(단, 집에서 공원까지의 거리는 직선이고, 이동시간 외 다른 소요시간은 무시한다)

① 20분
② 25분
③ 30분
④ 35분

04 신영이는 제주도로 여행을 갔다. A호텔에서 B공원까지 거리는 지도상에서 10cm이고, 지도의 축척은 1 : 50,000이다. 신영이가 30km/h의 속력으로 자전거를 타고 갈 때, A호텔에서 출발하여 B공원에 도착하는 데 걸리는 시간은?

① 10분
② 15분
③ 20분
④ 25분

05 30명의 남학생 중에서 16명, 20명의 여학생 중에서 14명이 수학여행으로 국외를 선호하였다. 전체 50명의 학생 중 임의로 선택한 한 명이 국내 여행을 선호하는 학생일 때, 이 학생이 남학생일 확률은?

① $\frac{3}{5}$
② $\frac{7}{10}$
③ $\frac{4}{5}$
④ $\frac{9}{10}$

06 K공사에 근무 중인 S사원은 업무 계약 건으로 출장을 가야 한다. 시속 75km로 이동하던 중 점심시간이 되어 전체 거리의 40% 지점에 위치한 휴게소에서 30분 동안 점심을 먹었다. 시계를 확인하니 약속된 시간에 늦을 것 같아 시속 25km를 더 올려 이동하였더니, 출장지까지 총 3시간 20분이 걸려 도착하였다. K공사에서 출장지까지의 거리는?

① 100km
② 150km
③ 200km
④ 250km

07 K식품업체에서 일하고 있는 용선이가 속한 부서는 약 1,200개 제품의 포장 작업을 해야 한다. 손으로 포장하면 하나에 3분이 걸리고 기계로 포장하면 2분이 걸리는데 기계를 이용하면 포장 100개마다 50분을 쉬어야 한다. 만약 휴식 없이 연속해서 작업을 한다고 할 때, 가장 빨리 작업을 마치는 데 시간이 얼마나 필요하겠는가?(단, 두 가지 작업은 병행할 수 있다)

① 24시간
② 25시간
③ 26시간
④ 27시간

PART 1

08 K공사의 해외사업부, 온라인 영업부, 영업지원부에서 각각 2명, 2명, 3명이 대표로 회의에 참석하기로 하였다. 자리배치는 원탁 테이블에 같은 부서 사람이 옆자리에 앉는다고 할 때, 7명이 앉을 수 있는 경우의 수는?

① 48가지
② 42가지
③ 36가지
④ 30가지

09 경언이는 고향인 진주에서 서울로 올라오려고 한다. 오전 8시에 출발하여 우등버스를 타고 340km를 달려 서울 고속터미널에 도착하였는데, 원래 도착 예정시간보다 2시간이 늦어졌다. 도착 예정시간은 평균 100km/h로 달리고 휴게소에서 30분 쉬는 것으로 계산되었으나 실제로 휴게소에서 36분을 쉬었다고 한다. 이때, 진주에서 서울로 이동하는 동안 경언이가 탄 버스의 평균 속도는?

① 약 49km/h
② 약 53km/h
③ 약 57km/h
④ 약 64km/h

02 수열 규칙

| 유형분석 |

- 나열된 수의 규칙을 찾아 해결하는 문제이다.
- 등차·등비수열 등 다양한 수열 규칙에 대한 사전 학습이 요구된다.

다음과 같이 일정한 규칙으로 수를 나열할 때, 빈칸에 들어갈 수는?

1　2　8　(　)　148　765　4,626

① 12　② 16
③ 24　④ 27
⑤ 33

정답 ⑤

앞의 항에 $\times1+1^2$, $\times2+2^2$, $\times3+3^2$, $\times4+4^2$, …인 수열이다.
따라서 (　)$=8\times3+3^2=33$이다.

풀이 전략!

- 수열을 풀이할 때는 다음과 같은 규칙이 적용되는지를 순차적으로 판단한다.
  1) 각 항에 일정한 수를 사칙연산(+, −, ×, ÷)하는 규칙
  2) 홀수 항, 짝수 항 규칙
  3) 피보나치 수열과 같은 계차를 이용한 규칙
  4) 군수열을 활용한 규칙
  5) 항끼리 사칙연산을 하는 규칙

주요 수열 규칙

구분	내용
등차수열	앞의 항에 일정한 수를 더해 이루어지는 수열
등비수열	앞의 항에 일정한 수를 곱해 이루어지는 수열
피보나치 수열	앞의 두 항의 합이 그 다음 항의 수가 되는 수열
건너뛰기 수열	두 개 이상의 수열 또는 규칙이 일정한 간격을 두고 번갈아가며 적용되는 수열
계차수열	앞의 항과 차가 일정하게 증가하는 수열
군수열	일정한 규칙성으로 몇 항씩 묶어 나눈 수열

대표기출유형 02 기출응용문제

※ 다음과 같이 일정한 규칙으로 수를 나열할 때, 빈칸에 들어갈 수를 고르시오. [1~3]

01

1 3 11 43 171 ( )

① 232
② 459
③ 683
④ 855

02

64 16 12 3 $\frac{11}{2}$ ( ) $\frac{75}{16}$

① $\frac{5}{4}$
② $\frac{11}{4}$
③ $\frac{7}{8}$
④ $\frac{11}{8}$

03

<u>5 0 1</u> <u>5 3 ( )</u> <u>6 2 36</u>

① 15
② 45
③ 75
④ 125

03 자료 계산

| 유형분석 |

- 문제에 주어진 도표를 분석하여 각 선택지의 값을 계산해 정답 유무를 판단하는 문제이다.
- 주로 그래프와 표로 제시되며, 경영·경제·산업 등과 관련된 최신 이슈를 많이 다룬다.
- 자료 간의 증감률·비율·추세 등을 자주 묻는다.

다음은 2024년도 A지역 고등학교 학년별 도서 선호 분야 비율에 대한 자료이다. 취업 관련 도서를 선호하는 3학년 학생 수 대비 철학·종교 도서를 선호하는 1학년 학생 수의 비율로 옳은 것은?(단, 소수점 첫째 자리에서 반올림한다)

〈A지역 고등학교 학년별 도서 선호 분야 비율〉

(단위 : 명, %)

학년	사례 수	장르 소설	문학	자기 계발	취업 관련	예술·문화	역사·지리	과학·기술	정치·사회	철학·종교	경제·경영	기타
소계	1,160	28.9	18.2	7.7	6.9	5.4	6.1	7.9	5.8	4.2	4.5	4.4
1학년	375	29.1	18.1	7	6.4	8.7	5.3	7.8	4.1	3	6.5	4
2학년	417	28.4	18.7	8.9	7.5	3.8	6.3	8.3	8.1	5	3.1	1.9
3학년	368	29.3	17.8	7.1	6.6	3.7	6.8	7.6	4.8	4.5	4.1	7.7

① 42% ② 46%

③ 54% ④ 58%

정답 ②

취업 관련 도서를 선호하는 3학년 학생 수는 368×0.066≒24명이고, 철학·종교 도서를 선호하는 1학년 학생 수는 375×0.03≒11명이다.

따라서 취업 관련 도서를 선호하는 3학년 학생 수 대비 철학·종교 도서를 선호하는 1학년 학생 수의 비율은 $\frac{11}{24}\times100 ≒ 46\%$이다.

풀이 전략!

선택지를 먼저 읽고 필요한 정보를 도표에서 확인하도록 하며, 계산이 필요한 경우에는 실제 수치를 사용하여 복잡한 계산을 하는 대신, 대소 관계의 비교나 선택지의 옳고 그름만을 판단할 수 있을 정도로 간소화하여 계산해 풀이시간을 단축할 수 있도록 한다.

01 다음은 국내시장 규모에 대한 로봇 산업현황 자료이다. 2024년 제조업용 로봇 생산액의 2022년 대비 성장률은?(단, 소수점 둘째 자리에서 반올림한다)

〈로봇 산업현황〉

(단위 : 억 원, %)

구분	2022년		2023년			2024년		
	생산액	구성비	생산액	구성비	전년 대비	생산액	구성비	전년 대비
제조업용 로봇	6,272	87.2	6,410	85.0	2.2	7,016	84.9	9.5
서비스용 로봇	447	6.2	441	5.9	−1.1	483	5.9	9.4
전문 서비스용	124	1.7	88	1.2	−29.1	122	1.5	38.4
개인 서비스용	323	4.5	353	4.7	9.7	361	4.4	2.2
로봇부품 및 부분품	478	6.6	691	9.1	44.5	769	9.2	11.4
합계	7,197	100.0	7,542	100.0	4.8	8,268	100.0	9.6

① 7.3%
② 8.9%
③ 10.2%
④ 11.9%

02 신년을 맞이하여 회사에서 달력을 주문하려고 한다. A업체와 B업체를 고려하고 있다고 할 때, 달력을 최소 몇 권 이상 주문해야 A업체에서 주문하는 것이 B업체에서 주문하는 것보다 유리해지는가?

구분	권당 가격(원)	배송비(원)
A업체	1,650	3,000
B업체	1,800	무료

① 19권
② 20권
③ 21권
④ 22권

03

김대리는 장거리 출장을 가기 전 주유와 함께 세차를 할 예정이다. A주유소와 B주유소의 주유 가격 및 세차 가격이 다음과 같을 때, A주유소에서 얼마나 주유해야 B주유소보다 저렴한가?

구분	주유 가격	세차 가격
A주유소	1,550원/L	3천 원(5만 원 이상 주유 시 무료)
B주유소	1,500원/L	3천 원(7만 원 이상 주유 시 무료)

① 32L 이상 45L 이하
② 32L 이상 46L 이하
③ 33L 이상 45L 이하
④ 33L 이상 46L 이하

04

다음은 2024년 우리나라의 LPCD(Liter Per Capital Day)에 대한 자료이다. 1인 1일 사용량에서 영업용 사용량이 차지하는 비중과 1인 1일 가정용 사용량의 하위 두 항목이 차지하는 비중을 순서대로 나열한 것은?(단, 소수점 셋째 자리에서 반올림한다)

〈1인 1일 급수량〉

(단위 : LPCD)

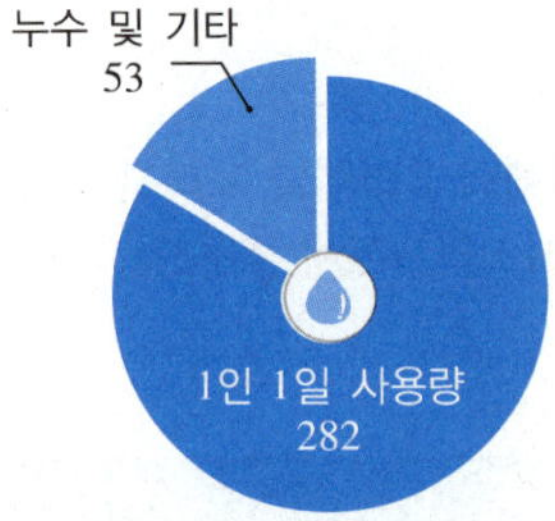

〈1인 1일 사용량〉

(단위 : LPCD)

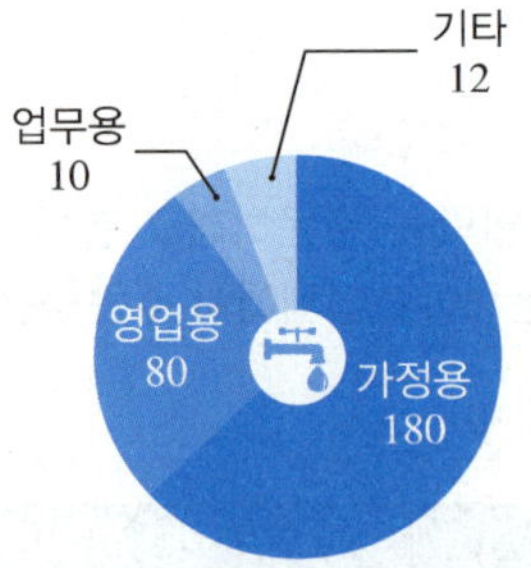

〈1인 1일 가정용 사용량〉

(단위 : LPCD)

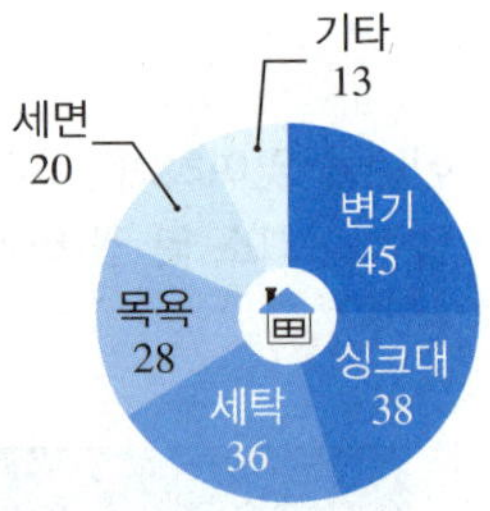

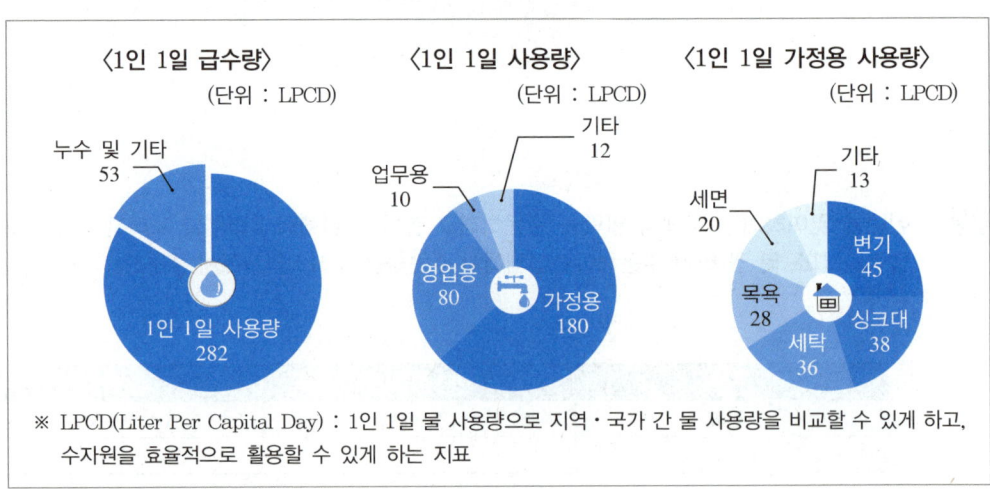

※ LPCD(Liter Per Capital Day) : 1인 1일 물 사용량으로 지역·국가 간 물 사용량을 비교할 수 있게 하고, 수자원을 효율적으로 활용할 수 있게 하는 지표

① 27.57%, 16.25%
② 27.57%, 19.24%
③ 28.37%, 18.33%
④ 28.37%, 19.24%

05 다음은 2024년 방송산업 종사자 수를 나타낸 자료이다. 2024년 추세에 언급되지 않은 분야의 인원은 고정되어 있었다고 할 때, 2023년 방송산업 종사자 수는 모두 몇 명인가?

〈2024년 방송산업 종사자 수〉

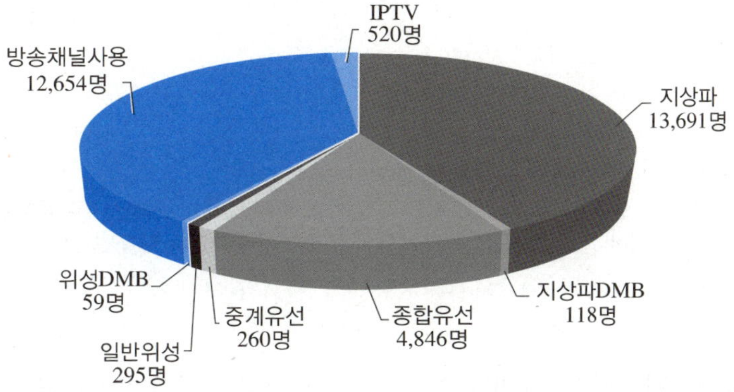

〈2024년 추세〉

지상파 방송사(지상파DMB 포함)는 전년보다 301명(2.2%p)이 증가한 것으로 나타났다. 직종별로 방송직에서는 PD(1.4%p 감소)와 아나운서(1.1%p 감소), 성우, 작가, 리포터, 제작지원 등의 기타 방송직(5%p 감소)이 감소했으나, 카메라, 음향, 조명, 미술, 편집 등의 제작관련직(4.8%p 증가)과 기자(0.5%p 증가)는 증가하였다. 그리고 영업홍보직(13.5%p 감소), 기술직(6.1%p 감소), 임원(0.7%p 감소)은 감소했으나, 연구직(11.7%p 증가)과 관리행정직(5.8%p 증가)은 증가했다.

① 20,081명　② 24,550명
③ 32,142명　④ 36,443명

04 | 자료 이해

| 유형분석 |

- 제시된 표를 분석하여 선택지의 정답 유무를 판단하는 문제이다.
- 표의 수치 등을 통해 변화량이나 증감률, 비중 등을 비교하여 판단하는 문제가 자주 출제된다.
- 지원하고자 하는 기업이나 산업과 관련된 자료 등이 문제의 자료로 많이 다뤄진다.

다음은 연도별 근로자 수 변화 추이에 대한 자료이다. 이에 대한 설명으로 옳지 않은 것은?

〈연도별 근로자 수 변화 추이〉

(단위 : 천 명)

구분	전체	남성		여성	
			비중		비중
2020년	14,290	9,061	63.4%	5,229	36.6%
2021년	15,172	9,467	62.4%	5,705	37.6%
2022년	15,536	9,633	62.0%	5,902	38.0%
2023년	15,763	9,660	61.3%	6,103	38.7%
2024년	16,355	9,925	60.7%	6,430	39.3%

① 매년 남성 근로자 수가 여성 근로자 수보다 많다.

② 2024년 여성 근로자 수는 전년보다 약 5.4% 증가하였다.

③ 2020년 대비 2024년 근로자 수의 증가율은 여성이 남성보다 높다.

④ 2020 ~ 2024년 동안 남성 근로자 수와 여성 근로자 수의 차이는 매년 증가한다.

정답 ④

2020 ~ 2024년의 남성 근로자 수와 여성 근로자 수 차이를 구하면 다음과 같다.

- 2020년 : 9,061−5,229=3,832천 명
- 2021년 : 9,467−5,705=3,762천 명
- 2022년 : 9,633−5,902=3,731천 명
- 2023년 : 9,660−6,103=3,557천 명
- 2024년 : 9,925−6,430=3,495천 명

즉, 2020 ~ 2024년 동안 남성과 여성의 차이는 매년 감소한다.

오답분석

① 제시된 자료를 통해 알 수 있다.

② 2023년 대비 2024년 여성 근로자 수의 증가율 : $\frac{6,430-6,103}{6,103}\times 100 \fallingdotseq 5.36\%$

③ 2020년 대비 2024년 남성과 여성의 근로자 수의 증가율은 다음과 같다.

- 남성 : $\frac{9,925-9,061}{9,061}\times 100 \fallingdotseq 9.54\%$
- 여성 : $\frac{6,430-5,229}{5,229}\times 100 \fallingdotseq 22.97\%$

따라서 여성의 증가율이 더 높다.

풀이 전략!

평소 변화량이나 증감률, 비중 등을 구하는 공식을 알아두고 있어야 하며, 지원하는 기업이나 산업에 대한 자료 등을 확인하여 비교하는 연습 등을 한다.

01 다음은 산림병해충 방제 현황에 대한 자료이다. 이에 대한 설명으로 옳은 것은?

〈산림병해충 방제 현황〉

(단위 : 건)

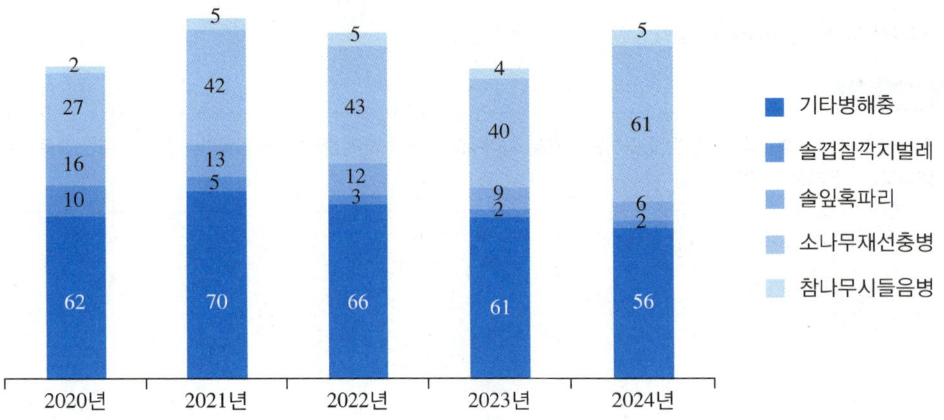

〈산림병해충 방제 현황 합계〉

(단위 : 건)

구분	2020년	2021년	2022년	2023년	2024년
합계	117	135	129	116	130

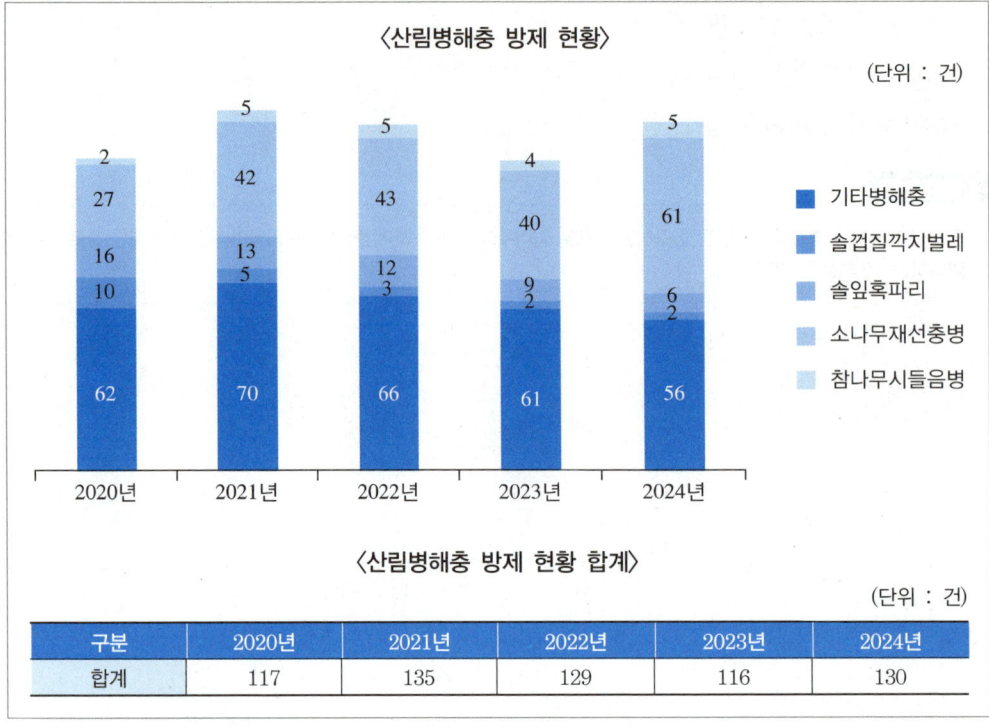

① 기타병해충에 대한 방제는 매해 두 번째로 큰 비율을 차지한다.
② 매해 솔잎혹파리가 차지하는 방제 비율은 10% 미만이다.
③ 단일 항목 중 조사기간 내 변동폭이 가장 큰 방제는 소나무재선충병에 대한 방제이다.
④ 기타병해충과 소나무재선충병에 대한 방제는 서로 동일한 증감 추이를 보인다.

02 다음은 동일한 상품군을 판매하는 백화점과 TV홈쇼핑의 상품군별 2024년 판매수수료율에 대한 자료이다. 〈보기〉 중 이에 대한 설명으로 옳은 것을 모두 고르면?

〈백화점 판매수수료율 순위〉

(단위 : %)

판매수수료율 상위 5개			판매수수료율 하위 5개		
순위	상품군	판매수수료율	순위	상품군	판매수수료율
1	셔츠	33.9	1	디지털기기	11.0
2	레저용품	32.0	2	대형가전	14.4
3	잡화	31.8	3	소형가전	18.6
4	여성정장	31.7	4	문구	18.7
5	모피	31.1	5	신선식품	20.8

〈TV홈쇼핑 판매수수료율 순위〉

(단위 : %)

판매수수료율 상위 5개			판매수수료율 하위 5개		
순위	상품군	판매수수료율	순위	상품군	판매수수료율
1	셔츠	42.0	1	여행패키지	8.4
2	여성캐주얼	39.7	2	디지털기기	21.9
3	진	37.8	3	유아용품	28.1
4	남성정장	37.4	4	건강용품	28.2
5	화장품	36.8	5	보석	28.7

보기

ㄱ. 백화점과 TV홈쇼핑 모두 셔츠 상품군의 판매수수료율이 전체 상품군 중 가장 높았다.
ㄴ. 여성정장 상품군과 모피 상품군의 판매수수료율은 TV홈쇼핑이 백화점보다 더 낮았다.
ㄷ. 디지털기기 상품군의 판매수수료율은 TV홈쇼핑이 백화점보다 더 높았다.
ㄹ. 여행패키지 상품군의 판매수수료율은 백화점이 TV홈쇼핑의 2배 이상이었다.

① ㄱ, ㄴ
② ㄱ, ㄷ
③ ㄴ, ㄹ
④ ㄱ, ㄷ, ㄹ

03 다음은 자동차 생산·내수·수출 현황에 대한 자료이다. 이에 대한 설명으로 옳지 않은 것은?

〈자동차 생산·내수·수출 현황〉

(단위 : 대, %)

구분		2020년	2021년	2022년	2023년	2024년
생산	차량 대수	4,086,308	3,826,682	3,512,926	4,271,741	4,657,094
	증감률	(6.4)	(▽6.4)	(▽8.2)	(21.6)	(9.0)
내수	차량 대수	1,219,335	1,154,483	1,394,000	1,465,426	1,474,637
	증감률	(4.7)	(▽5.3)	(20.7)	(5.1)	(0.6)
수출	차량 대수	2,847,138	2,683,965	2,148,862	2,772,107	3,151,708
	증감률	(7.5)	(▽5.7)	(▽19.9)	(29.0)	(13.7)

① 2020년에는 전년 대비 생산, 내수, 수출이 모두 증가했다.
② 내수가 가장 큰 폭으로 증가한 해에는 생산과 수출이 모두 감소했다.
③ 수출이 증가했던 해는 생산과 내수 모두 증가했다.
④ 생산이 증가했지만 내수나 수출이 감소한 해가 있다.

04 다음은 2019년부터 2024년까지 K국의 인구성장률과 합계출산율에 대한 자료이다. 이에 대한 설명으로 옳지 않은 것은?

〈인구성장률〉

(단위 : %)

구분	2019년	2020년	2021년	2022년	2023년	2024년
인구성장률	0.53	0.46	0.63	0.53	0.45	0.39

〈합계출산율〉

(단위 : 명)

구분	2019년	2020년	2021년	2022년	2023년	2024년
합계출산율	1.297	1.187	1.205	1.239	1.172	1.052

※ 합계출산율 : 가임여성 1명이 평생 낳을 것으로 예상되는 평균 출생아 수이다.

① K국의 인구성장률은 2021년 이후로 계속해서 감소하고 있다.
② 2019년부터 2024년 동안 인구성장률이 가장 낮았던 해는 합계출산율도 가장 낮았다.
③ 2020년부터 2021년 동안 합계출산율과 인구성장률의 전년 대비 증감추세는 동일하다.
④ 2024년의 인구성장률은 2021년 대비 40%p 이상 감소하였다.

05 다음은 연령별 선물환거래 금액 비율을 나타낸 자료이다. 이에 대한 설명으로 옳은 것은?

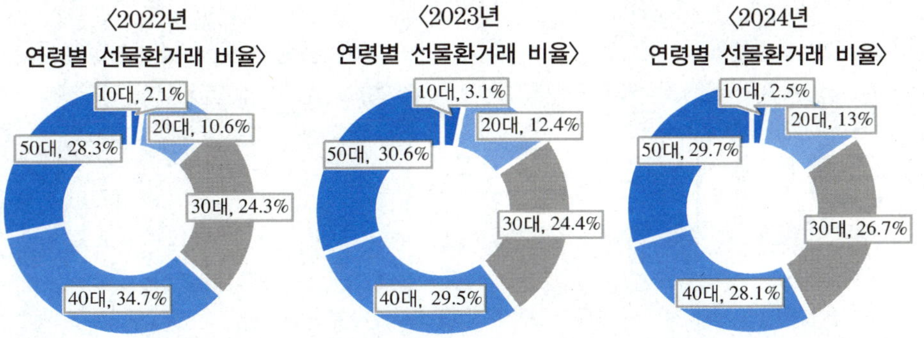

〈선물환거래 총금액〉

(단위 : 억 원)

구분	2022년	2023년	2024년
선물환거래 총금액	1,920	1,980	2,084

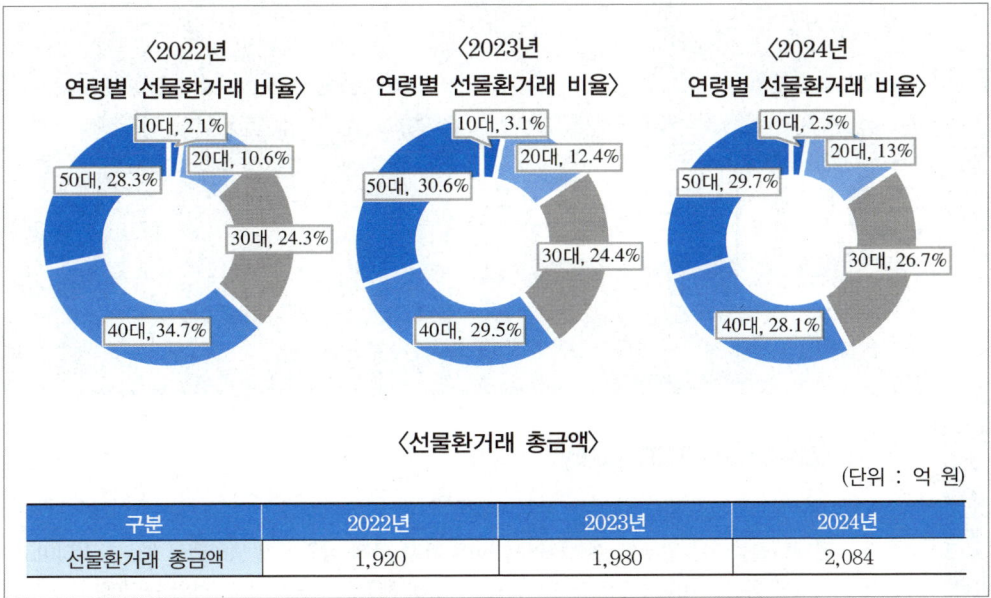

① 2023～2024년의 전년 대비 10대와 20대의 선물환거래 금액 비율 증감 추이는 같다.
② 2023년 대비 2024년의 50대의 선물환거래 금액 증가량은 13억 원 이상이다.
③ 2023～2024년 동안 전년 대비 매년 40대의 선물환거래 금액은 지속적으로 감소하고 있다.
④ 2024년 10～40대의 선물환거래 금액 총비율은 2023년 50대의 비율의 2.5배 이상이다.

CHAPTER 03

문제해결능력

합격 Cheat Key

문제해결능력은 업무를 수행하면서 여러 가지 문제 상황이 발생하였을 때, 창의적이고 논리적인 사고를 통하여 이를 올바르게 인식하고 적절히 해결하는 능력으로, 하위 능력에는 사고력과 문제처리능력이 있다.

문제해결능력은 NCS 기반 채용을 진행하는 대다수의 공사·공단에서 채택하고 있으며, 다양한 자료와 함께 출제되는 경우가 많아 어렵게 느껴질 수 있다. 특히, 난이도가 높은 문제로 자주 출제되기 때문에 다른 영역보다 더 많은 노력이 필요할 수는 있지만 그렇기에 차별화를 할 수 있는 득점 영역이므로 포기하지 말고 꾸준하게 노력해야 한다.

1 질문의 의도를 정확하게 파악하라!

문제해결능력은 문제에서 무엇을 묻고 있는지 정확하게 파악하여 먼저 풀이 방향을 설정하는 것이 가장 효율적인 방법이다. 특히, 조건이 주어지고 답을 찾는 창의적·분석적인 문제가 주로 출제되고 있기 때문에 처음에 정확한 풀이 방향이 설정되지 않는다면 문제를 제대로 풀지 못하게 되므로 첫 번째로 출제 의도 파악에 집중해야 한다.

2 중요한 정보는 반드시 표시하라!

출제 의도를 정확히 파악하기 위해서는 문제의 중요한 정보를 반드시 표시하거나 메모하여 하나의 조건, 단서도 잊고 넘어가는 일이 없도록 해야 한다. 실제 시험에서는 시간의 압박과 긴장감으로 정보를 잘못 적용하거나 잊어버리는 실수가 많이 발생하므로 사전에 충분한 연습이 필요하다.

3 반복 풀이를 통해 취약 유형을 파악하라!

문제해결능력은 특히 시간관리가 중요한 영역이다. 따라서 정해진 시간 안에 고득점을 할 수 있는 효율적인 문제 풀이 방법을 찾아야 한다. 이때, 반복적인 문제 풀이를 통해 자신이 취약한 유형을 파악하는 것이 중요하다. 정확하게 풀 수 있는 문제부터 빠르게 풀고 취약한 유형은 나중에 푸는 효율적인 문제 풀이를 통해 최대한 고득점을 맞는 것이 중요하다.

01 명제 추론

| 유형분석 |

- 주어진 조건을 토대로 논리적으로 추론하여 참 또는 거짓을 구분하는 문제이다.
- 자료를 제시하고 새로운 결과나 자료에 주어지지 않은 내용을 추론해 가는 형식의 문제가 출제된다.

어느 도시에 있는 병원의 공휴일 진료 현황은 다음과 같다. 공휴일에 진료하는 병원의 수는?

- B병원이 진료를 하지 않으면, A병원은 진료를 한다.
- B병원이 진료를 하면, D병원은 진료를 하지 않는다.
- A병원이 진료를 하면, C병원은 진료를 하지 않는다.
- C병원이 진료를 하지 않으면, E병원이 진료를 한다.
- E병원은 공휴일에 진료를 하지 않는다.

① 1곳
② 2곳
③ 3곳
④ 4곳
⑤ 5곳

정답 ②

제시된 진료 현황을 각각의 명제로 보고 이들을 수식으로 설명하면 다음과 같다(단, 명제가 참일 경우 그 대우도 참이다).

- B병원이 진료를 하지 않으면 A병원이 진료한다(~B → A / ~A → B).
- B병원이 진료를 하면 D병원은 진료를 하지 않는다(B → ~D / D → ~B).
- A병원이 진료를 하면 C병원은 진료를 하지 않는다(A → ~C / C → ~A).
- C병원이 진료를 하지 않으면 E병원이 진료한다(~C → E / ~E → C).

이를 하나로 연결하면, D병원이 진료를 하면 B병원이 진료를 하지 않고, B병원이 진료를 하지 않으면 A병원은 진료를 한다. A병원이 진료를 하면 C병원은 진료를 하지 않고, C병원이 진료를 하지 않으면 E병원은 진료를 한다(D → ~B → A → ~C → E). 명제가 참일 경우 그 대우도 참이므로 ~E → C → ~A → B → ~D가 된다. E병원은 공휴일에 진료를 하지 않으므로 위의 명제를 참고하면 C와 B병원만이 진료를 하는 경우가 된다. 따라서 공휴일에 진료를 하는 병원은 2곳이다.

풀이 전략!

명제와 관련한 기본적인 논법에 대해서는 미리 학습해 두며, 이를 바탕으로 각 문장에 있는 핵심단어 또는 문구를 기호화하여 정리한 후, 선택지와 비교하여 참 또는 거짓을 판단한다.

대표기출유형 01 기출응용문제

01 **K공사의 건물에서는 엘리베이터 여섯 대(1 ~ 6호기)를 6시간에 걸쳐 검사하고자 한다. 한 시간에 한 대씩만 검사한다고 할 때, 다음 〈조건〉에 근거하여 바르게 추론한 것은?**

조건
- 제일 먼저 검사하는 엘리베이터는 5호기이다.
- 가장 마지막에 검사하는 엘리베이터는 6호기가 아니다.
- 2호기는 6호기보다 먼저 검사한다.
- 3호기는 두 번째로 먼저 검사하며, 그 다음으로 검사하는 엘리베이터는 1호기이다.

① 6호기는 4호기보다 늦게 검사한다.
② 마지막으로 검사하는 엘리베이터는 4호기가 아니다.
③ 4호기 다음으로 검사할 엘리베이터는 2호기이다.
④ 6호기는 1호기 다다음에 검사하며, 다섯 번째로 검사한다.

02 **세미는 1박 2일로 경주 여행을 떠나 불국사, 석굴암, 안압지, 첨성대 유적지를 방문했다. 다음 〈조건〉에 따를 때, 세미의 유적지 방문 순서가 될 수 없는 것은?**

조건
- 첫 번째로 방문한 곳은 석굴암, 안압지 중 한 곳이었다.
- 여행 계획대로라면 첫 번째로 석굴암을 방문했을 때, 두 번째로는 첨성대에 방문하기로 되어 있었다.
- 두 번째로 방문한 곳이 안압지가 아니라면, 불국사도 아니었다.
- 세 번째로 방문한 곳은 석굴암이 아니었다.
- 세 번째로 방문한 곳이 첨성대라면, 첫 번째로 방문한 곳은 불국사였다.
- 마지막으로 방문한 곳이 불국사라면, 세 번째로 방문한 곳은 안압지였다.

① 안압지 – 첨성대 – 불국사 – 석굴암
② 안압지 – 석굴암 – 첨성대 – 불국사
③ 안압지 – 석굴암 – 불국사 – 첨성대
④ 석굴암 – 첨성대 – 안압지 – 불국사

03 고용노동부와 K공사가 주관한 채용박람회의 해외채용관에는 8개의 부스가 마련되어 있다. A호텔, B호텔, C항공사, D항공사, E여행사, F여행사, G면세점, H면세점이 〈조건〉에 따라 8개의 부스에 각각 위치하고 있을 때, 다음 중 항상 참인 것은?

조건

- 같은 종류의 업체는 같은 라인에 위치할 수 없다.
- A호텔과 B호텔은 복도를 사이에 두고 마주 보고 있다.
- G면세점과 H면세점은 양 끝에 위치하고 있다.
- E여행사 반대편에 위치한 H면세점은 F여행사와 나란히 위치하고 있다.
- C항공사는 제일 앞번호의 부스에 위치하고 있다.

[부스 위치]

1	2	3	4
복도			
5	6	7	8

① A호텔은 면세점 옆에 위치하고 있다.
② B호텔은 여행사 옆에 위치하고 있다.
③ C항공사는 여행사 옆에 위치하고 있다.
④ D항공사는 E여행사와 나란히 위치하고 있다.

04 A ~ D 네 사람은 한 아파트에 살고 있고, 이 아파트는 1층과 2층, 층별로 1호, 2호로 구성되어 있다. 다음 〈조건〉을 참고할 때, 〈보기〉 중 옳은 것을 모두 고르면?

조건

- 각 집에는 한 명씩만 산다.
- D는 2호에 살고, A는 C보다 위층에 산다.
- B와 C는 서로 다른 호수에 산다.
- A와 B는 이웃해 있다.

보기

㉠ 1층 1호 – C　　㉡ 1층 2호 – B
㉢ 2층 1호 – A　　㉣ 2층 2호 – D

① ㉠, ㉡　　② ㉠, ㉢
③ ㉡, ㉢　　④ ㉡, ㉣

05 이번 학기에 4개의 강좌 A ~ D가 새로 개설되는데, 강사 갑 ~ 무 중 4명이 한 강좌씩 맡으려 한다. 배정 결과를 궁금해 하는 5명은 다음과 같이 예측했다. 배정 결과를 보니 갑 ~ 무의 진술 중 한 명의 진술만이 거짓이고 나머지는 참임이 드러났을 때, 다음 중 바르게 추론한 것은?

갑 : 을이 A강좌를 담당하고 병은 강좌를 담당하지 않을 것이다.
을 : 병이 B강좌를 담당할 것이다.
병 : 정은 D강좌가 아닌 다른 강좌를 담당할 것이다.
정 : 무가 D강좌를 담당할 것이다.
무 : 을의 말은 거짓일 것이다.

① 갑은 A강좌를 담당한다.
② 을은 C강좌를 담당한다.
③ 병은 강좌를 담당하지 않는다.
④ 정은 D강좌를 담당한다.

06 다음 〈조건〉이 참일 때, 〈보기〉에서 반드시 참인 것을 모두 고르면?

조건

- A, B, C, D 중 한 명의 근무지는 서울이다.
- A, B, C, D는 각기 다른 한 도시에서 근무한다.
- 갑, 을, 병 각각의 두 진술 중 하나는 참이고 다른 하나는 거짓이다.
- 갑은 "A의 근무지는 광주이다."와 "D의 근무지는 서울이다."라고 진술했다.
- 을은 "B의 근무지는 광주이다."와 "C의 근무지는 세종이다."라고 진술했다.
- 병은 "C의 근무지는 광주이다."와 "D의 근무지는 부산이다."라고 진술했다.

보기

ㄱ. A의 근무지는 광주이다.
ㄴ. B의 근무지는 서울이다.
ㄷ. C의 근무지는 세종이다.

① ㄱ, ㄴ　② ㄱ, ㄷ
③ ㄴ, ㄷ　④ ㄱ, ㄴ, ㄷ

02 규칙 적용

| 유형분석 |

- 주어진 상황과 규칙을 종합적으로 활용하여 풀어 가는 문제이다.
- 일정, 비용, 순서 등 다양한 내용을 다루고 있어 유형을 한 가지로 단일화하기 어렵다.

갑은 다음 규칙을 참고하여 알파벳 단어를 숫자로 변환하고자 한다. 규칙을 적용한 〈보기〉의 단어에서 알파벳 Z에 해당하는 자연수들을 모두 더한 값은?

〈규칙〉

① 알파벳 'A'부터 'Z'까지 순서대로 자연수를 부여한다.
예 A=2라고 하면 B=3, C=4, D=5이다.

② 단어의 음절에 같은 알파벳이 연속되는 경우 ①에서 부여한 숫자를 알파벳이 연속되는 횟수만큼 거듭제곱한다.
예 A=2이고 단어가 'AABB'이면 AA는 '2^2'이고, BB는 '3^2'이므로 '49'로 적는다.

보기

㉠ AAABBCC는 10000001020110404로 변환된다.
㉡ CDFE는 3465로 변환된다.
㉢ PJJYZZ는 1712126729로 변환된다.
㉣ QQTSR은 625282726으로 변환된다.

① 154 ② 176
③ 199 ④ 212

정답 ④

㉠ A=100, B=101, C=102이다. 따라서 Z=125이다.
㉡ C=3, D=4, E=5, F=6이다. 따라서 Z=26이다.
㉢ P가 17임을 볼 때, J=11, Y=26, Z=27이다.
㉣ Q=25, R=26, S=27, T=28이다. 따라서 Z=34이다.
따라서 해당하는 Z값을 모두 더하면 125+26+27+34=212이다.

풀이 전략!

문제에 제시된 조건이나 규칙을 정확히 파악한 후, 선택지나 상황에 적용하여 문제를 풀어 나간다.

대표기출유형 02 기출응용문제

01 **다음 글을 근거로 판단할 때, 그림 2의 정육면체 아랫면에 쓰인 36개 숫자의 합은?**

정육면체인 하얀 블록 5개와 검은 블록 1개를 일렬로 붙인 막대 30개를 만든다. 각 막대의 윗면에는 가장 위에 있는 블록부터, 아랫면에는 가장 아래에 있는 블록부터 세어 검은 블록이 몇 번째 블록인지를 나타내는 숫자를 쓴다. 이런 규칙에 따르면 그림 1의 예에서는 윗면에 2를, 아랫면에 5를 쓰게 된다. 다음으로 검은 블록 없이 하얀 블록 6개를 일렬로 붙인 막대를 6개 만든다. 검은 블록이 없으므로 윗면과 아랫면 모두에 0을 쓴다.
이렇게 만든 36개의 막대를 붙여 그림 2와 같은 큰 정육면체를 만들었더니, 윗면에 쓰인 36개 숫자의 합이 109였다.

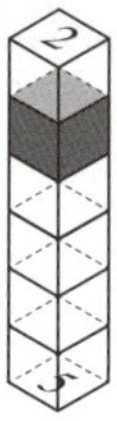

〈그림 1〉

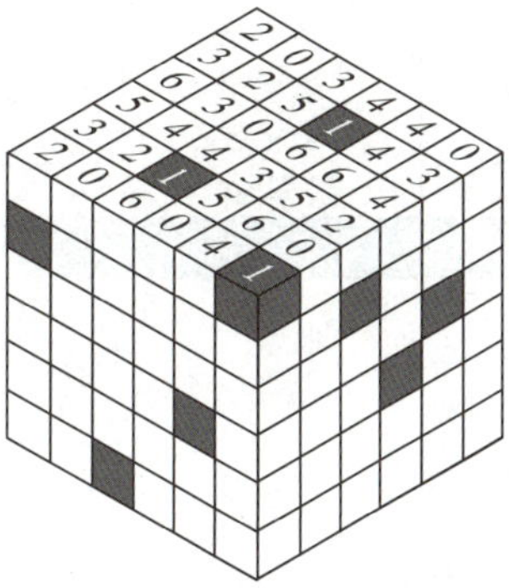

〈그림 2〉

① 97 ② 100
③ 101 ④ 103

02 다음은 도서코드(ISBN)에 대한 자료이다. 주문한 도서에 대한 설명으로 옳은 것은?

〈도서코드(ISBN) 부여 방법〉

국제표준도서번호					부가기호		
접두부	국가번호	발행자번호	서명식별번호	체크기호	독자대상	발행형태	내용분류
123	12	1234567		1	1	1	123

※ 국제표준도서번호는 5개의 군으로 나누어지고 군마다 '–'로 구분한다.
※ 부가기호는 국제표준도서번호와 따로 표기하며 군마다 '–'로 구분하지 않는다.

〈도서코드(ISBN) 세부사항〉

접두부	국가번호	발행자번호	서명식별번호	체크기호
978 또는 979	89 한국 05 미국 72 중국 40 일본 22 프랑스	발행자번호 – 서명식별번호 7자리 숫자 예 8491 – 208 : 발행자번호가 8491번인 출판사에서 208번째 발행한 책		0～9

독자대상	발행형태	내용분류
0 교양 1 실용 2 여성 3 (예비) 4 청소년 5 중고등 학습참고서 6 초등 학습참고서 7 아동 8 (예비) 9 전문	0 문고본 1 사전 2 신서판 3 단행본 4 전집 5 (예비) 6 도감 7 그림책, 만화 8 혼합자료, 점자자료, 전자책, 마이크로자료 9 (예비)	030 백과사전 100 철학 170 심리학 200 종교 360 법학 470 생명과학 680 연극 710 한국어 770 스페인어 740 영미문학 720 유럽사

〈주문도서〉

978 – 05 – 441 – 1011 – 3 14710

① 한국에서 출판한 도서이다.
② 441번째 발행된 도서이다.
③ 발행자번호는 총 7자리이다.
④ 한 권으로만 출판되지는 않았다.

03 다음은 우리나라 자동차 등록번호 부여방법이다. 이를 바탕으로 〈보기〉에서 자동차 등록번호가 바르게 부여되지 않은 자동차의 수는 모두 몇 대인가?(단, 자동차는 모두 비사업용 승용차이다)

〈자동차 등록번호 부여방법〉

• 차량종류 – 차량용도 – 일련번호 순으로 부여한다.
• 차량종류별 등록번호

승용차	승합차	화물차	특수차	긴급차
100 ~ 699	700 ~ 799	800 ~ 979	980 ~ 997	998 ~ 999

• 차량용도별 등록번호

구분	문자열
비사업용 (32개)	가, 나, 다, 라, 마 거, 너, 더, 러, 머, 버, 서, 어, 저 고, 노, 도, 로, 모, 보, 소, 오, 조 구, 누, 두, 루, 무, 부, 수, 우, 주
운수사업용	바, 사, 아, 자
택배사업용	배
렌터카	하, 허, 호

• 일련번호
1000 ~ 9999 숫자 중 임의 발급

보기

• 680 더 3412
• 521 버 2124
• 431 사 3019
• 531 서 9898
• 501 라 4395
• 421 저 2031
• 241 가 0291
• 670 로 3502
• 702 나 2838
• 431 구 3050
• 600 루 1920
• 912 라 2034
• 321 우 3841
• 214 하 1800
• 450 무 8402
• 531 고 7123

① 3개
② 4개
③ 5개
④ 6개

대표기출유형

03 SWOT 분석

| 유형분석 |

- 상황에 대한 환경 분석 결과를 통해 주요 과제를 도출하는 문제이다.
- 주로 3C 분석 또는 SWOT 분석을 활용한 문제들이 출제되고 있으므로 해당 분석도구에 대한 사전 학습이 요구된다.

다음 설명을 참고하였을 때 〈보기〉의 K자동차가 취할 수 있는 전략으로 가장 적절한 것은?

'SWOT'는 Strength(강점), Weakness(약점), Opportunity(기회), Threat(위협)의 머리글자를 따서 만든 단어로, 경영 전략을 세우는 방법론이다. SWOT로 도출된 조직의 내·외부 환경을 분석하고, 이 결과를 통해 대응전략을 구상할 수 있다. 'SO전략'은 기회를 활용하기 위해 강점을 사용하는 전략이고, 'WO전략'은 약점을 보완 또는 극복하여 시장의 기회를 활용하는 전략이다. 'ST전략'은 위협을 피하기 위해 강점을 활용하는 방법이며, 'WT전략'은 위협요인을 피하기 위해 약점을 보완하는 전략이다.

보기

- 새로운 정권의 탄생으로 자동차 업계 내 새로운 바람이 불 것으로 예상된다. A당선인이 이번 선거에서 친환경차 보급 확대를 주요 공약으로 내세웠고, 공약에 따라 공공기관용 친환경차 비율을 70%로 상향시키기로 하고, 친환경차 보조금 확대 등을 통해 친환경차 보급률을 높이겠다는 계획을 세웠다. 또한 최근 환경을 생각하는 국민 의식의 향상과 친환경차의 연비 절감 부분이 친환경차 구매 욕구 상승에 기여하고 있다.
- K자동차는 기존의 전기자동차 모델들을 꾸준히 출시하여 성장세가 두드러지고 있는 데다가 고객들의 다양한 구매 욕구를 충족시킬 만한 전기자동차 상품의 다양성을 확보하였다. 또한, K자동차의 전기자동차 미국 수출이 증가하고 있는 만큼 앞으로의 전망도 밝을 것으로 예상된다.

① SO전략
② WO전략
③ ST전략
④ WT전략

정답 ①

- Strength(강점) : K자동차는 전기자동차 모델들을 꾸준히 출시하여 성장세가 두드러지고 있는 데다가 고객들의 다양한 구매 욕구를 충족시킬 만한 전기자동차 상품의 다양성을 확보하였다.
- Opportunity(기회) : 새로운 정권에서 친환경차 보급 확대에 적극 나설 것으로 보인다는 점과 환경을 생각하는 국민 의식의 향상과 친환경차의 연비 절감 부분이 친환경차 구매 욕구 상승에 기여하고 있으며 K자동차의 미국 수출이 증가하고 있다.

따라서 해당 기사를 분석하면 SO전략이 가장 적절하다.

풀이 전략!

문제에 제시된 분석도구를 확인한 후, 분석 결과를 종합적으로 판단하여 각 선택지의 전략 과제와 일치 여부를 판단한다.

대표기출유형 03 기출응용문제

01 다음은 K기업의 국내 자율주행자동차 산업에 대한 SWOT 분석 결과이다. 이를 바탕으로 경영 전략을 세웠을 때, 〈보기〉에서 적절하지 않은 것을 모두 고르면?

〈국내 자율주행자동차 산업에 대한 SWOT 분석 결과〉

구분	분석 결과
강점(Strength)	• 민간 자율주행기술 R&D지원을 위한 대규모 예산 확보 • 국내외에서 우수한 평가를 받는 국내 자동차기업 존재
약점(Weakness)	• 국내 민간기업의 자율주행기술 투자 미비 • 기술적 안전성 확보 미비
기회(Opportunity)	• 국가의 지속적 자율주행자동차 R&D 지원법안 본회의 통과 • 완성도 있는 자율주행기술을 갖춘 외국 기업들의 등장
위협(Threat)	• 자율주행차에 대한 국민들의 심리적 거부감 • 자율주행차에 대한 국가의 과도한 규제

보기

ㄱ. 자율주행기술 수준이 우수한 외국 기업과의 기술이전협약을 통해 국내 우수 자동차기업들의 자율주행기술 연구 및 상용화 수준을 향상시키려는 전략은 SO전략에 해당한다.

ㄴ. 민간의 자율주행기술 R&D를 적극 지원하여 자율주행기술의 안전성을 높이려는 전략은 ST전략에 해당한다.

ㄷ. 자율주행자동차 R&D를 지원하는 법률을 토대로 국내 기업의 기술개발을 적극 지원하여 안전성을 확보하려는 전략은 WO전략에 해당한다.

ㄹ. 자율주행기술개발에 대한 국내기업의 투자가 부족하므로 국가기관이 주도하여 기술개발을 추진하는 전략은 WT전략에 해당한다.

① ㄱ, ㄴ　② ㄱ, ㄷ
③ ㄴ, ㄷ　④ ㄴ, ㄹ

02 다음은 K기업의 레저용 차량 생산에 대한 SWOT 분석 결과이다. 이를 바탕으로 경영 전략을 세웠을 때, 〈보기〉에서 적절한 것을 모두 고르면?

〈레저용 차량 생산에 대한 SWOT 분석 결과〉

강점(Strength)	약점(Weakness)
• 높은 브랜드 이미지·평판 • 훌륭한 서비스와 판매 후 보증수리 • 확실한 거래망, 딜러와의 우호적인 관계 • 막대한 R&D 역량 • 자동화된 공장 • 대부분의 차량 부품 자체 생산	• 한 가지 차종에만 집중 • 고도의 기술력에 대한 과도한 집중 • 생산설비에 막대한 투자 → 차량모델 변경의 어려움 • 한 곳의 생산 공장만 보유 • 전통적인 가족형 기업 운영
기회(Opportunity)	**위협(Threat)**
• 소형 레저용 차량에 대한 수요 증대 • 새로운 해외시장의 출현 • 저가형 레저용 차량에 대한 선호 급증	• 휘발유의 부족 및 가격의 급등 • 레저용 차량 전반에 대한 수요 침체 • 다른 회사들과의 경쟁 심화 • 차량 안전 기준의 강화

보기

ㄱ. ST전략 : 기술개발을 통하여 연비를 개선한다.
ㄴ. SO전략 : 대형 레저용 차량을 생산한다.
ㄷ. WO전략 : 규제강화에 대비하여 보다 안전한 레저용 차량을 생산한다.
ㄹ. WT전략 : 생산량 감축을 고려한다.
ㅁ. WO전략 : 국내 다른 지역이나 해외에 공장들을 분산 설립한다.
ㅂ. ST전략 : 경유용 레저 차량 생산을 고려한다.
ㅅ. SO전략 : 해외 시장 진출보다는 내수 확대에 집중한다.

① ㄱ, ㄴ, ㅁ, ㅂ
② ㄱ, ㄹ, ㅁ, ㅂ
③ ㄴ, ㄹ, ㅂ, ㅅ
④ ㄴ, ㄹ, ㅁ, ㅂ

03 **다음은 국내 금융기관에 대한 SWOT 분석 자료이다. 이를 통해 SWOT 전략을 세운다고 할 때, 〈보기〉 중 분석 결과에 대응하는 전략과 그 내용이 바르게 연결된 것을 모두 고르면?**

〈국내 금융기관에 대한 SWOT 분석 자료〉

국내 대부분의 예금과 대출을 국내 은행이 차지하고 있을 정도로 국내 금융기관에 대한 우리나라 국민들의 충성도는 높은 편이다. 또한 국내 금융기관은 철저한 신용 리스크 관리로 해외 금융기관과 비교해 자산건전성 지표가 매우 우수한 편이다. 시장 리스크 관리도 해외 선진 금융기관 수준에 도달한 것으로 평가받는다. 국내 금융기관은 외환위기와 글로벌 금융위기 등을 거치며 꾸준히 자산건전성을 강화해 왔기 때문이다.

그러나 은행과 이자 이익에 수익이 편중돼 있다는 점은 국내 금융기관의 가장 큰 약점이 된다. 대부분 예금과 대출 거래 중심의 영업구조로 되어 있기 때문이다. 취약한 해외 비즈니스도 문제로 들 수 있다. 최근 동남아 시장을 중심으로 해외 진출에 박차를 가하고 있지만, 아직은 눈에 띄는 성과가 많지 않은 상황이다.

많은 어려움에도 불구하고 국내 금융기관의 발전 가능성은 아직 무궁무진하다. 우선 해외 시장으로 눈을 돌리면 다양한 기회가 열려 있다. 전 세계 신용·단기 자금 확대, 글로벌 무역 회복세로 국내 금융기관의 해외 진출 여건은 양호한 편이다. 따라서 해외 시장 개척을 통해 어떻게 신규 수익원을 확보하느냐가 성장의 새로운 기회로 작용할 전망이다. IT 기술 발달에 따른 핀테크의 등장도 새로운 기회가 될 수 있다. 국내의 발달된 인터넷과 모바일뱅킹 서비스, IT 인프라를 활용한 새로운 수익 창출 가능성이 열려 있는 것이다.

그러나 역설적으로 핀테크의 등장은 오히려 국내 금융기관의 발목을 잡을 수 있다. 블록체인 기술에 기반한 암호화폐, 간편결제와 송금, 로보어드바이저, 인터넷 은행, P2P 대출 등 다양한 핀테크 분야의 새로운 서비스들이 기존 금융 서비스의 대체재로서 출현하고 있기 때문이다. 금융시장 개방에 따른 글로벌 금융기관과의 경쟁 심화도 넘어야 할 산이다. 특히 중국 은행을 비롯한 중국 금융이 급성장하고 있어 이에 대한 대비책 마련이 시급하다.

보기

㉠ SO전략 : 높은 국내 시장점유율을 기반으로 국내 핀테크 사업에 진출한다.
㉡ WO전략 : 위기관리 역량을 강화하여 해외 금융시장에 진출한다.
㉢ ST전략 : 해외 금융기관과 비교해 우수한 자산건전성을 강조하여 글로벌 금융기관과의 경쟁에서 우위를 차지한다.
㉣ WT전략 : 해외 비즈니스 역량을 강화하여 해외 금융시장에 진출한다.

① ㉠, ㉡ ② ㉠, ㉢
③ ㉡, ㉢ ④ ㉡, ㉣

04 자료 해석

| 유형분석 |

- 주어진 자료를 해석하고 활용하여 풀어가는 문제이다.
- 꼼꼼하고 분석적인 접근이 필요한 다양한 자료들이 출제된다.

K동에서는 임신한 주민에게 출산장려금을 지원하고자 한다. 출산장려금 지급 기준 및 K동에 거주하는 임산부에 대한 정보가 다음과 같을 때, 출산장려금을 가장 먼저 받을 수 있는 사람은?

〈K동 출산장려금 지급 기준〉

- 출산장려금 지급액은 모두 같으나, 지급 시기는 모두 다르다.
- 지급 순서 기준은 임신일, 자녀 수, 소득 수준 순서이다.
- 임신일이 길수록, 자녀가 많을수록, 소득 수준이 낮을수록 먼저 받는다(단, 자녀는 만 19세 미만의 아동 및 청소년으로 제한한다).
- 임신일, 자녀 수, 소득 수준이 모두 같으면 같은 날에 지급한다.

〈K동 거주 임산부 정보〉

임산부	임신일	자녀	소득 수준
A	150일	만 1세	하
B	200일	만 3세	상
C	100일	만 10세, 만 6세, 만 5세, 만 4세	상
D	200일	만 7세, 만 5세, 만 3세	중
E	200일	만 20세, 만 16세, 만 14세, 만 10세	상

① A임산부　　② B임산부
③ C임산부　　④ D임산부

정답 ④

출산장려금 지급 시기의 가장 우선순위인 임신일이 가장 긴 임산부는 B, D, E임산부이다. 이 중에서 만 19세 미만인 자녀 수가 많은 임산부는 D, E임산부이고, 소득 수준이 더 낮은 임산부는 D임산부이다. 따라서 D임산부가 가장 먼저 출산장려금을 받을 수 있다.

풀이 전략!

문제 해결을 위해 필요한 정보가 무엇인지 먼저 파악한 후, 제시된 자료를 분석적으로 읽고 해석한다.

01 K사원은 자기계발을 위해 집 근처 학원들의 정보를 정리하였다. 다음 중 K사원이 배우려는 프로그램에 대한 설명으로 옳지 않은 것은?(단, 시간이 겹치는 프로그램은 수강할 수 없다)

〈프로그램 시간표〉

프로그램	수강료	횟수	강좌시간
필라테스	300,000원	24회	09:00 ~ 10:10
			10:30 ~ 11:40
			13:00 ~ 14:10
플라잉 요가	330,000원	20회	09:00 ~ 10:10
			10:30 ~ 11:40
			13:00 ~ 14:10
액세서리 공방	260,000원	10회	13:00 ~ 15:00
가방 공방	360,000원	12회	13:30 ~ 16:00
복싱	320,000원	30회	10:00 ~ 11:20
			14:00 ~ 15:20

※ 강좌시간이 2개 이상인 프로그램은 그중 원하는 시간에 수강이 가능하다.

① K사원은 오전에 운동을 하고, 오후에 공방에 가는 스케줄이 가능하다.
② 가방 공방의 강좌시간이 액세서리 공방 강좌시간보다 길다.
③ 공방 프로그램 중 하나를 들으면, 최대 두 프로그램을 더 들을 수 있다.
④ 강좌 1회당 수강료는 플라잉 요가가 가방 공방보다 15,000원 이상 저렴하다.

※ 다음은 T주임의 해외여행 이동수단에 대한 자료이다. 이어지는 질문에 답하시오. [2~3]

- T주임은 해외여행을 가고자 한다. 현지 유류비 및 렌트카의 차량별 정보와 관광지 간 거리는 다음과 같다.
- 현지 유류비

연료	가솔린	디젤	LPG
리터당 가격	1.4달러	1.2달러	2.2달러

- 차량별 연비 및 연료

차량	K	H	P
연비	14km/L	10km/L	15km/L
연료	디젤	가솔린	LPG

※ 연료는 최소 1리터 단위로 주유가 가능하다.

- 관광지 간 거리

구분	A광장	B계곡	C성당
A광장		25km	12km
B계곡	25km		18km
C성당	12km	18km	

02 T주임이 H차량을 렌트하여 A광장에서 출발하여 C성당으로 이동한 후, B계곡으로 이동하고자 한다. T주임이 유류비를 최소화하고자 할 때, A광장에서부터 B계곡으로 이동할 때 소요되는 유류비는?(단, 처음 자동차를 렌트했을 때 차에 연료는 없다)

① 4.2달러
② 4.5달러
③ 5.2달러
④ 5.6달러

03 T주임의 상황이 다음과 같을 때, T주임이 여행일정을 완료하기까지 소요되는 총 이동시간은?

〈상황〉

- T주임은 P차량을 렌트하였다.
- T주임은 C성당에서 출발하여 B계곡으로 이동한 후, A광장을 거쳐 C성당으로 다시 돌아오는 여행 일정을 수립하였다.
- T주임은 C성당에서 A광장까지는 시속 60km로 이동하고, A광장에서 C성당으로 이동할 때에는 시속 40km로 이동하고자 한다.

① 48분
② 52분
③ 58분
④ 1시간 1분

04 K공사는 창립 10주년을 맞이하여 전 직원 단합대회를 준비하고 있다. 이를 위해 진행위원 S는 여행상품 중 한 가지를 선정하려 하는데, 직원 투표 결과를 통해 결정하려고 한다. 직원 투표 결과와 여행지별 1인당 경비가 다음과 같고, 추가로 행사를 위한 부서별 고려사항을 참고하여 선택할 경우 〈보기〉 중 옳은 것을 모두 고르면?

〈직원 투표 결과〉

상품내용		투표 결과(표)					
여행상품	1인당 비용(원)	총무팀	영업팀	개발팀	홍보팀	공장1	공장2
A	500,000	2	1	2	0	15	6
B	750,000	1	2	1	1	20	5
C	600,000	3	1	0	1	10	4
D	1,000,000	3	4	2	1	30	10
E	850,000	1	2	0	2	5	5

〈여행상품별 혜택 정리〉

상품명	날짜	장소	식사제공	차량지원	편의시설	체험시설
A	5/10 ~ 5/11	해변	○	○	×	×
B	5/10 ~ 5/11	해변	○	○	○	×
C	6/7 ~ 6/8	호수	○	○	○	×
D	6/15 ~ 6/17	도심	○	×	○	○
E	7/10 ~ 7/13	해변	○	○	○	×

〈부서별 고려사항〉

- 총무팀 : 행사 시 차량 지원이 가능함
- 영업팀 : 6월 초순에 해외 바이어와 가격 협상 회의 일정이 있음
- 공장1 : 3일 연속 공장 비가동 시 제품의 품질 저하가 예상됨
- 공장2 : 7월 중순 공장 이전 계획이 있음

보기

㉠ 필요한 여행상품 비용은 총 1억 500만 원이 필요하다.
㉡ 투표 결과, 가장 인기가 좋은 여행상품은 B이다.
㉢ 공장1의 A, B 투표 결과가 바뀐다면 여행상품 선택은 변경된다.

① ㉠　　② ㉠, ㉡
③ ㉠, ㉢　　④ ㉡, ㉢

CHAPTER 04

자원관리능력

합격 Cheat Key

자원관리능력은 현재 NCS 기반 채용을 진행하는 많은 공사·공단에서 핵심영역으로 자리 잡아, 일부를 제외한 대부분의 시험에서 출제되고 있다.

세부 유형은 비용 계산, 해외파견 지원금 계산, 주문 제작 단가 계산, 일정 조율, 일정 선정, 행사 대여 장소 선정, 최단거리 구하기, 시차 계산, 소요시간 구하기, 해외파견 근무 기준에 부합하는 또는 부합하지 않는 직원 고르기 등으로 나눌 수 있다.

1 시차를 먼저 계산하라!

시간 자원 관리의 대표유형 중 시차를 계산하여 일정에 맞는 항공권을 구입하거나 회의시간을 구하는 문제에서는 각각의 나라 시간을 한국 시간으로 전부 바꾸어 계산하는 것이 편리하다. 조건에 맞는 나라들의 시간을 전부 한국 시간으로 바꾸고 한국 시간과의 시차만 더하거나 빼면 시간을 단축하여 풀 수 있다.

2 선택지를 잘 활용하라!

계산을 해서 값을 요구하는 문제 유형에서는 선택지를 먼저 본 후 자리 수가 몇 단위로 끝나는지 확인해야 한다. 예를 들어 412,300원, 426,700원, 434,100원인 선택지가 있다고 할 때, 제시된 조건에서 100원 단위로 나올 수 있는 항목을 찾아 그 항목만 계산하는 방법이 있다. 또한, 일일이 계산하는 문제가 많다. 예를 들어 640,000원, 720,000원, 810,000원 등의 수를 이용해 푸는 문제가 있다고 할 때, 만 원 단위를 절사하고 계산하여 64, 72, 81처럼 요약하는 방법이 있다.

3 최적의 값을 구하는 문제인지 파악하라!

물적 자원 관리의 대표유형에서는 제한된 자원 내에서 최대의 만족 또는 이익을 얻을 수 있는 방법을 강구하는 문제가 출제된다. 이때, 구하고자 하는 값을 x, y로 정하고 연립방정식을 이용해 x, y 값을 구한다. 최소 비용으로 목표생산량을 달성하기 위한 업무 및 인력 할당, 정해진 시간 내에 최대 이윤을 낼 수 있는 업체 선정, 정해진 인력으로 효율적 업무 배치 등을 구하는 문제에서 사용되는 방법이다.

4 각 평가항목을 비교하라!

인적 자원 관리의 대표유형에서는 각 평가항목을 비교하여 기준에 적합한 인물을 고르거나, 저렴한 업체를 선정하거나, 총점이 높은 업체를 선정하는 문제가 출제된다. 이런 유형은 평가항목에서 가격이나 점수 차이에 영향을 많이 미치는 항목을 찾아 $1 \sim 2$개의 선택지를 삭제하고, 남은 $3 \sim 4$개의 선택지만 계산하여 시간을 단축할 수 있다.

01 시간 계획

| 유형분석 |

- 시간 자원과 관련된 다양한 정보를 활용하여 풀어가는 문제이다.
- 대체로 교통편 정보나 국가별 시차 정보가 제공되며, 이를 근거로 '현지 도착시간 또는 약속된 시간 내에 도착하기 위한 방안'을 고르는 문제가 출제된다.

한국은 뉴욕보다 16시간 빠르고, 런던은 한국보다 8시간 느리다. 다음 비행기가 현지에 도착할 때의 시각 (㉠, ㉡)으로 옳은 것은?

구분	출발 일자	출발 시각	비행 시간	도착 시각
뉴욕행 비행기	6월 6일	22:20	13시간 40분	㉠
런던행 비행기	6월 13일	18:15	12시간 15분	㉡

	㉠	㉡
①	6월 6일 09시	6월 13일 09시 30분
②	6월 6일 20시	6월 13일 22시 30분
③	6월 7일 09시	6월 14일 09시 30분
④	6월 7일 13시	6월 14일 15시 30분
⑤	6월 7일 20시	6월 14일 20시 30분

정답 ②

㉠ 뉴욕행 비행기는 한국에서 6월 6일 22시 20분에 출발하고, 13시간 40분 동안 비행하기 때문에 6월 7일 12시에 도착한다. 한국 시간은 뉴욕보다 16시간 빠르므로 현지에 도착하는 시각은 6월 6일 20시가 된다.

㉡ 런던행 비행기는 한국에서 6월 13일 18시 15분에 출발하고, 12시간 15분 동안 비행하기 때문에 현지에 6월 14일 6시 30분에 도착한다. 한국 시간은 런던보다 8시간이 빠르므로 현지에 도착하는 시각은 6월 13일 22시 30분이 된다.

풀이 전략!

문제에서 묻는 것을 정확히 파악한다. 특히 제한사항에 대해서는 빠짐없이 확인해 두어야 한다. 이후 제시된 정보(시차 등)에서 필요한 것을 선별하여 문제를 풀어간다.

대표기출유형 01 기출응용문제

01 다음 중 A씨가 시간관리를 통해 일상에서 얻을 수 있는 효과로 적절하지 않은 것은?

> A씨는 일과 생활의 균형을 유지하기 위해 항상 노력한다. 매일 아침 가족들과 함께 아침 식사를 하며 대화를 나눈 후 출근 준비를 한다. 출근길 지하철에서는 컴퓨터 자격증 공부를 틈틈이 하고 있다. 업무를 진행하는 데 있어서 컴퓨터 사용 능력이 부족하다는 것을 스스로 느꼈기 때문이다. 회사에 출근 시간보다 여유롭게 도착하면 먼저 오늘의 업무 일지를 작성하여 무슨 일을 해야 하는지 파악한다. 근무 시간에는 일정표를 바탕으로 정해진 순서대로 일을 진행한다. 퇴근 후에는 가족과 영화를 보거나 저녁 식사를 하며 시간을 보낸다. A씨는 철저한 시간관리를 통해 후회 없는 생활을 하고 있다.

① 스트레스 감소　　② 균형적인 삶
③ 생산성 향상　　④ 사회적 인정

02 다음 중 시간계획에 대한 설명으로 적절하지 않은 것을 〈보기〉에서 모두 고르면?

> **보기**
> ㉠ 시간계획을 너무 자세하게 세우거나, 너무 간략하게 세우는 것은 좋지 않다.
> ㉡ 실현가능한 시간계획을 세우는 것이 중요하다.
> ㉢ 시간계획을 따르는 것이 가장 중요하므로 무슨 일이 있어도 계획에 따라 실천해야 한다.
> ㉣ 시간계획을 효과적으로 세운다면 실제 행동할 때와 차이가 거의 발생하지 않는다.
> ㉤ 자유로운 여유 시간은 시간계획에 포함되지 않는다.

① ㉠, ㉢　　② ㉡, ㉢
③ ㉢, ㉣　　④ ㉢, ㉣, ㉤

03 K사원의 팀은 출장근무를 마치고 서울로 복귀하고자 한다. 다음 자료를 참고할 때, 서울에 가장 일찍 도착할 수 있는 예정시각은 언제인가?

〈상황〉

- K사원이 소속된 팀원은 총 4명이다.
- 대전에서 출장을 마치고 서울로 돌아가려고 한다.
- 고속버스터미널에는 은행, 편의점, 화장실, 패스트푸드점 등이 있다.

※ 시설별 소요 시간 : 은행 30분, 편의점 10분, 화장실 20분, 패스트푸드점 25분

〈대화 내용〉

A과장 : 긴장이 풀려서 그런가? 배가 출출하네. 햄버거라도 사서 먹어야겠어.
B대리 : 저도 출출하긴 한데 그것보다 화장실이 더 급하네요. 금방 다녀오겠습니다.
C주임 : 그럼 그사이에 버스표를 사야 하니 은행에 들러 현금을 찾아오겠습니다.
K사원 : 저는 그동안 편의점에 가서 버스 안에서 먹을 과자를 사 오겠습니다.
A과장 : 지금이 16시 50분이니까 다들 각자 볼일 보고 빨리 돌아와. 다 같이 타고 가야 하니까.

〈시외버스 배차정보〉

대전 출발	서울 도착	잔여 좌석수
17:00	19:00	6
17:15	19:15	8
17:30	19:30	3
17:45	19:45	4
18:00	20:00	8
18:15	20:15	5
18:30	20:30	6
18:45	20:45	10
19:00	21:00	16

① 17:45 ② 19:15

③ 19:45 ④ 20:15

04 해외로 출장을 가는 김대리는 다음 〈조건〉과 같이 이동하려고 계획하고 있다. 연착 없이 계획대로 출장지에 도착했을 때의 현지 시각은?

> **조건**
>
> - 서울 시각으로 5일 오후 1시 35분에 출발하는 비행기를 타고, 경유지 한 곳을 거쳐 출장지에 도착한다.
> - 경유지는 서울보다 1시간 빠르고, 출장지는 경유지보다 2시간 느리다.
> - 첫 번째 비행은 3시간 45분이 소요된다.
> - 경유지에서 3시간 50분을 대기한 후 출발한다.
> - 두 번째 비행은 9시간 25분이 소요된다.

① 오전 5시 35분　② 오전 6시
③ 오후 5시 35분　④ 오후 6시

05 A대리는 다가오는 9월에 결혼을 앞두고 있다. 다음 〈조건〉을 참고할 때, A대리의 결혼날짜로 가능한 날은?

> **조건**
>
> - 9월은 1일부터 30일까지이며, 9월 1일은 금요일이다.
> - 9월 30일부터 추석연휴가 시작되고 추석연휴 이틀 전엔 A대리가 주관하는 회의가 있다.
> - A대리는 결혼식을 한 다음날 8박 9일간 신혼여행을 간다.
> - 회사에서 신혼여행으로 주는 휴가는 5일이다.
> - A대리는 신혼여행과 겹치지 않도록 수요일 3주 연속 치과 진료가 예약되어 있다.
> - 신혼여행에서 돌아오는 날 부모님 댁에서 하루 자고, 그 다음날 출근할 예정이다.

① 1일　② 2일
③ 22일　④ 23일

02 | 비용 계산

| 유형분석 |

- 예산 자원과 관련된 다양한 정보를 활용하여 풀어가는 문제이다.
- 대체로 한정된 예산 내에서 수행할 수 있는 업무 및 예산 가격을 묻는 문제가 출제된다.

A사원은 이번 출장을 위해 KTX 표를 미리 40% 할인된 가격에 구매하였으나, 출장 일정이 바뀌는 바람에 하루 전날 표를 취소하였다. 다음 환불 규정에 따라 16,800원을 돌려받았을 때, 할인되지 않은 KTX표의 가격은 얼마인가?

〈KTX 환불 규정〉

출발 2일 전	출발 1일 전 ~ 열차 출발 전	열차 출발 후
100%	70%	50%

① 40,000원
② 48,000원
③ 56,000원
④ 67,200원
⑤ 70,000원

정답 ①

할인되지 않은 KTX 표의 가격을 x원이라 하면, 표를 40% 할인된 가격으로 구매하였으므로 구매 가격은 $(1-0.4)x=0.6x$원이다. 환불 규정에 따르면 하루 전에 표를 취소하는 경우 70%의 금액을 돌려받을 수 있으므로 이를 식으로 정리하면 다음과 같다.

$0.6x \times 0.7 = 16,800$

$\rightarrow 0.42x = 16,800$

$\therefore x = 40,000$

따라서 할인되지 않은 KTX 표의 가격은 40,000원이다.

풀이 전략!

제한사항인 예산을 고려하여 문제에서 묻는 것을 정확히 파악한 후, 제시된 정보에서 필요한 것을 선별하여 문제를 풀어간다.

01 다음 중 빈칸 ㉠~㉤에 들어갈 말을 순서대로 바르게 나열한 것은?

> 예산의 구성요소는 일반적으로 직접비용과 간접비용으로 구분된다. ___㉠___ 비용은 제품 또는 서비스를 창출하기 위해 ___㉡___ 소비된 것으로 여겨지는 비용을 말한다. 반면, ___㉢___ 비용은 과제를 수행하기 위해 소비된 비용 중 ___㉣___ 비용을 제외한 비용으로, 생산에 ___㉤___ 관련되지 않은 비용을 말한다.

	㉠	㉡	㉢	㉣	㉤
①	직접	직접	간접	직접	직접
②	직접	직접	간접	간접	직접
③	간접	직접	직접	간접	간접
④	간접	간접	직접	간접	직접

02 다음 중 예산수립의 절차가 바르게 나열된 것은?

> ㄱ. 필요한 과업 및 활동 규명
> ㄴ. 예산 배정
> ㄷ. 우선순위 결정

① ㄱ – ㄴ – ㄷ
② ㄱ – ㄷ – ㄴ
③ ㄴ – ㄱ – ㄷ
④ ㄴ – ㄷ – ㄱ

03 K공사는 창고업체를 통해 아래 세 제품군을 보관하고 있다. 각 제품군에 대한 정보를 참고하여 다음 〈조건〉에 따라 K공사가 보관료로 지급해야 할 총금액은?

구분	매출액(억 원)	용량	
		용적(CUBIC)	무게(톤)
A제품군	300	3,000	200
B제품군	200	2,000	300
C제품군	100	5,000	500

조건

- A제품군은 매출액의 1%를 보관료로 지급한다.
- B제품군은 1CUBIC당 20,000원의 보관료를 지급한다.
- C제품군은 1톤당 80,000원의 보관료를 지급한다.

① 3억 2천만 원 ② 3억 4천만 원
③ 3억 6천만 원 ④ 3억 8천만 원

04 다음은 총무업무를 담당하는 A대리의 통화내역이다. 국내통화가 1분당 15원, 국제통화가 1분당 40원이라면 A대리가 사용한 통화요금은 총 얼마인가?

일시	통화내용	시간
11/5(화) 10:00	신규직원 명함 제작 관련 인쇄소 통화	10분
11/6(수) 14:00	임직원 진급선물 선정 관련 거래업체 통화	30분
11/7(목) 09:00	예산편성 관련 해외 출장소 현지 담당자 통화	60분
11/8(금) 15:00	본사 청소용역 관리 관련 제휴업체 통화	30분

① 1,550원 ② 1,800원
③ 2,650원 ④ 3,450원

05 다음은 K공사의 여비규정이다. 대구로 출장을 다녀 온 B과장의 지출내역을 토대로 여비를 정산했을 때, B과장은 총 얼마를 받는가?

여비의 종류(제1조)

여비는 운임 · 숙박비 · 식비 · 일비 등으로 구분한다.

1. 운임 : 여행 목적지로 이동하기 위해 교통수단을 이용함에 있어 소요되는 비용을 충당하기 위한 여비
2. 숙박비 : 여행 중 숙박에 소요되는 비용을 충당하기 위한 여비
3. 식비 : 여행 중 식사에 소요되는 비용을 충당하기 위한 여비
4. 일비 : 여행 중 출장지에서 소요되는 교통비 등 각종 비용을 충당하기 위한 여비

운임의 지급(제2조)

1. 운임은 철도운임 · 선박운임 · 항공운임으로 구분한다.
2. 국내운임은 국내 여비 지급표에 따라 지급한다.

일비 · 숙박비 · 식비의 지급(제3조)

1. 국내 여행자의 일비 · 숙박비 · 식비는 국내 여비 지급표에 따라 지급한다.
2. 일비는 여행일수에 따라 지급한다.
3. 숙박비는 숙박하는 밤의 수에 따라 지급한다. 다만, 출장 기간이 2일 이상인 경우의 지급액은 출장기간 전체의 총액 한도 내 실비로 계산한다.
4. 식비는 여행일수에 따라 지급한다.

〈국내 여비 지급표〉

철도운임	선박운임	항공운임	일비(1인당)	숙박비(1박당)	식비(1일당)
실비 (일반실)	실비 (2등급)	실비	20,000원	실비 (상한액 40,000원)	20,000원

〈B과장의 지출내역〉

(단위 : 원)

항목	1일 차	2일 차	3일 차	4일 차
KTX 운임(일반실)	43,000	–	–	43,000
대구 시내 버스요금	5,000	4,000	–	2,000
대구 시내 택시요금	–	–	10,000	6,000
식비	15,000	45,000	35,000	15,000
숙박비	45,000	30,000	35,000	–

① 286,000원　　② 304,000원

③ 328,000원　　④ 356,000원

03 품목 확정

| 유형분석 |

- 물적 자원과 관련된 다양한 정보를 활용하여 풀어 가는 문제이다.
- 주로 공정도·제품·시설 등에 대한 가격·특징·시간 정보가 제시되며, 이를 종합적으로 고려하는 문제가 출제된다.

K공사 인재개발원에 근무하고 있는 A대리는 〈조건〉에 따라 신입사원 교육을 위한 스크린을 구매하려고 한다. 다음 중 가장 적절한 제품은 무엇인가?

조건

- 조명도는 5,000lx 이상이어야 한다.
- 예산은 150만 원이다.
- 제품에 이상이 생겼을 때 A/S가 신속해야 한다.
- 위 조건을 모두 충족할 시, 가격이 저렴한 제품을 가장 우선으로 선정한다.

※ lux(럭스) : 조명이 밝은 정도를 말하는 조명도에 대한 실용단위로 기호는 lx이다.

	제품	가격(만 원)	조명도(lx)	특이사항
①	A	180	8,000	2년 무상 A/S 가능
②	B	120	6,000	해외직구(해외 A/S)
③	C	100	3,500	미사용 전시 제품
④	D	130	7,000	2년 무상 A/S 가능

정답 ④

가격, 조명도, A/S 등의 요건이 주어진 조건에 모두 부합한다.

오답분석

① 예산이 150만 원이라고 했으므로 예산을 초과하였다.
② A/S가 신속해야 하는데 해외 A/S만 가능하여 적절하지 않다.
③ 조명도가 5,000lx 미만이므로 적절하지 않다.

풀이 전략!

문제에서 묻고자 하는 바를 정확히 파악하는 것이 중요하다. 문제에서 제시한 물적 자원의 정보를 문제의 의도에 맞게 선별하면서 풀어 간다.

대표기출유형 03 기출응용문제

01 **다음 중 물적자원관리의 과정에 대한 설명으로 적절하지 않은 것은?**

① 물품의 정리 및 보관 시 물품을 앞으로 계속 사용할 것인지 그렇지 않을지를 구분해야 한다.

② 유사성의 원칙은 유사품을 같은 장소에 보관하는 것을 말하며, 이는 보관한 물품을 보다 쉽고 빠르게 찾을 수 있도록 하기 위해서 필요하다.

③ 물품의 특성에 맞는 보관장소를 선정해야 하므로, 종이류와 유리 등은 그 재질의 차이를 고려하여 보관장소에 차이를 두는 것이 바람직하다.

④ 물품의 정리 시 회전대응 보관의 원칙은 입출하의 빈도가 높은 품목은 출입구 가까운 곳에 보관하는 것을 말한다.

02 **다음 중 제시된 사례에 대한 물적자원관리의 방해 요인이 잘못 연결된 것은?**

- A는 손톱깎이를 사용한 뒤 항상 아무 곳에나 놓는다. 그래서 손톱깎이가 필요할 때마다 한참 동안 집 안 구석구석을 찾아야 한다.
- B는 길을 가다가 귀여운 액세서리를 발견하면 그냥 지나치지 못한다. 그래서 B의 화장대 서랍에는 액세서리가 쌓여 있다.
- C는 지난주에 휴대폰을 잃어버려 얼마 전에 새로 구입하였다. 그런데 오늘 지하철에서 새로 산 휴대폰을 또 잃어버리고 말았다.
- D는 작년에 친구로부터 선물 받은 크리스마스 한정판 화장품을 잃어버린 후 찾지 못했고, 다시 구입하려고 하니 이미 판매가 끝난 상품이라 구입할 수 없었다.

① A : 보관 장소를 파악하지 못하는 경우

② B : 분명한 목적 없이 물건을 구입하는 경우

③ C : 물품을 분실한 경우

④ D : 보관 장소를 파악하지 못하는 경우

03 K씨는 밤도깨비 야시장에서 푸드 트럭을 운영하기로 계획하고 있다. 다음 자료를 참고하여 매출 순이익이 가장 높은 메인 메뉴 한 가지를 선정하려고 할 때, K씨가 선정할 메뉴로 옳은 것은?

메뉴	예상 월간 판매량(개)	생산 단가(원)	판매 가격(원)
A	500	3,500	4,000
B	300	5,500	6,000
C	400	4,000	5,000
D	200	6,000	7,000

※ 매출 순이익 : [(판매 가격)−(생산 단가)]×(판매량)

① A ② B
③ C ④ D

04 다음은 K기업의 재고 관리에 대한 자료이다. 금요일까지 부품 재고 수량이 남지 않게 완성품을 만들 수 있도록 월요일에 주문할 부품 A～C의 개수가 바르게 연결된 것은?(단, 주어진 조건 이외에는 고려하지 않는다)

〈부품 재고 수량과 완성품 1개당 소요량〉

부품명	부품 재고 수량	완성품 1개당 소요량
A	500	10
B	120	3
C	250	5

〈완성품 납품 수량〉

항목＼요일	월	화	수	목	금
완성품 납품 개수	없음	30	20	30	20

※ 부품 주문은 월요일에 한 번 신청하며, 화요일 작업 시작 전에 입고된다.
※ 완성품은 부품 A, B, C를 모두 조립해야 한다.

	A	B	C
①	100	100	100
②	100	180	200
③	500	100	100
④	500	180	250

05 K공사 마케팅 팀장은 팀원 50명에게 연말 선물을 하기 위해 물품을 구매하려고 한다. 다음은 업체별 품목 가격과 팀원들의 품목 선호도를 나타낸 자료이다. 이를 바탕으로 〈조건〉에 따라 팀장이 구매하는 물품과 업체를 순서대로 바르게 나열한 것은?

〈업체별 품목 가격〉

구분		한 벌당 가격(원)
A업체	티셔츠	6,000
	카라 티셔츠	8,000
B업체	티셔츠	7,000
	후드 집업	10,000
	맨투맨	9,000

〈팀원 품목 선호도〉

순위	품목
1	카라 티셔츠
2	티셔츠
3	후드 집업
4	맨투맨

조건

- 팀원의 선호도를 우선으로 품목을 선택한다.
- 총구매금액이 30만 원 이상이면 총금액에서 5%를 할인해 준다.
- 차순위 품목이 1순위 품목보다 총금액이 20% 이상 저렴하면 차순위를 선택한다.

① 티셔츠, A업체
② 카라 티셔츠, A업체
③ 맨투맨, B업체
④ 후드 집업, B업체

04 인원 선발

| 유형분석 |

- 인적 자원과 관련된 다양한 정보를 활용하여 풀어 가는 문제이다.
- 주로 근무명단, 휴무일, 업무할당 등의 주제로 다양한 정보를 활용하여 종합적으로 풀어 가는 문제가 출제된다.

다음 자료를 토대로 K공사가 하루 동안 고용할 수 있는 최대 인원은?

〈K공사의 예산과 고용비〉

총예산	본예산	500,000원
	예비비	100,000원
고용비	1인당 수당	50,000원
	산재보험료	(수당)×0.504%
	고용보험료	(수당)×1.3%

① 10명　② 11명
③ 12명　④ 13명

정답 ②

(하루 1인당 고용비)=(1인당 수당)+(산재보험료)+(고용보험료)
=50,000+(50,000×0.504%)+(50,000×1.3%)
=50,000+252+650=50,902원
(하루에 고용할 수 있는 인원 수)=[(본예산)+(예비비)]÷(하루 1인당 고용비)
=600,000÷50,902≒11.8
따라서 하루 동안 고용할 수 있는 최대 인원은 11명이다.

풀이 전략!

문제에서 신입사원 채용이나 인력배치 등의 주제가 출제될 경우에는 주어진 규정 혹은 규칙을 꼼꼼히 확인하여야 한다. 이를 근거로 각 선택지가 어긋나지 않는지 검토하며 문제를 풀어 간다.

01 A사원은 인적자원의 효과적 활용에 대한 강연을 듣고, 인맥을 활용하였을 때의 장점에 대해 다음과 같이 정리하였다. 밑줄 친 ㉠~㉣ 중 A사원이 잘못 메모한 내용은 모두 몇 개인가?

〈인적자원의 효과적 활용〉

- 인적자원이란?

… 중략 …

- 인맥 활용 시 장점
  - ㉠ 각종 정보와 정보의 소스 획득
  - ㉡ '나' 자신의 인간관계나 생활에 대해서 알 수 있음
    - ↳ ㉢ 자신의 인생에 탄력이 생김
  - ㉣ '나' 자신만의 사업을 시작할 수 있음 ← 참신한 아이디어 획득

① 없음
② 1개
③ 2개
④ 3개

02 다음 중 4차 산업혁명 시대의 인적자원관리 변화에 대한 설명으로 적절하지 않은 것은?

① 영리기반 공유경제 플랫폼은 노동자의 고용안정성을 더욱 향상시킨다.
② 기술진보에 따른 새로운 직무에 적응할 수 있도록 지속적인 능력개발이 뒷받침되어야 한다.
③ 신기술의 등장과 기존 산업 간의 융합으로 새로운 산업의 생태계를 만들고, 직업에도 많은 변화가 발생한다.
④ 인간을 모방한 감각기능과 지능이 탑재된 로봇이 다양한 수작업을 하고, 이는 산업에 영향을 주어 근로의 유형을 변화시킨다.

03 K공사에서는 약 2개월 동안 근무할 인턴사원을 선발하고자 다음과 같은 공고를 게시하였다. A ~ D지원자 중 K공사의 인턴사원으로 가장 적절한 지원자는?

〈인턴사원 모집 공고〉

• 근무기간 : 약 2개월(2 ~ 4월)
• 자격 요건
  – 1개월 이상 경력자
  – 포토샵 가능자
  – 근무 시간(9 ~ 18시) 이후에도 근무가 가능한 자
• 기타 사항
  – 경우에 따라서 인턴 기간이 연장될 수 있음

A지원자	• 경력 사항 : 출판사 3개월 근무 • 컴퓨터 활용 능력 中(포토샵, 워드 프로세서) • 대학 휴학 중(3월 복학 예정)
B지원자	• 경력 사항 : 없음 • 포토샵 능력 우수 • 전문대학 졸업
C지원자	• 경력 사항 : 마케팅 회사 1개월 근무 • 컴퓨터 활용 능력 上(포토샵, 워드 프로세서, 파워포인트) • 4년제 대학 졸업
D지원자	• 경력 사항 : 제약 회사 3개월 근무 • 포토샵 가능 • 저녁 근무 불가

① A지원자　　② B지원자
③ C지원자　　④ D지원자

04 K공사에서는 직원 A ~ N 중 면접위원을 선발하고자 한다. 면접위원의 구성 조건이 다음과 같을 때, 적절하지 않은 것은?

〈면접위원 구성 조건〉

- 면접관은 총 6명으로 구성한다.
- 이사 이상의 직급으로 50% 이상 구성해야 한다.
- 인사팀을 제외한 모든 부서는 두 명 이상 선출할 수 없고, 인사팀은 반드시 두 명 이상을 포함한다.
- 모든 면접위원의 입사 후 경력은 3년 이상으로 한다.

직원	직급	부서	입사 후 경력
A	대리	인사팀	2년
B	과장	경영지원팀	5년
C	이사	인사팀	8년
D	과장	인사팀	3년
E	사원	홍보팀	6개월
F	과장	홍보팀	2년
G	이사	고객지원팀	13년
H	사원	경영지원	5개월
I	이사	고객지원팀	2년
J	과장	영업팀	4년
K	대리	홍보팀	4년
L	사원	홍보팀	2년
M	과장	개발팀	3년
N	이사	개발팀	8년

① L사원은 면접위원으로 선출될 수 없다.

② N이사는 반드시 면접위원으로 선출된다.

③ B과장이 면접위원으로 선출됐다면 K대리도 선출된다.

④ 과장은 두 명 이상 선출된다.

CHAPTER 05

조직이해능력

합격 Cheat Key

조직이해능력은 업무를 원활하게 수행하기 위해 조직의 체제와 경영을 이해하고 국제적인 추세를 이해하는 능력이다. 현재 많은 공사·공단에서 출제 비중을 높이고 있는 영역이기 때문에 미리 대비하는 것이 중요하다. 실제 업무 능력에서 조직이해능력을 요구하기 때문에 중요도는 점점 높아질 것이다.

세부 유형은 조직 체제 이해, 경영 이해, 업무 이해, 국제 감각으로 나눌 수 있다. 조직도를 제시하는 문제가 출제되거나 조직의 체계를 파악해 경영의 방향성을 예측하고, 업무의 우선순위를 파악하는 문제가 출제된다.

1 문제 속에 정답이 있다!

경력이 없는 경우 조직에 대한 이해가 낮을 수밖에 없다. 그러나 문제 자체가 실무적인 내용을 담고 있어도 문제 안에는 해결의 단서가 주어진다. 부담을 갖지 않고 접근하는 것이 중요하다.

2 경영·경제학원론 정도의 수준은 갖추도록 하라!

지원한 직군마다 차이는 있을 수 있으나, 경영·경제이론을 접목시킨 문제가 꾸준히 출제되고 있다. 따라서 기본적인 경영·경제이론은 익혀 둘 필요가 있다.

3 지원하는 공사·공단의 조직도를 파악하라!

출제되는 문제는 각 공사·공단의 세부내용일 경우가 많기 때문에 지원하는 공사·공단의 조직도를 파악해 두어야 한다. 조직이 운영되는 방법과 전략을 이해하고, 조직을 구성하는 체제를 파악하고 간다면 조직이해능력에서 조직도가 나올 때 단기간에 문제를 풀 수 있을 것이다.

4 실제 업무에서도 요구되므로 이론을 익혀라!

각 공사·공단의 직무 특성상 일부 영역에 중요도가 가중되는 경우가 있어서 많은 취업준비생들이 일부 영역에만 집중하지만, 실제 업무 능력에서 직업기초능력 10개 영역이 골고루 요구되는 경우가 많고, 현재는 필기시험에서도 조직이해능력을 출제하는 기관의 비중이 늘어나고 있기 때문에 미리 이론을 익혀 둔다면 모듈형 문제에서 고득점을 노릴 수 있다.

01 경영 전략

| 유형분석 |

- 경영 전략에서 대표적으로 출제되는 문제는 마이클 포터(Michael Porter)의 본원적 경쟁전략이다.
- 경쟁 전략의 기본적인 이해와 구조를 물어보는 문제가 자주 출제되므로 전략별 특징 및 개념에 대한 이론 학습이 요구된다.

경영이 어떻게 이루어지느냐에 따라 조직의 생사가 결정된다고 할 만큼, 경영은 조직에 있어서 핵심적 요소이다. 다음 중 경영 전략을 추진하는 과정에 대한 설명으로 옳지 않은 것은?

① 경영 전략은 조직전략, 사업전략, 부문전략으로 분류된다.
② 환경 분석을 할 때는 조직의 내부환경뿐만 아니라 외부환경에 대한 분석도 필수이다.
③ 전략목표는 비전과 미션으로 구분되는데, 둘 다 있어야 한다.
④ 환경 분석 → 전략목표 설정 → 경영 전략 도출 → 경영 전략 실행 → 평가 및 피드백의 과정을 거쳐 이루어진다.

정답 ④

전략목표를 먼저 설정하고 환경을 분석해야 한다.

풀이 전략!

대부분의 기업들은 마이클 포터의 본원적 경쟁전략을 사용하고 있다. 각 전략에 해당하는 대표적인 기업을 연결하고, 그들의 경영 전략을 상기하며 문제를 풀어보도록 한다.

대표기출유형 01 기출응용문제

01 **다음은 경영참가제도의 유형에 대한 자료이다. 밑줄 친 ㉠~㉢에 대한 설명으로 옳지 않은 것은?**

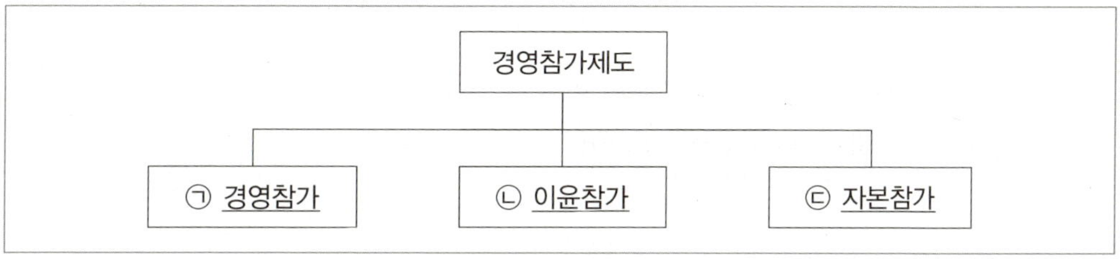

① ㉠의 경우 초기단계에서는 경영자가 경영 관련 정보를 근로자에게 제공한다.
② ㉡은 구성원의 몰입과 관심을 높일 수 있는 방법이다.
③ ㉡은 생산의 판매 가치나 부가가치의 증대를 기준으로 성과배분을 하기도 한다.
④ ㉢의 사례로는 공동의사결정제도와 노사협의회제도를 볼 수 있다.

02 **S씨는 취업스터디에서 마이클 포터의 본원적 경쟁전략을 토대로 기업의 경영전략을 정리하고자 한다. 다음 중 〈보기〉의 내용이 바르게 분류된 것은?**

• 차별화 전략 : 가격 이상의 가치로 브랜드 충성심을 이끌어 내는 전략이다.
• 원가우위 전략 : 업계에서 가장 낮은 원가로 우위를 확보하는 전략이다.
• 집중화 전략 : 특정 세분시장만 집중공략하는 전략이다.

보기

㉠ I기업은 S/W에 집중하기 위해 H/W의 한글전용 PC분야를 한국계기업과 전략적으로 제휴하고 회사를 설립해 조직체에 위양하였으며 이후 고유분야였던 S/W에 자원을 집중하였다.
㉡ B마트는 재고 네트워크를 전산화하여 원가를 절감하고 양질의 제품을 최저가격에 판매하고 있다.
㉢ A호텔은 5성급 호텔로 하루 숙박비용이 상당히 비싸지만, 환상적인 풍경과 더불어 친절한 서비스를 제공하고 객실 내 제품이 모두 최고급으로 비치되어 있어 이용객들에게 높은 만족도를 준다.

	차별화 전략	원가우위 전략	집중화 전략
①	㉠	㉡	㉢
②	㉠	㉢	㉡
③	㉡	㉠	㉢
④	㉢	㉡	㉠

03 다음 중 수직적 체계에 따른 경영자의 역할에 대한 설명으로 가장 적절한 것은?

① 수직적 체계에 따라 최고경영자, 중간경영자, 하위경영자, 최하위경영자로 나눌 수 있다.
② 하위경영자는 현장에서 실제로 작업을 하는 근로자를 직접 지휘·감독하는 경영층을 의미한다.
③ 중간경영자는 조직의 최상위층으로 조직의 혁신기능과 의사결정기능을 조직 전체의 수준에서 담당하게 된다.
④ 최고경영자는 재무관리, 생산관리, 인사관리 등과 같이 경영부문별로 경영 목표·전략·정책을 집행하기 위한 제반활동을 수행하게 된다.

04 다음 중 경영의 구성요소에 대하여 바르게 설명한 사람을 모두 고르면?

> 김사원 : 현대 사회에서는 실질적으로 경영(Administration)은 관리(Management)와 동일한 의미야.
> 최주임 : 기업만이 경영의 대상인 것이 아니라, 모든 조직은 경영의 대상에 해당돼.
> 박대리 : 경영은 크게 경영 목적, 자금, 인적자원, 경영 전략 이렇게 4가지로 구성되어 있어.
> 정주임 : 기업환경이 급변하는 만큼, 경영 전략의 중요성이 커지고 있어.

① 김사원, 최주임
② 김사원, 박대리
③ 최주임, 박대리
④ 최주임, 박대리, 정주임

05 다음 사례의 쟁점과 협상전략을 바르게 묶은 것은?

> 대기업 영업부장인 김봉구 씨는 기존 재고를 처리할 목적으로 W사와 협상 중이다. 그러나 W사는 자금 부족을 이유로 이를 거절하고 있다. 하지만 김봉구 씨는 자신의 회사에서 물품을 제공하지 않으면 W사가 매우 곤란한 지경에 빠진다는 사실을 알고 있다. 그래서 김봉구 씨는 앞으로 W사와 거래하지 않을 것이라는 엄포를 놓았다.

① 자금 부족 – 협력전략
② 재고 처리 – 갈등전략
③ 재고 처리 – 경쟁전략(강압전략)
④ 정보 부족 – 양보전략(유화전략)

06 다음 그림은 세계적 기업인 맥킨지(McKinsey)에 의해서 개발된 7S 모형이다. 빈칸에 들어갈 요소로 옳은 것은?

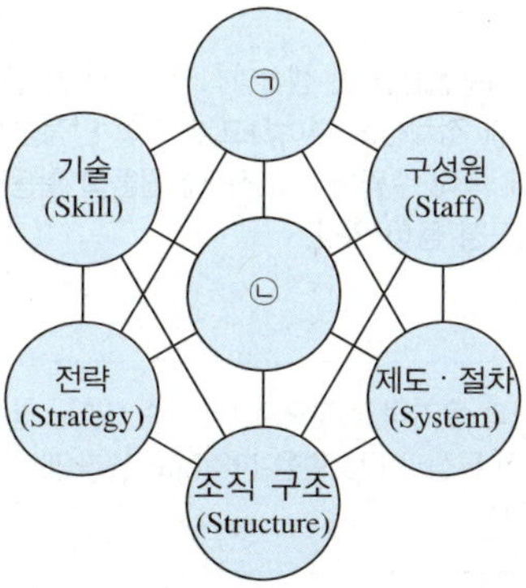

	㉠	㉡
①	스타일	공유가치
②	최고경영자	기술혁신
③	최고경영자	공유가치
④	기술혁신	스타일

대표기출유형

02 | 조직 구조

| 유형분석 |

- 조직 구조 유형에 대한 특징을 물어보는 문제가 자주 출제된다.
- 기계적 조직과 유기적 조직의 차이점과 사례 등을 숙지하고 있어야 한다.
- 조직 구조 형태에 따라 기능적 조직, 사업별 조직으로 구분하여 출제되기도 한다.

다음 중 조직체계의 구성 요소에 대한 설명으로 옳은 것은?

① 조직 목표, 조직 구조, 조직 문화, 규칙 및 규정으로 이루어진다.

② 조직 목표는 조직 내의 부문 사이에 형성된 관계이다.

③ 조직 구조는 조직이 달성하려는 장래의 상태이다.

④ 조직 문화는 조직의 목표나 전략에 따라 수행된다.

정답 ①

조직체계의 구성 요소

1. 조직 목표 : 조직이 달성하려는 장래의 상태로 조직이 존재하는 정당성과 합법성을 제공한다. 조직 목표에는 전체 조직의 성과, 자원, 시장, 인력개발, 혁신과 변화, 생산성에 대한 목표가 포함된다.
2. 조직 구조 : 조직 내의 부문 사이에 형성된 관계로 조직 목표를 달성하기 위한 조직구성원들의 상호작용을 보여준다. 조직 구조는 의사결정권의 집중정도, 명령계통, 최고경영자의 통제, 규칙과 규제의 정도에 따라 달라지며, 구성원들의 업무나 권한이 분명하게 정의된 기계적 조직과 의사 결정권이 하부구성원들에게 많이 위임되고 업무가 고정적이지 않은 유기적 조직으로 구분될 수 있다.
3. 조직 문화 : 조직이 지속되게 되면 조직구성원들 간 생활양식이나 가치를 공유하게 되는 것이다. 조직 문화는 조직구성원들의 사고와 행동에 영향을 미치며 일체감과 정체성을 부여하고 조직이 안정적으로 유지되게 한다.
4. 규칙 및 규정 : 조직의 목표나 전략에 따라 수립되어 조직구성원들의 활동범위를 제약하고 일관성을 부여하는 기능을 한다. 예를 들어 인사규정, 총무규정, 회계규정 등이 있다.

풀이 전략!

조직 구조는 유형에 따라 기계적 조직과 유기적 조직으로 나눌 수 있다. 기계적 조직과 유기적 조직은 서로 상반된 특징을 가지고 있으며, 기계적 조직이 관료제의 특징과 비슷함을 파악하고 있다면, 이와 상반된 유기적 조직의 특징도 수월하게 파악할 수 있다.

대표기출유형 02 기출응용문제

01 **다음 중 공식적 조직과 비공식적 조직에 대한 설명으로 옳지 않은 것은?**

① 공식적 조직은 구성원 간 역할과 권한에 대한 규정이 있다.
② 비공식적 조직은 조직 구성원에게 소속감 등을 제공한다.
③ 공식적 조직의 유형에는 라인 조직, 매트릭스 조직 등이 있다.
④ 비공식적 조직은 의도적으로 구성된 조직으로 수명이 길다.

02 **직업인은 조직의 구성원으로서 조직 체제의 구성 요소를 이해하는 체제이해능력이 요구된다. 조직 체제의 구성 요소가 다음과 같을 때, 이에 대한 설명으로 옳지 않은 것은?**

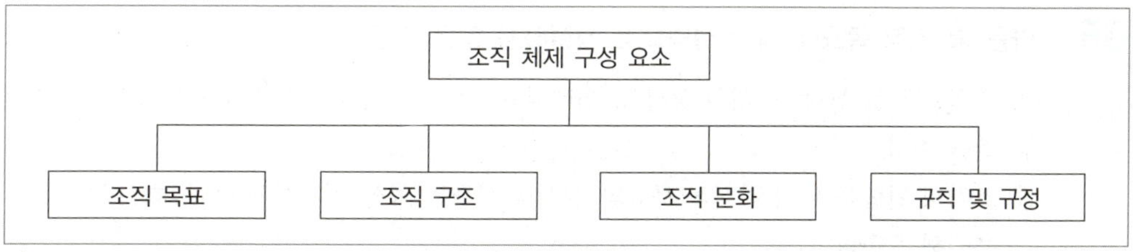

① 조직의 규칙과 규정은 조직 구성원들의 자유로운 활동범위를 보장하는 기능을 가진다.
② 조직 구조는 의사결정권의 집중정도, 명령계통, 최고경영자의 통제 등에 따라 달라진다.
③ 조직 목표는 조직이 달성하려는 장래의 상태로, 조직이 존재하는 정당성과 합법성을 제공한다.
④ 조직 문화는 조직 구성원들의 사고와 행동에 영향을 미치며, 일체감과 정체성을 부여한다.

03 다음 중 조직에 대한 설명으로 적절하지 않은 것은?

① 조직은 두 사람 이상이 있어야 한다.

② 의식하지 않아도 자연스럽게 구성된다.

③ 공동의 목표가 있어야 한다.

④ 직업인으로서 조직이란 직장을 의미한다.

04 다음 중 조직 문화의 특징으로 적절하지 않은 것은?

① 구성 요소에는 리더십 스타일, 제도 및 절차, 구성원, 구조 등이 있다.

② 조직 구성원들에게 일체감과 정체성을 준다.

③ 구성원들 개개인의 다양성을 강화해준다.

④ 조직 몰입도를 향상시킨다.

05 다음 중 조직 목표에 대한 설명으로 적절하지 않은 것은?

① 조직이 달성하려는 장래의 상태로, 미래지향적이지만 현재의 조직 행동의 방향을 결정해주는 역할을 한다.

② 조직의 단합을 위해 공식적 목표와 실제적 목표는 항상 일치해야 하며, 하나의 조직 목표만을 추구해야 한다.

③ 조직 목표들은 한번 수립되면 달성될 때까지 지속되는 것이 아니라 환경이나 조직 내의 다양한 원인들에 의하여 변동되거나 없어지고 새로운 목표로 대체되기도 한다.

④ 조직 구성원들이 공통된 조직목표 아래서 소속감과 일체감을 느끼고 행동수행의 동기를 가지게 하며, 조직 구성원들의 수행을 평가할 수 있는 기준이 된다.

06 다음 중 조직 변화의 과정을 순서대로 바르게 나열한 것은?

ㄱ. 환경 변화 인지	ㄴ. 변화 결과 평가
ㄷ. 조직 변화 방향 수립	ㄹ. 조직 변화 실행

① ㄱ－ㄷ－ㄹ－ㄴ
② ㄱ－ㄹ－ㄷ－ㄴ
③ ㄴ－ㄷ－ㄹ－ㄱ
④ ㄹ－ㄱ－ㄷ－ㄴ

07 다음 〈보기〉 중 제시된 조직도에 대해 바르게 설명한 사람을 모두 고르면?

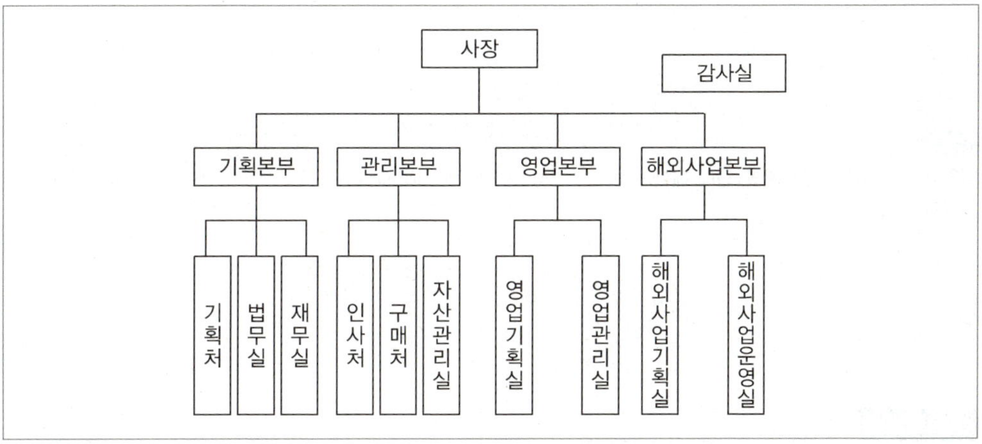

보기

A : 조직도를 보면 4개 본부, 3개의 처, 8개의 실로 구성되어 있어.
B : 사장 직속으로 4개의 본부가 있고, 그중 한 본부에서는 인사업무만을 전담하고 있네.
C : 감사실은 사장 직속이지만 별도로 분리되어 있구나.
D : 해외사업기획실과 해외사업운영실은 둘 다 해외사업과 관련이 있으니까 해외사업본부에 소속되어 있는 것이 맞아.

① A, B
② A, D
③ B, C
④ B, D

03 업무 종류

| 유형분석 |

- 부서별 주요 업무에 대해 묻는 문제이다.
- 부서별 특징과 담당 업무에 대한 이해가 필요하다.

다음은 기업의 각 부서에서 하는 일이다. 일반적인 상황에서 부서와 그 업무를 바르게 나열한 것은?

ㄱ. 의전 및 비서업무	ㄴ. 업무분장 및 조정
ㄷ. 결산 관련 업무	ㄹ. 임금제도
ㅁ. 소모품의 구입 및 관리	ㅂ. 법인세, 부가가치세
ㅅ. 판매 예산 편성	ㅇ. 보험가입 및 보상 업무
ㅈ. 견적 및 계약	ㅊ. 국내외 출장 업무 협조
ㅋ. 외상매출금 청구	ㅌ. 직원수급 계획 및 관리

① 총무부 : ㄱ, ㅁ, ㅅ
② 영업부 : ㅅ, ㅈ, ㅋ
③ 회계부 : ㄷ, ㅇ, ㅋ
④ 인사부 : ㄱ, ㄴ, ㄹ

정답 ②

영업부의 업무로는 판매 계획, 판매 예산 편성(ㅅ), 견적 및 계약(ㅈ), 외상매출금 청구 및 회수(ㅋ), 시장조사, 판매원가 및 판매가격의 조사 검토 등이 있다.

오답분석

① 총무부 : ㄱ, ㅁ, ㅊ
③ 회계부 : ㄷ, ㅂ, ㅇ
④ 인사부 : ㄴ, ㄹ, ㅌ

풀이 전략!

조직은 목적의 달성을 위해 업무를 효과적으로 분배하고 처리할 수 있는 구조를 확립해야 한다. 조직의 목적이나 규모에 따라 업무의 종류는 다양하지만, 대부분의 조직에서는 총무, 인사, 기획, 회계, 영업으로 부서를 나누어 업무를 담당하고 있다. 따라서 5가지 업무 종류에 대해서는 미리 숙지해야 한다.

대표기출유형 03 기출응용문제

01 현재 시각은 오전 11시이다. 오늘 중으로 마쳐야 하는 다음 네 가지의 업무가 있을 때, 업무의 우선순위를 순서대로 바르게 나열한 것은?(단, 업무시간은 오전 9시부터 오후 6시까지이며, 점심시간은 12시부터 1시간이다)

업무 내용	처리 시간
ㄱ. 기한이 오늘까지인 비품 신청	1시간
ㄴ. 오늘 내에 보고해야 하는 보고서 초안을 작성해 달라는 부서장의 지시	2시간
ㄷ. 가능한 빨리 보내 달라는 인접 부서의 협조 요청	1시간
ㄹ. 오전 중으로 고객에게 보내기로 한 자료 작성	1시간

① ㄱ－ㄴ－ㄷ－ㄹ
② ㄴ－ㄷ－ㄹ－ㄱ
③ ㄷ－ㄴ－ㄹ－ㄱ
④ ㄹ－ㄴ－ㄷ－ㄱ

02 김부장과 박대리는 K공사의 고객지원실에서 근무하고 있다. 다음 상황에서 김부장이 박대리에게 지시할 사항으로 가장 적절한 것은?

• 부서별 업무분장
- 인사혁신실 : 신규 채용, 부서 / 직무별 교육계획 수립 / 시행, 인사고과 등
- 기획조정실 : 조직문화 개선, 예산사용계획 수립 / 시행, 대외협력, 법률지원 등
- 총무지원실 : 사무실, 사무기기, 차량 등 업무지원 등

〈상황〉

박대리 : 고객지원실에서 사용하는 A4 용지와 볼펜이 부족해서 비품을 신청해야 할 것 같습니다. 그리고 지난번에 말씀하셨던 고객 상담 관련 사내 교육 일정이 이번에 확정되었다고 합니다. 고객지원실 직원들에게 관련 사항을 전달하려면 교육 일정 확인이 필요할 것 같습니다.

① 박대리, 인사혁신실에 전화해서 비품 신청하고, 전화한 김에 교육 일정도 확인해서 나한테 알려줘요.
② 박대리, 총무지원실에 가서 교육 일정 확인하고, 간 김에 비품 신청도 하고 오세요.
③ 박대리, 기획조정실에 가서 교육 일정 확인하고, 인사혁신실에 가서 비품 신청하고 오도록 해요.
④ 박대리, 총무지원실에 전화해서 비품 신청하고, 인사혁신실에 가서 교육 일정 확인하고 나한테 알려줘요.

※ 다음은 K공사 조직도의 일부이다. 이어지는 질문에 답하시오. **[3~4]**

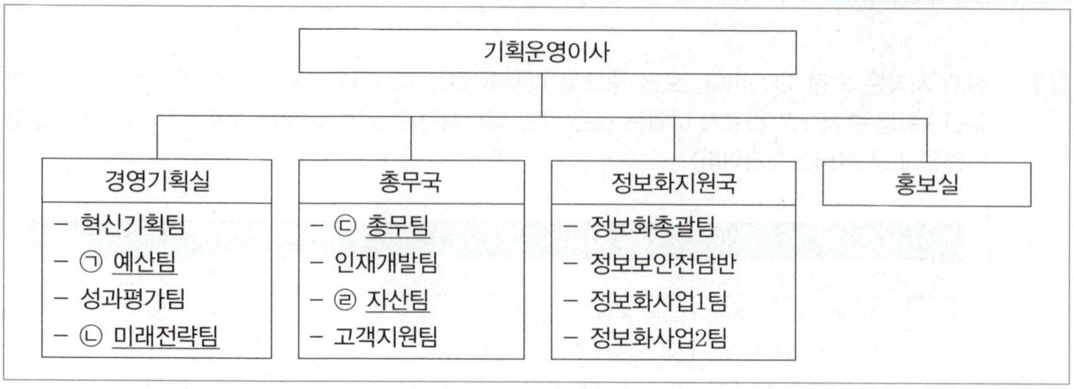

03 다음 중 K공사의 각 부서와 업무가 바르게 연결되지 않은 것은?

① ㉠ : 수입·지출 예산 편성 및 배정 관리
② ㉡ : 공사사업 관련 연구과제 개발 및 추진
③ ㉢ : 복무관리 및 보건·복리 후생
④ ㉣ : 예산집행 조정, 통제 및 결산 총괄

04 다음 중 정보보안전담반의 업무로 적절하지 않은 것은?

① 전문자격 시험 출제정보시스템 구축·운영
② 직원 개인정보보호 의식 향상 교육
③ 개인정보종합관리시스템 구축·운영
④ 정보보안 및 개인정보보호 계획 수립

※ 다음은 K공사 연구소의 주요 사업별 연락처이다. 이어지는 질문에 답하시오. **[5~6]**

〈주요 사업별 연락처〉

주요 사업	담당부서	연락처
고객지원	고객지원팀	044-410-7001
감사, 부패방지 및 지도점검	감사실	044-410-7011
국제협력, 경영평가, 예산기획, 규정, 이사회	전략기획팀	044-410-7023
인재개발, 성과평가, 교육, 인사, ODA사업	인재개발팀	044-410-7031
복무노무, 회계관리, 계약 및 시설	경영지원팀	044-410-7048
품질평가관리, 품질평가 관련 민원	평가관리팀	044-410-7062
가공품 유통 전반(실태조사, 유통정보), 컨설팅	유통정보팀	044-410-7072
대국민 교육, 기관 마케팅, 홍보관리, CS, 브랜드인증	고객홍보팀	044-410-7082
이력관리, 역학조사지원	이력관리팀	044-410-7102
유전자분석, 동일성검사	유전자분석팀	044-410-7111
연구사업 관리, 기준개발 및 보완, 시장조사	연구개발팀	044-410-7133
정부3.0, 홈페이지 운영, 대외자료제공, 정보보호	정보사업팀	044-410-7000

05 다음 중 K공사 연구소의 주요 사업별 연락처를 본 채용 지원자의 반응으로 적절하지 않은 것은?

① K공사 연구소는 1개 실과 11개 팀으로 이루어져 있구나.
② 예산기획과 경영평가는 같은 팀에서 종합적으로 관리하겠구나.
③ 평가업무라 하더라도 평가 특성에 따라 담당하는 팀이 달라지겠구나.
④ 홈페이지 운영은 고객홍보팀에서 마케팅과 함께 하겠구나.

06 다음 민원인의 요청을 듣고 난 후 민원을 해결하기 위해 연결할 부서로 가장 적절한 것은?

> 민원인 : 얼마 전 신제품 관련 등급 신청을 했습니다. 신제품 품질에 대한 등급에 대해 이의가 있습니다. 관련 건으로 담당자분과 통화하고 싶습니다.
> 상담원 : 불편을 드려서 죄송합니다. ______________ 연결해 드리겠습니다. 잠시만 기다려 주십시오.

① 품질평가를 관리하는 평가관리팀으로
② 연구사업을 관리하고 있는 연구개발팀으로
③ 이력관리 업무를 담당하고 있는 이력관리팀으로
④ 기관의 홈페이지 운영을 전담하고 있는 정보사업팀으로

지식에 대한 투자가 가장 이윤이 많이 남는 법이다.

– 벤자민 프랭클린 –

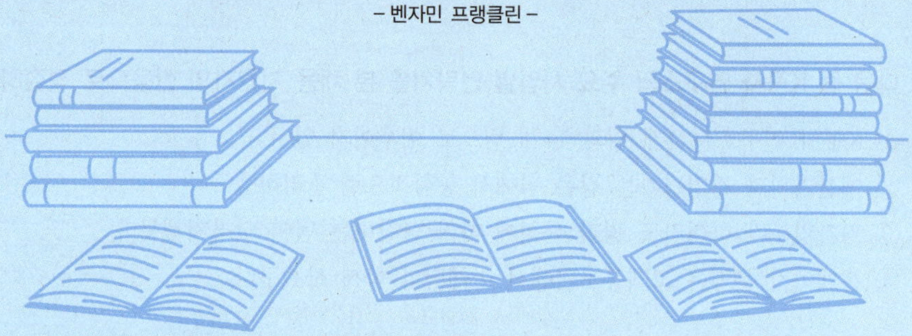

PART 2

최종점검 모의고사

제1회

최종점검 모의고사

※ 경기도 공공기관 통합채용 최종점검 모의고사는 2024년 하반기 채용 공고와 시험 후기를 기준으로 구성한 것으로, 실제 시험과 다를 수 있습니다.

■ 취약영역 분석

번호	O/×	영역	번호	O/×	영역	번호	O/×	영역
01		의사소통능력	21		문제해결능력	41		조직이해능력
02			22			42		
03			23			43		
04			24			44		
05			25			45		
06			26			46		
07			27			47		
08			28			48		
09			29			49		
10			30			50		
11		수리능력	31		자원관리능력			
12			32					
13			33					
14			34					
15			35					
16			36					
17			37					
18			38					
19			39					
20			40					

평가문항	50문항	평가시간	50분
시작시간	:	종료시간	:
취약영역			

제 1 회

최종점검 모의고사

응시시간 : 50분 문항 수 : 50문항

모바일 OMR

정답 및 해설 p.040

01 다음 글의 내용으로 가장 적절한 것은?

> 온갖 사물이 뒤섞여 등장하는 사진들에서 고양이를 틀림없이 알아보는 인공지능이 있다고 해보자. 그러한 식별 능력은 고양이 개념을 이해하는 능력과 어떤 관계가 있을까? 고양이를 실수 없이 가려내는 능력이 고양이 개념을 이해하는 능력의 필요충분조건이라고 할 수 있을까?
>
> 먼저, 인공지능이든 사람이든 고양이 개념에 대해 이해하면서도 영상 속의 짐승이나 사물이 고양이인지 정확히 판단하지 못하는 경우는 있을 수 있다. 예를 들어, 누군가가 전형적인 고양이와 거리가 먼 희귀한 외양의 고양이를 보고 "좀 이상하게 생긴 족제비로군요."라고 말했다고 해보자. 이것은 틀린 판단이지만, 그렇다고 그가 고양이 개념을 이해하지 못하고 있다고 평가하는 것은 부적절한 일일 것이다.
>
> 이번에는 다른 예로 누군가가 영상자료에서 가을에 해당하는 장면들을 실수 없이 가려낸다고 해보자. 그는 가을이라는 개념을 이해하고 있다고 보아야 할까? 그 장면들을 실수 없이 가려낸다고 해도 그가 가을이 적잖은 사람들을 왠지 쓸쓸하게 하는 계절이라든가, 농경문화의 전통에서 수확의 결실이 있는 계절이라는 것 혹은 가을이 지구 자전축의 기울기와 유관하다는 것 등을 반드시 알고 있는 것은 아니다. 심지어 가을이 지구의 1년을 넷으로 나눈 시간 중 하나를 가리킨다는 사실을 모르고 있을 수도 있다. 만일 가을이 여름과 겨울 사이에 오는 계절이라는 사실조차 모르는 사람이 있다면, 우리는 그가 가을이라는 개념을 이해하고 있다고 인정할 수 있을까? 그것은 불합리한 일일 것이다.
>
> 가을이든 고양이든 인공지능이 그런 개념들을 충분히 이해하는 것은 영원히 불가능하다고 단언할 이유는 없다. 하지만 우리가 여기서 확인한 점은 개념의 사례를 식별하는 능력이 개념을 이해하는 능력을 함축하는 것은 아니고, 그 역도 마찬가지라는 것이다.

① 인간과 동물의 개념을 명확하게 이해하고 있다면, 동물과 인간을 실수 없이 구별해야 한다.

② 영상자료에서 가을의 장면을 제대로 가려내지 못한 사람은 가을의 개념을 명확히 이해하지 못한 사람이다.

③ 인공지능이 자동차와 사람의 개념을 제대로 이해했다면, 영상 속의 자동차를 사람으로 착각할 리 없다.

④ 날아가는 비둘기를 참새로 오인했다고 해서 비둘기 개념을 이해하지 못하고 있다고 평가할 수는 없다.

02 다음 제시된 글을 읽고 이어질 문단을 논리적 순서대로 바르게 나열한 것은?

> 봄에 TV를 켜면 황사를 조심하라는 뉴스를 볼 수 있다. 많은 사람이 알고 있듯이, 황사는 봄에 중국으로부터 바람에 실려 날아오는 모래바람이다. 그러나 황사를 단순한 모래바람으로 치부할 수는 없다.

> (가) 물론 황사도 나름대로 장점은 존재한다. 황사에 실려 오는 물질들이 알칼리성이기 때문에 토양의 산성화를 막을 수 있다. 그러나 이러한 장점만으로 황사를 방지하지 않아도 된다는 것은 아니다.
> (나) 그러므로 황사에는 중국에서 발생하는 매연이나 화학물질 모두 함유되어 있다. TV에서 황사를 조심하라는 것은 단순히 모래바람을 조심하라는 것이 아니라 중국 공업지대의 유해물질을 조심하라는 것과 같은 말이다.
> (다) 황사는 중국의 내몽골자치구나 고비 사막 등의 모래들이 바람에 실려 중국 전체를 돌고 나서 한국 방향으로 넘어오게 된다. 중국 전체를 돈다는 것은 중국 대기의 물질을 모두 흡수한다는 것이다.
> (라) 개인적으로는 황사 마스크를 쓰고 외출 후에 손발을 청결히 하는 등 황사 피해에 대응할 수 있겠지만, 국가적으로는 쉽지 않다. 국가적으로는 모래바람이 발생하지 않도록 나무를 많이 심고, 공장지대의 매연을 제한해야 하기 때문이다.

① (나) – (가) – (다) – (라)
② (나) – (다) – (가) – (라)
③ (다) – (가) – (나) – (라)
④ (다) – (나) – (가) – (라)

03 다음 중 ㉠~㉢에 들어갈 단어를 순서대로 바르게 나열한 것은?

> 음향은 종종 인물의 생각이나 심리를 극적으로 ㉠ <u>표시(表示) / 제시(提示)</u>하는 데 활용된다. 화면을 가득 채운 얼굴과 함께 인물의 목소리를 들려주면 인물의 속마음이 효과적으로 표현된다. 인물의 표정은 드러내지 않은 채 심장 소리만을 크게 들려줌으로써 인물의 불안정한 심정을 ㉡ <u>표출(表出) / 표명(表明)</u>하는 예도 있다. 이처럼 음향은 영화의 장면 및 줄거리와 밀접한 관계를 유지하며 주제나 감독의 의도를 ㉢ <u>실현(實現) / 구현(具縣)</u>하는 중요한 요소이다.

	㉠	㉡	㉢
①	표시	표명	실현
②	표시	표출	실현
③	제시	표출	구현
④	제시	표출	실현

04 다음 중 목적에 맞는 문서 작성 요령에 대한 설명으로 옳지 않은 것을 〈보기〉에서 모두 고르면?

> **보기**
>
> ㄱ. 업무지시서의 경우, 우선 협조가 가능한지 개괄적인 내용만을 담아 상대방의 의사를 확인하여야 한다.
>
> ㄴ. 설명서의 경우, 소비자들의 오해 없는 정확한 이해를 위하여 전문용어를 이용하여 작성하여야 한다.
>
> ㄷ. 공문서의 경우, 정해진 양식과 격식을 엄격하게 준수하여 작성하여야 한다.

① ㄱ　　② ㄴ

③ ㄱ, ㄴ　　④ ㄴ, ㄷ

05 다음 글과 가장 관련 있는 한자성어는?

> 중국에 거주하는 J씨는 최근 신고를 받고 출동한 공안에 의해 체포·구금되는 신세로 전락했다. J씨를 신고한 인물은 그의 친어머니로, J씨는 아버지가 구매한 수입 자동차를 훔쳐 타고 달아난 혐의를 받고 있다.
>
> 어머니의 진술에 의하면 호화로운 사치 생활을 즐기던 J씨는 사회생활을 위해 반드시 고가의 자동차가 필요하다고 요구해왔다. 부모가 요구를 들어주지 않자, 그는 최근 들어 약 8억 원에 달하는 사채를 지는 방식으로 무리한 사치 생활을 이어왔던 것으로 확인됐다. 특히 J씨는 최근 아버지의 주민등록등본과 회사 사업자 등록증 등을 훔쳐 달아난 뒤, 이를 이용해 약 17억 원의 사채를 추가로 대출하려 한 혐의도 받고 있다.
>
> 어머니는 경찰 진술을 통해 "우리 부부는 원래부터 돈이 많은 사람이 아니다."라면서 "농민 출신의 우리 부부가 한두 푼씩을 아껴가면서 지금의 부유한 상황에까지 이른 것이기 때문에 돈을 버는 것이 얼마나 어려운 것인지 잘 알고 있다."라고 했다. "큰돈을 한 번에 쥐여 주기보다는 바닥에서부터 고생하며 돈의 가치를 배우기를 원했다."라면서 "이제는 아들을 내가 자제할 수 없다."라고 덧붙였다.
>
> 한편, 신고를 받고 J씨를 체포·구금한 공안국은 "고가의 자동차를 훔쳐 타고 도주한 뒤 이후 사채업자 등에 되팔았다."라며 "이 행위는 현지법상 최소 징역 10년 형을 받는 중형"이라고 설명했다.
>
> 하지만 어머니는 이 같은 상황에 대해 "아들이 정신을 차리고 남은 인생을 올곧게 살아가기 위해서는 이 방법밖에는 달리 도리가 없다."라며 정당한 처벌을 요구했다.

① 반포지효(反哺之孝)　　② 지록위마(指鹿爲馬)

③ 불구대천(不俱戴天)　　④ 대의멸친(大義滅親)

06 다음 글의 내용으로 가장 적절한 것은?

> 멋이라는 것도 일상생활의 단조로움이나 생활의 압박에서 해방되려는 노력의 하나일 것이다. 끊임없이 일상의 복장, 그 복장이 주는 압박감에서 벗어나기 위해 옷을 잘 차려 입는 사람은 그래서 멋쟁이이다. 또는 삶을 공리적 계산으로서가 아니라 즐김의 대상으로 볼 수 있게 해 주는 활동, 가령 서도(書道)라든가 다도(茶道)라든가 꽃꽂이라든가 하는 일을 과외로 즐길 줄 아는 사람을 우리는 생활의 멋을 아는 사람이라고 말한다. 그러나 그렇다고 해서 값비싸고 화려한 복장, 어떠한 종류의 스타일과 수련을 전제하는 활동만이 멋을 나타내는 것이 아니다. 경우에 따라서는 털털한 옷차림, 겉으로 내세울 것이 없는 소탈한 생활 태도가 멋있게 생각될 수도 있다. 기준적인 것에 변화를 더하는 것이 중요한 것이다. 그러나 기준으로부터의 편차가 너무 커서는 안 된다. 혐오감을 불러일으킬 정도의 몸가짐, 몸짓 또는 생활 태도는 멋이 있는 것으로 생각되지 않는다. 편차는 어디까지나 기준에 의해서만 존재하는 것이다.

PART 2

① 다양한 종류의 옷을 가지고 있는 사람은 멋쟁이이다.
② 값비싸고 화려한 복장을 하는 사람은 공리적 계산을 하는 사람이다.
③ 소탈한 생활 태도를 갖는 것이 가장 중요하다.
④ 꽃꽂이를 과외로 즐길 줄 아는 사람은 생활의 멋을 아는 사람이다.

07 A사원은 직장 내에서의 의사소통능력 향상 방법에 대한 강연을 들으면서 다음과 같이 메모하였다. 메모의 내용 중 A사원이 잘못 작성한 내용은 모두 몇 개인가?

> **〈의사소통능력 향상 방법 강연을 듣고...〉**
>
> • 의사소통의 저해 요인
>
> … (중략) …
>
> • 의사소통에 있어 자신이나 타인의 느낌을 건설적으로 처리하는 방법
> ㉠ 얼굴을 붉히는 것과 같은 간접적 표현을 피한다.
> ㉡ 자신의 감정을 주체하지 못하고 과격한 행동을 하지 않는다.
> ㉢ 자신의 감정 상태에 대한 책임을 타인에게 전가하지 않는다.
> ㉣ 자신의 감정을 조절하기 위하여 상대방으로 하여금 그의 행동을 변하도록 강요하지 않는다.
> ㉤ 자신의 감정을 명확하게 하지 못할 경우라도 즉각적인 의사소통이 될 수 있도록 노력한다.

① 1개　　② 2개
③ 3개　　④ 4개

08 다음 글의 주제로 가장 적절한 것은?

최근에 사이버공동체를 중심으로 한 시민의 자발적 정치 참여 현상이 많은 관심을 끌고 있다. 이러한 현상과 관련하여 A의 연구가 새삼 주목 받고 있다. A의 연구에 따르면 공동체의 구성원이 됨으로써 얻게 되는 '사회적 자본'이 시민사회의 성숙과 민주주의 발전을 가져오는 원동력이다. A의 이론에서는 공동체에 대한 자발적 참여를 통해 사회 구성원 간의 상호 의무감과 신뢰, 구성원들이 공유하는 규칙과 관행, 사회적 유대 관계와 같은 사회적 자본이 늘어나면 사회 구성원 간의 협조적인 행위가 가능하게 된다고 보았다. 더 나아가 A는 자원봉사자와 같이 공동체 참여도가 높은 사람이 투표할 가능성이 높고 정부 정책에 대한 의견 개진도 활발해지는 등 정치 참여도가 높아진다고 주장하였다.
몇몇 학자들은 A의 이론을 적용하여 면대면 접촉에 따른 인간관계의 산물인 사회적 자본이 사이버공동체에서도 충분히 형성될 수 있다고 보았다. 그리고 사이버공동체에서 사회적 자본의 증가가 정치 참여도 활성화시킬 것으로 기대했다. 하지만 이러한 기대와 달리 정치 참여는 활성화되지 않았다. 요즘 젊은이들을 보면 각종 사이버공동체에 자발적으로 참여하는 수준은 높지만 투표나 다른 정치 활동에는 무관심하거나 심지어 정치를 혐오하기도 한다. 이런 측면에서 A의 주장은 사이버공동체가 활성화된 오늘날에는 잘 맞지 않는다.
이러한 이유 때문에 오늘날 사이버공동체를 중심으로 한 정치 참여를 더 잘 이해하기 위해서 '정치적 자본' 개념의 도입이 필요하다. 정치적 자본은 사회적 자본의 구성요소와는 달리 정치 정보의 습득과 이용, 정치적 토론과 대화, 정치적 효능감 등으로 구성된다. 정치적 자본은 사회적 자본과 마찬가지로 공동체 참여를 통해서 획득되지만, 정치 과정의 관여를 촉진한다는 점에서 사회적 자본과는 구분될 필요가 있다. 사회적 자본만으로는 정치 참여를 기대하기 어렵고, 사회적 자본과 정치 참여 사이를 정치적 자본이 매개할 때 비로소 정치 참여가 활성화된다.

① 사이버공동체를 통해 축적된 사회적 자본에 정치적 자본이 더해질 때 정치 참여가 활성화된다.
② 사회적 자본은 정치적 자본을 포함하기 때문에 그 자체로 정치 참여의 활성화를 가져온다.
③ 사회적 자본이 많은 사회는 정치 참여가 활발하기 때문에 민주주의가 실현된다.
④ 사이버공동체의 특수성으로 인해 시민들의 정치 참여가 어렵게 되었다.

09 다음 문단을 논리적 순서대로 바르게 나열한 것은?

> (가) 콘크리트가 굳은 뒤에 당기는 힘을 제거하면 철근이 줄어들면서 콘크리트에 압축력이 작용하여 외부의 인장력에 대한 저항성이 높아진 프리스트레스트 콘크리트가 만들어진다.
> (나) 이러한 과정을 통해 만들어진 프리스트레스트 콘크리트가 사용된 킴벨 미술관은 개방감을 주기 위하여 기둥 사이를 30m 이상 벌리고 내부의 전시 공간을 하나의 층으로 만들었다.
> (다) 이 간격은 프리스트레스트 콘크리트 구조를 활용하였기에 구현할 수 있었고, 일반적인 철근 콘크리트로는 구현하기 어려웠다.
> (라) 특히 근대 이후에는 급격한 기술의 발전으로 혁신적인 건축 작품들이 탄생할 수 있었고, 건축 재료와 건축 미학의 유기적인 관계는 앞으로도 지속될 것이다.
> (마) 철근 콘크리트는 근대 이후 가장 중요한 건축 재료로 널리 사용되어 왔으며 철근 콘크리트의 인장 강도를 높이려는 연구가 계속되어 프리스트레스트 콘크리트가 등장하였다.
> (바) 이처럼 건축 재료에 대한 기술적 탐구는 언제나 새로운 건축 미학의 원동력이 되어 왔다.
> (사) 이 구조로 이루어진 긴 지붕의 틈새로 들어오는 빛이 넓은 실내를 환하게 채우며 철근 콘크리트로 이루어진 내부를 대리석처럼 빛나게 한다.
> (아) 프리스트레스트 콘크리트는 다음과 같이 제작되는데 먼저, 거푸집에 철근을 넣고 철근을 당긴 상태에서 콘크리트 반죽을 붓는다.

① (가) – (라) – (다) – (아) – (나) – (사) – (마) – (바)
② (가) – (라) – (아) – (다) – (마) – (나) – (바) – (사)
③ (마) – (다) – (아) – (나) – (가) – (바) – (라) – (사)
④ (마) – (아) – (가) – (나) – (다) – (사) – (바) – (라)

10 다음 글에서 틀린 단어의 개수는?

> A형 간염은 A형 간염 바이러스가 주로 간을 침범하는 감염증이다. 감염된 사람과의 직접접촉 또는 오염된 물이나 어패류, 익히지 안은 야채를 섭취하여 감염된다.
> A형 간염은 개발도상국에 토착화되어 있어 대부분 어렸을 때 무증상이나 경미한 감염증을 보인 후 며녁을 획득하게 되며 선진국에서는 드물게 발생한다. 우리나라의 경우 70 ~ 80년대까지는 10세 이후의 청소년과 성인은 대부분이 항채를 가지고 있다고 생각해 전혀 문제가 되지 않았지만 환경위생이 개선됨에 따라 항체의 보유률이 낮아져 90년대에 들어서면서 소아나 청소년들이 항체를 가지고 있지 않은 것으로 나타나 추후 성인이 되어 감염됨으로써 증상을 나타내는 경우가 있다. 점차 감염될 확률이 높아짐에 따라 예방접종을 하는 것이 좋다는 의견이 많다. A형 간염 백신은 2세 이상에서 접종할 수 있으며 연령에 따라 용량이 달라지고 초기 접종 후 4주가 지나면 항체가 형성되어 효과를 나타낸다. 2회 접종을 해야 하며 초회 접종 후 6 ~ 12개월 후에 1회 더 접종한다.

① 1개
② 2개
③ 3개
④ 4개

PART 2

11 주사위를 3번 던졌을 때, 처음에 나온 수가 2번째 던진 수와 3번째 던진 수의 곱이 될 확률은?

① $\frac{1}{100}$
② $\frac{7}{108}$
③ $\frac{4}{9}$
④ $\frac{11}{216}$

12 K지역의 사람들 중 폐렴 보균자일 확률은 20%이고, 항생제 내성이 있을 확률은 75%이다. 이 지역에서 항생제 내성이 있는 사람들 중 폐렴 보균자인 사람의 확률은?(단, 두 사건은 독립사건이다)

① 20%
② 25%
③ 30%
④ 35%

13 어른 3명과 어린아이 3명이 함께 식당에 갔다. 자리가 6개인 원탁에 앉는다고 할 때 앉을 수 있는 경우의 수는?(단, 아이들은 어른들 사이에 앉힌다)

① 8가지
② 12가지
③ 16가지
④ 20가지

14 서울에서 부산까지의 거리는 400km이고 서울에서 부산까지 가는 기차는 120km/h의 속력으로 달리며, 역마다 10분씩 정차한다. 서울에서 9시에 출발하여 부산에 13시 10분에 도착했다면, 기차는 가는 도중 몇 개의 역에 정차하였는가?

① 4개
② 5개
③ 6개
④ 7개

15

가현이는 강의 A지점에서 B지점까지 일정한 속력으로 수영하여 왕복하였다. 가현이가 강물이 흐르는 방향으로 수영을 하면서 걸린 시간은 반대방향으로 거슬러 올라가며 걸린 시간의 0.2배라고 한다. 가현이가 수영한 속력은 강물의 속력의 몇 배인가?

① 0.5배
② 1배
③ 1.5배
④ 2배

16

철수는 이달 초 가격이 30만 원인 전자기기를 할부로 구매하였다. 이달 말부터 매달 일정한 금액을 12개월에 걸쳐 갚는다면 매달 얼마씩 갚아야 하는가?(단, $1.015^{12}=1.2$, 월이율은 1.5%, 1개월마다 복리로 계산한다)

① 18,000원
② 20,000원
③ 25,000원
④ 27,000원

17

일정한 규칙으로 수를 나열할 때, 빈칸에 들어갈 알맞은 수는?

−7	3	2		( )	−4	−13		27	5	−16	

① 15
② 25
③ 30
④ 35

PART 2

18 다음은 주요 대상국별 김치 수출액에 관한 자료이다. 기타를 제외하고 2024년 수출액이 3번째로 많은 국가의 2023년 대비 2024년 김치 수출액의 증감률은?(단, 소수점 셋째 자리에서 반올림한다)

〈주요 대상국별 김치 수출액〉

(단위 : 천 달러, %)

구분	2023년		2024년	
	수출액	점유율	수출액	점유율
일본	44,548	60.6	47,076	59.7
미국	5,340	7.3	6,248	7.9
호주	2,273	3.1	2,059	2.6
대만	3,540	4.8	3,832	4.9
캐나다	1,346	1.8	1,152	1.5
영국	1,919	2.6	2,117	2.7
뉴질랜드	773	1.0	1,208	1.5
싱가포르	1,371	1.9	1,510	1.9
네덜란드	1,801	2.4	2,173	2.7
홍콩	4,543	6.2	4,285	5.4
기타	6,093	8.3	7,240	9.2
합계	73,547	100	78,900	100

① −5.06%
② −5.68%
③ −6.24%
④ −6.82%

※ 다음은 2020 ~ 2024년의 교통수단별 사고건수를 나타낸 자료이다. 이어지는 질문에 답하시오. **[19~20]**

〈2020 ~ 2024년 교통수단별 사고건수〉

(단위 : 건)

구분	2020년	2021년	2022년	2023년	2024년
전동킥보드	8	12	54	81	162
원동기장치 자전거	5,450	6,580	7,480	7,110	8,250
이륜자동차	12,400	12,900	12,000	11,500	11,200
택시	158,800	175,200	168,100	173,000	177,856
버스	222,800	210,200	235,580	229,800	227,256
전체	399,458	404,892	423,214	421,491	424,724

※ 2021년에 이륜자동차 면허에 대한 법률이 개정되었고, 2022년부터 시행되었다.

19 다음 중 자료에 대한 설명으로 옳은 것은?

① 2021년부터 2024년까지 원동기장치 자전거의 사고건수는 매년 증가하고 있다.

② 이륜자동차를 제외하고 2020년부터 2024년까지 교통수단별 사고건수가 가장 많은 해는 2024이다.

③ 2020년 대비 2024년 택시의 사고건수 증가율은 2020년 대비 2024년 버스의 사고건수 증가율보다 낮다.

④ 이륜자동차의 2021년과 2022년의 사고건수의 합은 2020 ~ 2024년 이륜자동차 총 사고건수의 40% 이상이다.

20 다음 중 자료에 대한 판단으로 옳은 것을 〈보기〉에서 모두 고르면?

보기

㉠ 전동킥보드만 매년 사고건수가 증가하는 것으로 보아 이에 대한 대책이 필요하다.

㉡ 원동기장치 자전거의 사고건수가 가장 적은 해에 이륜자동차의 사고건수는 가장 많았다.

㉢ 2022 ~ 2024년 이륜자동차의 사고건수가 전년 대비 감소한 것에는 법률개정도 영향이 있었을 것이다.

㉣ 택시와 버스의 사고건수 증감추이는 해마다 서로 반대이다.

① ㉠, ㉢
② ㉡, ㉣
③ ㉠, ㉡, ㉢
④ ㉠, ㉢, ㉣

PART 2

21 **빨간색, 파란색, 노란색, 초록색의 화분이 있다. 이 화분에 빨강, 파랑, 노랑, 초록 꽃씨를 심으려고 한다. 같은 색깔로는 심지 못하며, 다음 〈조건〉에 따라 심는다고 할 때, 옳지 않은 것은?**

조건

- 빨강 꽃씨를 노란색 화분에 심을 수 없으며, 노랑 꽃씨를 빨간색 화분에 심지 못한다.
- 파랑 꽃씨를 초록색 화분에 심을 수 없으며, 초록 꽃씨를 파란색 화분에 심지 못한다.

① 빨간색 화분에 파랑 꽃씨를 심었다면, 노란색 화분에는 초록 꽃씨를 심을 수 있다.
② 파란색 화분에 빨강 꽃씨를 심었다면, 초록색 화분에는 노랑 꽃씨를 심을 수 있다.
③ 초록색 화분과 노란색 화분에 심을 수 있는 꽃씨의 종류는 같다.
④ 빨간색 화분과 노란색 화분에 심을 수 있는 꽃씨의 종류는 같다.

22 **6층짜리 주택에 A～F가 층별로 각각 입주하려고 한다. 다음 〈조건〉을 지켜야 한다고 할 때, 항상 참인 것은?**

조건

- B와 D 중 높은 층에서 낮은 층의 수를 빼면 4이다.
- B와 F는 인접할 수 없다.
- A는 E보다 밑에 산다.
- D는 A보다 밑에 산다.
- A는 3층에 산다.

① C는 B보다 높은 곳에 산다.
② B는 F보다 높은 곳에 산다.
③ E는 F와 인접해 있다.
④ A는 D보다 낮은 곳에 산다.

23

K공사는 공사 내 미세먼지 정화설비 A～F 6개 중 일부를 도입하고자 한다. 설비들의 호환성에 따른 도입규칙이 다음과 같을 때, 공사에서 도입할 설비를 모두 고르면?

〈호환성에 따른 도입규칙〉

규칙1. A는 반드시 도입한다.
규칙2. B를 도입하지 않으면 D를 도입한다.
규칙3. E를 도입하면 A를 도입하지 않는다.
규칙4. B, E, F 중 적어도 두 개는 반드시 도입한다.
규칙5. E를 도입하지 않고, F를 도입하면 C는 도입하지 않는다.
규칙6. 최대한 많은 설비를 도입한다.

① A, B, C, D
② A, B, C, E
③ A, B, C, F
④ A, B, D, F

24

G대리는 다음 분기에 참여할 연수프로그램을 결정하고자 한다. 〈조건〉에 따라 프로그램을 결정할 때, 다음 중 반드시 참인 것은?

조건

- 다음 분기 연수프로그램으로는 혁신역량강화, 조직문화, 전략적 결정, 일과 가정, 공사융합전략, 미래가치교육 6개가 있다.
- G대리는 혁신역량강화에 참여하면, 조직문화에 참여하지 않는다.
- G대리는 일과 가정에 참여하지 않으면, 미래가치교육에 참여한다.
- G대리는 혁신역량강화와 미래가치교육 중 한 가지만 참여한다.
- G대리는 조직문화, 전략적 결정, 공사융합전략 중 두 가지에 참여한다.
- G대리는 조직문화에 참여한다.
- 별다른 조건이 없을 경우, G대리는 연수프로그램에 최대한 많이 참여한다.

① G대리가 참여할 프로그램 수는 최대 4개이다.
② G대리가 전략적 결정에 참여할 경우, 일과 가정에는 참여하지 않는다.
③ G대리는 혁신역량강화에 참여하고, 일과 가정에 참여하지 않는다.
④ G대리는 전략적 결정과 공사융합전략에 모두 참여한다.

25 신혜와 유민이는 친구의 집에 놀러가서 사과와 포도, 딸기가 담긴 접시를 받았다. 다음 〈조건〉을 바탕으로 할 때, 옳은 것은?

조건

- 사과, 포도, 딸기 중에는 각자 좋아하는 과일이 반드시 있다.
- 신혜는 사과와 포도를 싫어한다.
- 유민이가 좋아하는 과일은 신혜가 싫어하는 과일이다.

① 유민이는 포도를 싫어한다.
② 유민이가 딸기를 좋아하는지 알 수 없다.
③ 신혜는 딸기를 좋아한다.
④ 유민이와 신혜가 같이 좋아하는 과일이 있다.

26 다음은 국내의 화장품 제조 회사에 대한 SWOT 분석 자료이다. 이를 바탕으로 경영전략을 세웠을 때, 〈보기〉에서 옳은 것을 모두 고르면?

〈국내의 화장품 제조 회사에 대한 SWOT 분석 결과〉

강점(Strength)	약점(Weakness)
• 신속한 제품 개발 시스템 • 차별화된 제조 기술 보유	• 신규 생산 설비 투자 미흡 • 낮은 브랜드 인지도
기회(Opportunity)	**위협(Threat)**
• 해외시장에서의 한국 제품 선호 증가 • 새로운 해외시장의 출현	• 해외 저가 제품의 공격적 마케팅 • 저임금의 개발도상국과 경쟁 심화

보기

ㄱ. 새로운 해외시장의 소비자 기호를 반영한 제품을 개발하여 출시한다.
ㄴ. 국내에 화장품 생산 공장을 추가로 건설하여 제품 생산량을 획기적으로 증가시킨다.
ㄷ. 차별화된 제조 기술을 통해 품질 향상과 고급화 전략을 추구한다.
ㄹ. 브랜드 인지도가 낮으므로 해외 현지 기업과의 인수·합병을 통해 해당 회사의 브랜드로 제품을 출시한다.

① ㄱ, ㄴ ② ㄱ, ㄷ
③ ㄴ, ㄷ ④ ㄴ, ㄹ

27 철수는 장미에게 "43 41 54" 메시지를 전송하였다. 메시지를 본 장미는 문자에 대응하는 아스키 코드 수를 16진법으로 표현한 것을 알아냈고 다음 아스키 코드표를 이용하여 해독하고자 한다. 철수가 장미에게 보낸 문자는 무엇인가?

문자	아스키	문자	아스키	문자	아스키	문자	아스키
A	65	H	72	O	79	V	86
B	66	I	73	P	80	W	87
C	67	J	74	Q	81	X	88
D	68	K	75	R	82	Y	89
E	69	L	76	S	83	Z	90
F	70	M	77	T	84	–	–
G	71	N	78	U	85	–	–

① CAT ② SIX
③ BEE ④ CUP

28 K공장에서 제조하는 볼트의 일련번호는 다음과 같이 구성된다. 일련번호는 형태 – 허용압력 – 직경 – 재질 – 용도 순서로 표시할 때, 허용압력이 $18kg/cm^2$이고, 직경이 14mm인 자동차에 쓰이는 스테인리스 육각볼트의 일련번호로 가장 적절한 것은?

형태	사각	육각	팔각	별
	SC	HX	OT	ST
허용압력(kg/cm^2)	10 ~ 20	21 ~ 40	41 ~ 60	61 이상
	L	M	H	P
직경(mm)	8	10	12	14
	008	010	012	014
재질	플라스틱	크롬 도금	스테인리스	티타늄
	P	CP	SS	Ti
용도	항공기	선박	자동차	일반
	A001	S010	M110	E100

① HXL014TiE100 ② HXL014SSS010
③ HXL012CPM110 ④ HXL014SSM110

29 다음 자료와 〈조건〉을 바탕으로 철수, 영희, 민수, 철호가 상품을 구입한 쇼핑몰을 바르게 나열한 것은?

〈이용약관의 주요 내용〉

쇼핑몰	주문 취소	환불	배송비	포인트 적립
A	주문 후 7일 이내 취소 가능	10% 환불수수료+송금수수료 차감	무료	구입 금액의 3%
B	주문 후 10일 이내 취소 가능	환불수수료+송금수수료 차감	20만 원 이상 무료	구입 금액의 5%
C	주문 후 7일 이내 취소 가능	환불수수료+송금수수료 차감	1회 이용 시 1만 원	없음
D	주문 후 당일에만 취소 가능	환불수수료+송금수수료 차감	5만 원 이상 무료	없음
E	취소 불가능	고객 귀책 사유에 의한 환불 시에만 10% 환불수수료	1만 원 이상 무료	구입 금액의 10%
F	취소 불가능	원칙적으로 환불 불가능 (사업자 귀책 사유일 때만 환불 가능)	100g당 2,500원	없음

조건

- 철수는 부모님의 선물로 등산용품을 구입하였는데, 판매자의 업무착오로 배송이 지연되어 판매자에게 전화로 환불을 요구하였다. 판매자는 판매금액 그대로를 통장에 입금해 주었고 구입 시 발생한 포인트도 유지하여 주었다.
- 영희는 옷을 구매할 때 배송료를 고려하여 한 가지씩 여러 번에 나누어 구매하기보다는 가능한 한꺼번에 주문하곤 하였다.
- 인터넷 사이트에서 영화티켓을 20,000원에 구매한 민수는 다음날 같은 티켓을 18,000원에 파는 다른 사이트를 발견하고 전날 주문한 물건을 취소하려 했지만 취소가 되지 않아 곤란을 겪은 적이 있다.
- 가방을 100,000원에 구매한 철호는 도착한 물건의 디자인이 마음에 들지 않아 환불 및 송금수수료와 배송료를 감수하는 손해를 보면서도 환불할 수밖에 없었다.

	철수	영희	민수	철호
①	E	B	C	D
②	F	E	D	B
③	E	D	F	C
④	F	C	E	B

30 G공연기획사는 2025년부터 시작할 지젤 발레 공연 티켓을 Q소셜커머스에서 판매할 예정이다. Q소셜커머스에서 보낸 다음 자료를 토대로 회의를 하였을 때, 대화 내용으로 적절하지 않은 것은?

〈2024년 판매결과 보고〉

공연명	정가	할인율	판매기간	판매량
백조의 호수	80,000원	67%	2024. 02. 12 ~ 2024. 02. 17	1,787장
세레나데 & 봄의 제전	60,000원	55%	2024. 03. 10 ~ 2024. 04. 10	1,200장
라 바야데르	55,000원	60%	2024. 06. 27 ~ 2024. 08. 28	1,356장
한여름 밤의 꿈	65,000원	65%	2024. 09. 10 ~ 2024. 09. 20	1,300장
호두까기 인형	87,000원	50%	2024. 12. 02 ~ 2024. 12. 08	1,405장

※ 할인된 티켓 가격의 10%가 티켓 수수료로 추가된다.
※ 2024년 2월 중순에는 설 연휴가 있었다.

① A사원 : 기본 50% 이상 할인을 하는 건 할인율이 너무 큰 것 같아요.
② B팀장 : 표가 잘 안 팔려서 싸게 판다는 이미지를 줘 공연의 전체적인 질이 낮다는 부정적 인식을 줄 수도 있지 않을까요?
③ C주임 : 연휴 시기와 티켓 판매 일정을 어떻게 고려하느냐에 따라 판매량을 많이 올릴 수 있겠네요.
④ D사원 : 세레나데 & 봄의 제전의 경우 총 수익금이 3,700만 원 이상이겠어요.

PART 2

※ K공사의 투자지원본부는 7월 중에 신규투자할 중소기업을 선정하고자 한다. 다음 자료를 보고 이어지는 질문에 답하시오. [31~32]

〈상황〉

A대리는 신규투자처 선정 일정에 지장이 가지 않는 범위 내에서 연차 2일을 사용해 아내와 베트남으로 여행을 가기로 했다. 신규투자처 선정은 다음의 〈조건〉에 따라 진행된다.

조건

- 신규투자처 선정은 '작년투자현황 조사 → 잠재력 심층조사 → 선정위원회 1차 심사 → 선정위원회 2차 심사 → 선정위원회 최종결정 → 선정결과 발표' 단계로 진행된다.
- 신규투자처 선정은 7월 1일부터 시작한다.
- 작년투자현황 조사와 잠재력 심층조사는 근무일 2일씩, 선정위원회의 각 심사는 근무일 3일씩, 선정위원회 최종결정과 발표는 근무일 1일씩 소요된다.
- 신규투자처 선정의 각 단계는 최소 1일 이상의 간격을 두고 진행해야 한다.
- 투자지원본부장은 신규투자처 선정결과 발표를 7월 26일까지 완료하고자 한다.

7월 달력

일요일	월요일	화요일	수요일	목요일	금요일	토요일
					1	2
3	4	5	6	7	8	9
10	11	12	13	14	15	16
17	18	19	20	21	22	23
24	25	26	27	28	29	30
31						

※ 투자지원본부는 주중에만 근무한다.

※ 주말은 휴일이므로 연차는 주중에 사용한다.

31 다음 중 A대리가 연차를 사용할 수 없는 날짜는?

① 7월 5 ~ 6일
② 7월 7 ~ 8일
③ 7월 11 ~ 12일
④ 7월 19 ~ 20일

32 K공사의 상황에 따라 선정위원회 2차 심사가 7월 19일까지 완료되어야 한다고 한다. 이를 고려하였을 때, 다음 중 A대리가 연차를 사용가능한 날짜로 적절한 것은?

① 7월 7 ~ 8일
② 7월 11 ~ 12일
③ 7월 13 ~ 14일
④ 7월 20 ~ 21일

33 다음 대화에서 시간관리에 대해 바르게 이해하고 있는 사람은?

A사원 : 나는 얼마 전에 맡은 중요한 프로젝트도 무사히 마쳤어. 나는 회사에서 주어진 일을 잘하고 있기 때문에 시간관리도 잘하고 있다고 생각해.
B사원 : 나는 평소에는 일의 진도가 잘 안 나가는 편인데, 마감일을 앞두면 이상하게 일이 더 잘 돼. 나는 오히려 시간에 쫓겨야 일이 잘되니까 괜히 시간을 관리할 필요가 없어.
C사원 : 마감 기한을 넘기더라도 일을 완벽하게 끝내야 한다는 생각은 잘못되었다고 생각해. 물론 완벽하게 일을 끝내는 것도 중요하지만, 모든 일은 정해진 기한을 넘겨서는 안 돼.
D사원 : 내가 하는 일은 시간관리와는 조금 거리가 있어. 나는 영감이 떠올라야 작품을 만들 수 있는데 어떻게 일정에 맞춰서 할 수 있겠어. 시간관리는 나와 맞지 않는 일이야.

① A사원
② B사원
③ C사원
④ D사원

34 철수, 영희, 상수는 재충전 횟수에 따른 업체들의 견적을 비교하여 리튬이온배터리를 구매하려고 한다. 다음 〈조건〉을 참고할 때 옳지 않은 것은?

재충전 \ 누적방수액	유	무
0회 이상 100회 미만	5,000원	5,000원
100회 이상 300회 미만	10,000원	5,000원
300회 이상 500회 미만	20,000원	10,000원
500회 이상 1000회 미만	30,000원	15,000원
12,000회 이상	50,000원	20,000원

조건

철수 : 재충전이 12,000회 이상은 되어야 해.
영희 : 나는 그렇게 많이는 필요하지 않고, 200회면 충분해.
상수 : 나는 무조건 누적방수액을 발라야 해.

① 철수, 영희, 상수가 리튬이온배터리를 가장 저렴하게 구매하는 가격의 합은 30,000원이다.
② 철수, 영희, 상수가 리튬이온배터리를 가장 비싸게 구매하는 가격의 합은 110,000원이다.
③ 영희가 리튬이온배터리를 가장 저렴하게 구매하는 가격은 10,000원이다.
④ 영희가 가장 비싸게 구매하는 가격과 상수가 가장 비싸게 구매하는 가격의 차이는 30,000원 이상이다.

35 시간관리의 중요성을 고려할 때, 다음 중 빈칸에 들어갈 말로 가장 적절한 것은?

시간의 어원으로는 '크로노스(Chronos)'와 '카이로스(Kairos)'가 있다. 크로노스가 그냥 흘러가는 양으로 규정되는 계량적 시간이라면 카이로스는 내용으로 규정되는 질적 시간이다. 진정한 승리자는 ____________하는 자들이다.

① 크로노스의 시간과 카이로스의 시간을 통제
② 크로노스의 시간과 카이로스의 시간을 통합
③ 크로노스의 시간을 카이로스의 시간으로 관리
④ 카이로스의 시간을 크로노스의 시간으로 관리

※ K베이커리 사장은 새로운 직원을 채용하기 위해 아르바이트 공고문을 게재하였다. 다음 자료를 보고 이어지는 질문에 답하시오. **[36~37]**

■ 아르바이트 공고문

- 업체명 : K베이커리
- 업무내용 : 고객응대 및 매장관리
- 지원자격 : 경력, 성별, 학력 무관 / 나이 : 20 ~ 40세
- 근무조건 : 6개월 / 월 ~ 금 / 08:00 ~ 20:00(협의 가능)
- 급여 : 희망 임금
- 연락처 : 010-1234-1234

■ 아르바이트 지원자 명단

성명	성별	나이	근무가능시간	희망 임금	기타
김갑주	여	28	08:00 ~ 16:00	시급 8,000원	• 1일 1회 출근만 가능함 • 최소 2시간 이상 연속 근무하여야 함
강을미	여	29	15:00 ~ 20:00	시급 7,000원	
조병수	남	25	12:00 ~ 20:00	시급 7,500원	
박정현	여	36	08:00 ~ 14:00	시급 8,500원	
최강현	남	28	14:00 ~ 20:00	시급 8,500원	
채미나	여	24	16:00 ~ 20:00	시급 7,500원	
한수미	여	25	10:00 ~ 16:00	시급 8,000원	

※ 근무시간은 지원자가 희망하는 근무시간대 내에서 조절이 가능하다.

36 K베이커리 사장은 최소비용으로 가능한 최대인원을 채용하고자 한다. 매장에는 항상 2명의 직원이 상주하고 있어야 하며, 기존 직원 1명은 오전 8시부터 오후 3시까지 근무를 하고 있다. 다음 지원자 명단을 참고할 때, 누구를 채용하겠는가?(단, 최소비용으로 최대인원을 채용하는 것을 목적으로 하며, 최소 2시간 이상 근무가 가능하면 채용한다)

① 김갑주, 강을미, 조병수
② 김갑주, 강을미, 박정현, 채미나
③ 김갑주, 강을미, 조병수, 채미나, 한수미
④ 강을미, 조병수, 박정현, 최강현, 채미나

37 36번 문제에서 결정한 인원을 채용했을 때, 급여를 한 주 단위로 지급한다면 사장이 지급해야 하는 임금은?(단, 기존 직원의 시급은 8,000원으로 계산한다)

① 805,000원
② 855,000원
③ 890,000원
④ 915,000원

※ 다음은 수발실에서 근무하는 직원들에 대한 근무평정 자료이다. 이어지는 질문에 답하시오. [38~39]

〈정보〉

- 수발실은 공사로 수신되거나 공사에서 발송하는 문서를 분류, 배부하는 업무를 한다. 문서 수발이 중요한 업무인 만큼, 공사는 매분기 수발실 직원별로 사고 건수를 조사하여 다음의 벌점 산정 방식에 따라 벌점을 부과한다.
- 공사는 이번 2분기 수발실 직원들에 대해 벌점을 부과한 후, 이를 반영하여 성과급을 지급하고자 한다.

〈벌점 산정방식〉

- 분기 벌점은 사고 유형별 건수와 유형별 벌점의 곱의 총합으로 계산한다.
- 전분기 무사고였던 직원의 경우, 해당분기 벌점에서 5점을 차감하는 혜택을 부여받는다.
- 전분기에 무사고였더라도, 해당분기 발신사고 건수가 4건 이상인 경우 벌점차감 혜택을 적용받지 못한다.

〈사고 건수당 벌점〉

(단위 : 점)

사고 종류	수신사고		발신사고	
	수신물 오분류	수신물 분실	미발송	발신물 분실
벌점	2	4	4	6

〈2분기 직원별 오류발생 현황〉

(단위 : 건)

직원	수신물 오분류	수신물 분실	미발송	발신물 분실	전분기 총사고 건수
A	–	2	–	4	2
B	2	3	3	–	–
C	2	–	3	1	4
D	–	2	2	2	8
E	1	–	3	2	–

38 벌점 산정방식에 따를 때, 수발실 직원 중 두 번째로 높은 벌점을 부여받는 직원은?

① B직원 ② C직원
③ D직원 ④ E직원

39 K공사는 수발실 직원들의 등수에 따라 2분기 성과급을 지급하고자 한다. 수발실 직원들의 경우 해당 분기 벌점이 적을수록 부서 내 등수가 높다고 할 때, 다음 중 B직원과 E직원이 지급받을 성과급 총액은 얼마인가?

〈성과급 지급 기준〉

- (성과급)=(부서별 성과급 기준액)×(등수별 지급비율)
- 수발실 성과급 기준액 : 100만 원
- 등수별 성과급 지급비율

등수	1등	2～3등	4～5등
지급비율	100%	90%	80%

※ 분기당 벌점이 30점을 초과하는 경우 등수와 무관하게 성과급 기준액의 50%만 지급한다.

① 100만 원 ② 160만 원
③ 180만 원 ④ 190만 원

40 K공사는 업무처리 시 사고를 줄이기 위해 사고 유형별로 벌점을 부과하여 소속 직원의 인사고과에 반영한다. 이를 위해 매달 부서별로 사고 건수를 조사하여 벌점 산정 방식에 따라 벌점을 부과한다. 사고 유형별 벌점과 부서별 당월 사고 유형별 건수 현황이 다음과 같을 때, A～D 중 벌점이 두 번째로 많은 부서는?

〈벌점 산정 방식〉

- 당월 벌점은 사고 유형별 건수와 유형별 벌점의 곱의 총합으로 계산한다.
- 전분기 부서표창을 받은 부서의 경우, 당월 벌점에서 20점을 차감하여 최종 벌점을 계산하는 혜택을 부여한다.
- 전분기 부서표창을 받았더라도, 당월 '의도적 부정행위' 유형의 사고가 3건 이상인 경우 혜택을 적용하지 않는다.

〈사고 유형별 벌점〉

사고 유형	의도적 부정행위	의무 불이행	사소한 과실
벌점	20점	12점	6점

〈부서별 당월 사고 유형별 건수 현황〉

부서	의도적 부정행위	의무 불이행	사소한 과실	전분기 부서표창 여부
A	1건	2건	3건	×
B	1건	4건	2건	○
C	–	3건	6건	×
D	3건	2건	–	○

① A부서　　② B부서
③ C부서　　④ D부서

41 C사원은 베트남에서의 국내 자동차 판매량에 대해 조사를 하던 중에 한 가지 특징을 발견했다. 베트남 사람들은 간접적인 방법을 통해 구매하는 것보다 매장에 직접 방문해 구매하는 것을 더 선호한다는 사실이다. 이를 참고하여 C사원이 기획한 신사업 전략으로 옳지 않은 것은?

① 인터넷과 TV광고 등 비대면채널 홍보를 활성화한다.
② 쾌적하고 깔끔한 매장 환경을 조성한다.
③ 언제 손님이 방문할지 모르므로 매장에 항상 영업사원을 배치한다.
④ 매장 곳곳에 홍보물을 많이 비치해둔다.

42 다음 중 업무수행 성과를 높이기 위한 행동전략을 잘못 사용하고 있는 사람은?

A사원 : 저는 해야 할 일이 생기면 미루지 않고, 그 즉시 바로 처리하려고 노력합니다.
B사원 : 저는 여러 가지 일이 생기면 비슷한 업무끼리 묶어서 한 번에 처리하곤 합니다.
C대리 : 저는 다른 사람이 일하는 방식과 다른 방식으로 생각하여 더 좋은 해결책을 발견하기도 합니다.
D대리 : 저도 C대리의 의견과 비슷합니다. 저는 저희 팀의 업무 지침이 마음에 들지 않아 저만의 방식을 찾고자 합니다.

① A사원
② B사원
③ C대리
④ D대리

43 다음 글에서 알 수 있는 조직의 사례로 적절하지 않은 것은?

조직은 두 사람 이상이 공동의 목표를 달성하기 위해 의식적으로 구성된 상호작용과 조정을 행하는 행동의 집합체이다. 그러나 단순히 사람들이 모였다고 해서 조직이라고 하지는 않는다. 조직은 목적과 구조가 있으며, 목적을 달성하기 위해 구성원들은 서로 협동적인 노력을 하고, 외부 환경과도 긴밀한 관계를 맺고 있다. 조직은 일반적으로 재화나 서비스의 생산이라는 경제적 기능과 구성원들에게 만족감을 주고 협동을 지속시키는 사회적 기능을 갖는다.

① 병원에서 일하고 있는 의사와 간호사
② 유기견을 구조하고 보호하는 시민단체
③ 백화점에 모여 있는 직원과 고객
④ 편의점을 운영 중인 가족

44 **경영참가제도는 근로자를 경영과정에 참가하게 하여 공동으로 문제를 해결하고 이를 통해 노사 간의 균형을 이루며, 상호신뢰로 경영의 효율을 향상시키는 제도이다. 경영참가제도의 유형은 자본참가, 성과참가, 의사결정참가로 구분되는데, 다음 중 자본참가에 해당하는 사례는?**

① 임직원들에게 저렴한 가격으로 일정 수량의 주식을 매입할 수 있게 권리를 부여한다.

② 위원회제도를 활용하여 근로자의 경영참여와 개선된 생산의 판매가치를 기초로 성과를 배분한다.

③ 부가가치의 증대를 목표로 하여 이를 노사협력체제를 통해 달성하고, 이에 따라 증가된 생산성 향상분을 노사 간에 배분한다.

④ 천재지변의 대응, 생산성 하락, 경영성과 전달 등과 같이 단체교섭에서 결정되지 않은 사항에 대하여 노사가 서로 협력할 수 있도록 한다.

45 **다음 빈칸에 들어갈 용어에 대한 설명으로 옳지 않은 것은?**

> 조직과 환경은 영향을 주고받는다. 조직도 환경에 영향을 미치기는 하지만, 환경은 조직의 생성, 지속 및 발전에 지대한 영향력을 가지고 있다. 오늘날 조직을 둘러싼 환경은 급변하고 있으며, 조직은 생존하기 위하여 이러한 환경의 변화를 읽고 적응해 나가야 한다. 이처럼 환경의 변화에 맞춰 조직이 새로운 아이디어나 행동을 받아들이는 것을 ______________(이)라고 한다.

① 환경의 변화를 인지하는 데에서 시작된다.

② 조직의 세부목표나 경영방식을 수정하거나, 규칙이나 규정 등을 새로 제정하기도 한다.

③ 조직의 목적과 일치시키기 위해 구성원들의 사고방식 변화를 방지한다.

④ 신기술의 발명을 통해 생산성을 높일 수도 있다.

46 **A사원은 최근 들어 부쩍 업무효율성이 떨어진다고 느낀다. 하루에 해야 할 일을 다 마무리하지 못한 채 퇴근시간을 맞고, 결국 남아서 잔업을 하기 일쑤이기 때문이다. 이를 개선하기 위해 A사원은 업무를 방해하는 요소들을 모두 적어보기로 했다. A사원의 문제에 대한 해결방안으로 적절하지 않은 것은?**

〈업무 방해요인〉

- 내부 메신저를 통해 동료와 잡담을 하는 일이 종종 있다.
- 타 지점에서 오는 메일과 전화 응대로 개인 업무 시간을 뺏긴다.
- 업무 진행 시 직속상사와의 의견 불일치가 종종 발생한다.
- 최근 퇴사한 사원들로 인해 업무과중 상태이다.
- 매출압박에 대한 스트레스로 밤잠을 설쳐 늘 피곤한 상태이다.

① 시간대별로 업무를 효율적으로 분배함으로써 주어진 시간 안에 업무를 처리한다.

② 메일에 대한 답장은 하루 중 시간을 정해서 하고, 전화통화는 길게 통화할 필요가 있는 사항이 아니라면 3분 이내에 마무리한다.

③ 의견 불일치가 부정적인 것만은 아니라는 인식하에, 협상과 충분한 대화를 통한 의견 일치와 합리적인 해결점을 찾는다.

④ 동료가 말을 걸면 답해야 한다는 강박관념에서 벗어나기 위해 내부 메신저는 시간을 정해놓고 필요할 때만 로그인한다.

47 **다음과 같은 제품 개발 프로세스 모델에 대한 설명으로 적절하지 않은 것은?**

아이디어, 고객 수요 가설 수립 → 최소 요건 제품(시제품) 개발 → 고객 선호도 파악, 제품 개선 → 마케팅 전략 수립 → 제품 판매

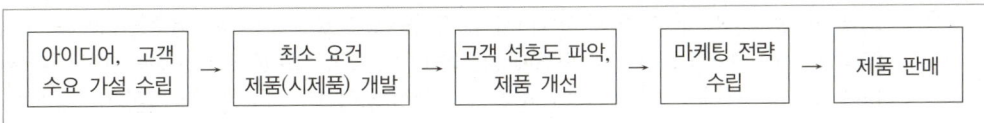

① 일본 도요타자동차의 린 제조 방식에서 차용하였다.

② 만들기, 측정, 학습의 과정을 반복하면서 꾸준히 혁신한다.

③ 제품 생산의 전 프로세스에서 낭비를 줄이고 최대 효율을 내는 방식이다.

④ 제품 개발이 끝날 때까지 전 과정을 비밀로 한다.

48 **다음은 조직 목표의 특징을 정리한 자료이다. 이때 옳지 않은 내용은 총 몇 가지인가?**

> 〈조직 목표의 특징〉
>
> • 공식적 목표와 실제적 목표가 다를 수 있다.
> • 다수의 조직 목표를 추구할 수 있다.
> • 조직 목표 간에는 수평적 상호관계가 있다.
> • 불변적 속성을 가진다.
> • 조직의 구성요소와 상호관계를 가진다.

① 1가지
② 2가지
③ 3가지
④ 4가지

49 **다음 중 ㉠, ㉡에 대한 설명으로 옳은 것은?**

> 조직 구조는 조직마다 다양하게 이루어지며, 조직 목표의 효과적 달성에 영향을 미친다. 조직 구조에 대한 많은 연구를 통해 조직 구조에 영향을 미치는 요인으로는 조직의 전략, 규모, 기술, 환경 등이 있음을 확인할 수 있다. 이에 따라 ㉠ 기계적 조직 혹은 ㉡ 유기적 조직으로 설계된다.

① ㉠은 의사결정 권한이 조직의 하부구성원들에게 많이 위임되어 있다.
② ㉡은 상하 간의 의사소통이 공식적인 경로를 통해 이루어진다.
③ ㉠은 규제나 통제의 정도가 낮아 의사소통 결정이 쉽게 변할 수 있다.
④ 안정적이고 확실한 환경에서는 ㉠이, 급변하는 환경에서는 ㉡이 적합하다.

50 김팀장은 이대리에게 다음과 같은 업무지시를 내렸고, 이대리는 김팀장의 업무 지시에 따라 자신의 업무 일정을 정리하였다. 이대리의 업무에 대한 설명으로 적절하지 않은 것은?

> 이대리, 오늘 월요일 정기회의 진행에 앞서 이번 주 업무에 대해서 미리 전달할게요. 먼저, 이번 주 금요일에 진행되는 회사 창립 기념일 행사 준비는 잘 되고 있나요? 행사 진행 전에 확인해야 할 사항들에 대해 체크리스트를 작성해서 수요일 오전까지 저에게 제출해 주세요. 그리고 행사가 끝난 후에는 총무팀 회식을 할 예정입니다. 이대리가 적당한 장소를 결정하고, 목요일 퇴근 전까지 예약이 완료될 수 있도록 해 주세요. 아! 그리고 내일 오후 3시에 진행되는 신입사원 면접과 관련해서 오늘 퇴근 전까지 면접 지원자에게 다시 한 번 유선으로 참여 여부를 확인하고, 정확한 시간과 준비사항 등의 안내를 부탁할게요. 참! 지난주 영업팀이 신청한 비품도 주문해야 합니다. 오늘 오후 2시 이전에 발주하여야 영업팀이 요청한 수요일 전에 배송 받을 수 있다는 점 기억하세요. 자, 그럼 바로 회의 진행하도록 합시다. 그리고 오늘 회의 내용은 이대리가 작성해서 회의가 끝난 후 바로 사내 인트라넷 게시판에 공유해 주세요.

〈9월 첫째 주 업무 일정〉

㉠ 회의록 작성 및 사내 게시판 게시
㉡ 신입사원 면접 참여 여부 확인 및 관련 사항 안내
㉢ 영업팀 신청 비품 주문
㉣ 회사 창립 기념일 행사 준비 관련 체크리스트 작성
㉤ 총무팀 회식 장소 예약

① 이대리가 가장 먼저 처리해야 할 업무는 ㉠이다.
② 이대리는 ㉡보다 ㉢을 우선 처리하는 것이 좋다.
③ ㉠, ㉡, ㉢은 월요일 내에 모두 처리해야 한다.
④ ㉤은 회사 창립 기념일 행사가 끝나기 전까지 처리해야 한다.

PART 2

제2회
최종점검 모의고사

※ 경기도 공공기관 통합채용 최종점검 모의고사는 2024년 하반기 채용 공고와 시험 후기를 기준으로 구성한 것으로, 실제 시험과 다를 수 있습니다.

취약영역 분석

번호	O/×	영역
01		의사소통능력
02		문제해결능력
03		
04		수리능력
05		조직이해능력
06		의사소통능력
07		
08		자원관리능력
09		
10		수리능력
11		자원관리능력
12		
13		문제해결능력
14		
15		의사소통능력
16		수리능력
17		조직이해능력

번호	O/×	영역
18		문제해결능력
19		수리능력
20		의사소통능력
21		
22		자원관리능력
23		조직이해능력
24		수리능력
25		의사소통능력
26		문제해결능력
27		
28		조직이해능력
29		문제해결능력
30		수리능력
31		자원관리능력
32		
33		
34		의사소통능력

번호	O/×	영역
35		수리능력
36		
37		의사소통능력
38		조직이해능력
39		
40		자원관리능력
41		문제해결능력
42		
43		조직이해능력
44		
45		의사소통능력
46		수리능력
47		조직이해능력
48		자원관리능력
49		조직이해능력
50		수리능력

평가문항	50문항	평가시간	50분
시작시간	:	종료시간	:
취약영역			

제 2 회 최종점검 모의고사

응시시간 : 50분　문항 수 : 50문항

정답 및 해설 p.052

01 다음 글의 내용으로 적절하지 않은 것은?

1986년부터 2년에 걸쳐 조사된 백제 시대의 공산성에서는 원형의 인공 연못이 발굴되었다. 일반적으로 연못을 조성하는 방법은 지면을 깊게 파고 그 가장자리에 자연석으로 경계면을 쌓아 만드는 것이다. 발굴될 당시에는 '500년에 백제의 동성왕이 공산성 안에 못을 파 놀이터로 삼았으며'라는 『삼국사기』의 기록에 근거하여 공산성의 원형 연못도 이러한 방식으로 만들어진 것으로 추정하였다. 그러나 2004년 탄성파 굴절법으로 연못 지반의 특성을 조사하는 과정에서 공산성 원형 연못의 조성 방식이 일반적인 방식과는 차이가 있음을 알게 되었다.

탄성파 굴절법은 인공 지진파를 이용하여 지하에 매장되어 있는 석유, 가스와 같은 광물 자원을 탐사하기 위한 것이었는데, 궁궐터나 절터 등 문화재를 발굴하는 방법으로도 활용되고 있다. 탐사를 위해서는 먼저 해머 등으로 인공 지진파를 발생시켜야 한다. 인공 지진파는 지표와 지하를 이동하여 지표에 설치된 여러 수진기에 기록이 되는데, 이때 지표를 따라 수진기에 도달하는 직접파와 지하의 매질의 특성에 따라 서로 다르게 도착하는 굴절파로 나뉜다. 직접파는 진원지에서 출발하여 일정한 시간이 지나 수진기에 도착한다. 이와 달리 굴절파는 지하의 깊이와는 상관없이, 구성하고 있는 매질*의 성격에 따라 이동하는 속도가 달라지는데 강도가 강한 매질을 통과한 굴절파일수록 빨라지게 된다. 따라서 직접파가 기준이 되어 굴절파들의 도착 속도를 비교하면 지하를 구성하고 있는 지반의 특성을 알 수 있게 되는 것이다. 이런 방법으로 탐사한 결과인 표준 암반 기준에 의하면 굴절파의 속도가 200 ~ 700m/s는 다져지지 않은 풍화토층, 700 ~ 1,200m/s는 인공적인 힘에 의해 다져진 인공 다짐층, 1,200 ~ 1,900m/s의 경우는 보통암인 기반암으로 분류하고 있다.

공산성의 원형 연못 주변을 탐사한 결과, 공산성의 지반은 대략적으로 3층으로 구성되어 있음이 밝혀졌다. 첫 번째 층은 굴절파가 약 300m/s 속도를 가진 2m 두께의 풍화토층, 중간층은 약 900m/s 속도를 보인 4m 두께의 인공 다짐층이며 최하부층은 2,500m/s의 속도와 약 7 ~ 10m의 범위를 보여주는 기반암임을 알 수 있었다. 따라서 오랜 세월의 흐름으로 자연히 쌓인 풍화토를 제외한다면 공산성 연못에는 인공적으로 만든 기초 지반이 형성되어 있을 가능성이 제기된 것이다. 다시 말해 공산성 원형 연못은 지면을 파서 연못을 조성한 것으로 보기보다는 일반적인 건축물을 지을 때와 같이 기반암 위에 인공적인 다짐층을 형성하고 그 위에 연못을 조성하는 쌓아 올림의 방식으로 만들어졌을 것으로 파악된다.

*매질 : 파동을 매개하는 물질

① 인공 지진파는 직접파와 굴절파로 나뉜다.

② 역사적 자료를 통해 유적지 조성 방식을 추측할 수 있다.

③ 탄성파 굴절법으로 액체와 기체의 광물도 탐사할 수 있다.

④ 탄성파 굴절법의 굴절파는 지하로 깊이 내려갈수록 속도가 빨라진다.

※ A씨는 다음 규칙에 따라 자신의 금고 암호를 요일별로 바꾸어 사용하려 한다. 이어지는 질문에 답하시오. [2~3]

〈규칙〉

1. 한글 자음은 알파벳 a ~ n으로 치환하여 입력한다.
   예 ㄱ, ㄴ, ㄷ → a, b, c
   – 된소리 ㄲ, ㄸ, ㅃ, ㅆ, ㅉ는 치환하지 않고 그대로 입력한다.
2. 한글 모음 ㅏ, ㅑ, ㅓ, ㅕ, ㅗ, ㅛ, ㅜ, ㅠ, ㅡ, ㅣ는 알파벳 대문자 A ~ J로 치환하여 입력한다.
   예 ㅏ, ㅑ, ㅓ → A, B, C
   – 위에 해당하지 않는 모음은 치환하지 않고 그대로 입력한다.
3. 띄어쓰기는 반영하지 않는다.
4. 숫자 1 ~ 7을 요일별로 요일 순서에 따라 암호 첫째 자리에 입력한다.
   예 월요일 → 1, 화요일 → 2 … 일요일 → 7

02

A씨가 자신의 금고에 목요일의 암호인 '완벽해'를 치환하여 입력하려 할 때, 입력할 암호로 옳은 것은?

① 3hㅘbfDanㅐ
② 4hㅘbfDanㅐ
③ 4hEAbfDanㅐ
④ 4jJgAnㅐ

03

다음 중 암호와 치환하기 전의 문구가 바르게 연결된 것은?

① 7hEeFnAcA → 일요일의 암호 '조묘하다'
② 3iJfhㅔaAbcA → 수요일의 암호 '집에가다'
③ 2bAaAbEdcA → 화요일의 암호 '나가돌다'
④ 6cEbhIdeCahIe → 토요일의 암호 '돈을먹음'

04 다음은 한국소비자원이 20개 품목의 권장소비자가격과 판매가격의 괴리율을 조사한 자료이다. 이에 대한 설명으로 옳지 않은 것은?

〈권장소비자가격과 판매가격의 괴리율〉

(단위 : 개, 원, %)

구분	조사 제품 수			권장소비자가격과 판매가격의 괴리율		
	합계	정상가 판매 제품 수	할인가 판매 제품 수	권장소비자 가격	정상가 판매 괴리율	할인가 판매 괴리율
세탁기	43	21	22	640,000	23.1	25.2
유선전화기	27	11	16	147,000	22.9	34.5
와이셔츠	32	25	7	78,500	21.7	31.0
기성신사복	29	9	20	337,500	21.3	32.3
VTR	44	31	13	245,400	20.5	24.3
진공청소기	44	20	24	147,200	18.7	21.3
가스레인지	33	15	18	368,000	18.0	20.0
냉장고	41	23	18	1,080,000	17.8	22.0
무선전화기	52	20	32	181,500	17.7	31.6
청바지	33	25	8	118,400	14.8	52.0
빙과	19	13	6	2,200	14.6	15.0
에어컨	44	25	19	582,000	14.5	19.8
오디오세트	47	22	25	493,000	13.9	17.7
라면	70	50	20	1,080	12.5	17.2
골프채	27	22	5	786,000	11.1	36.9
양말	30	29	1	7,500	9.6	30.0
완구	45	25	20	59,500	9.3	18.6
정수기	17	4	13	380,000	4.3	28.6
운동복	33	25	8	212,500	4.1	44.1
기성숙녀복	32	19	13	199,500	3.0	26.2

※ 권장소비자가격과 판매가격의 괴리율(%) $= \frac{(\text{권장소비자가격})-(\text{판매가격})}{(\text{권장소비자가격})} \times 100$

※ 정상가 : 할인판매를 하지 않는 상품의 판매가격

※ 할인가 : 할인판매를 하는 상품의 판매가격

① 정상가 판매 시 괴리율과 할인가 판매 시 괴리율의 차가 가장 큰 종목은 청바지이다.

② 할인가 판매제품 수가 정상가 판매제품 수보다 많은 품목은 8개이다.

③ 할인가 판매제품 수와 정상가 판매제품 수의 차이가 가장 크게 나는 품목은 라면이다.

④ 권장소비자가격과 정상 판매가격의 격차가 가장 큰 품목은 세탁기이고, 가장 작은 품목은 기성숙녀복이다.

05 직무 전결 규정상 전무이사가 전결인 '과장의 국내출장 건'의 결재를 시행하고자 한다. 박기수 전무이사가 해외출장으로 인해 부재중이어서 직무대행자인 최수영 상무이사가 결재하였다. 〈보기〉 중 적절하지 않은 것을 모두 고르면?

> **보기**
>
> ㄱ. 최수영 상무이사가 결재한 것은 전결이다.
> ㄴ. 공문의 결재표 상에는 '과장 최경옥, 부장 김석호, 상무이사 전결, 전무이사 최수영'이라고 표시되어 있다.
> ㄷ. 박기수 전무이사가 출장에서 돌아와서 해당 공문을 검토하는 것은 후결이다.
> ㄹ. 전결사항은 부재중이더라도 돌아와서 후결을 하는 것이 원칙이다.

① ㄱ, ㄴ　　② ㄱ, ㄹ
③ ㄱ, ㄴ, ㄹ　　④ ㄴ, ㄷ, ㄹ

06 다음 밑줄 친 부분의 띄어쓰기가 모두 옳은 것은?

① 일과 여가 두가지를 어떻게 조화시키느냐하는 문제는 항상 인류의 관심대상이 되어 왔다.
② 최선의 세계를 만들기 위해서 무엇 보다 이 세계에 있는 모든 대상이 지닌 성질을 정확하게 인식해야 만 한다.
③ 내로라하는 영화배우 중 내 고향 출신도 상당수 된다. 그래서 자연스럽게 영화배우를 꿈꿨고, 그러다 보니 영화는 내 생활의 일부가 되었다.
④ 실기시험은 까다롭게 심사하는만큼 준비를 철저히 해야 한다. 한 달 간 실전처럼 연습하면서 시험에 대비하자.

07 다음 글의 빈칸에 들어갈 한자성어로 가장 적절한 것은?

> 선물이 진솔한 정감을 실어 보내거나 잔잔한 애정을 표현하는 마음의 일단이면 얼마나 좋으랴. 그런데 ________이라는 말도 잊었는지 요즘 사람들은 너도나도 형식화하는 물량 위주로 치닫는 경향이다.

① 과유불급(過猶不及)　　② 소탐대실(小貪大失)
③ 안하무인(眼下無人)　　④ 위풍당당(威風堂堂)

※ A대리는 사내 워크숍 진행을 위해 연수원을 예약하려 한다. 다음 자료를 보고 이어지는 질문에 답하시오. **[8~9]**

〈K연수원 예약안내〉

■ **예약절차 : 견적 요청 ⇨ 견적서 발송 ⇨ 계약금 입금 ⇨ 예약 확정**

※ 계약금 : 견적금액의 10%

■ **이용요금 안내**

• 교육시설사용료

위치	품목	1일 시설사용료	최대 수용인원	기본요금
신관	대강당	15,000원/인	150명	1,500,000원
	1강의실		80명	800,000원
본관	2강의실		70명	700,000원
	3강의실		50명	500,000원
	1세미나실		30명	300,000원
	2세미나실		20명	200,000원
	3세미나실		10명	100,000원

※ 숙박 시 1일 시설사용료는 기본요금으로 책정한다.

• 숙박시설

위치	품목	타입	기본인원	최대인원	기본금액	1인 추가요금
본관	13평형	온돌	4인	5인	100,000원	10,000원
	25평형	온돌	7인	8인	150,000원	
신관	30평형	침대	10인	12인	240,000원	

• 식사

구분	제공메뉴	기본금액	장소
자율식	오늘의 메뉴	8,000원	실내식당
차림식	오늘의 메뉴	15,000원	

■ **예약취소안내**

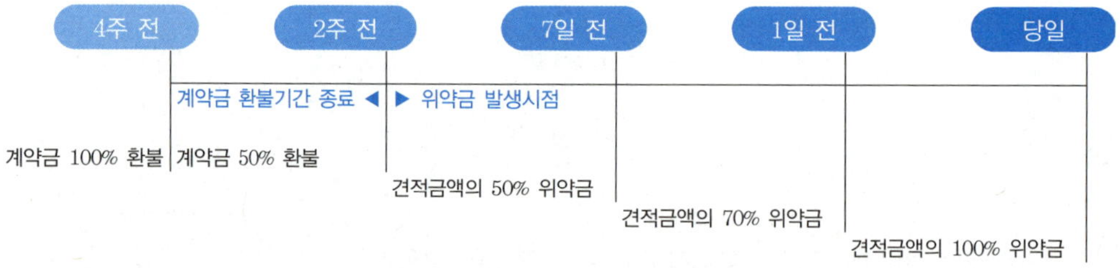

08 A대리는 다음과 같은 부서장의 지시에 따라 워크숍 장소를 예약하였다. 그리고 사전예약 이벤트로 10%의 할인을 받았다. K연수원에 내야 할 계약금은 얼마인가?

> 부서장 : A대리, 올해 워크숍은 하루 동안 진행하기로 결정이 되었어요. 매년 진행하던 K연수원에서 진행할 것이니 미리 예약해 주세요. 그리고 참석인원은 총 50명이고, 식사는 점심, 저녁 2회 실시할 예정입니다. 숙박인원은 없으니까 별도로 예약할 필요는 없어요. 이번 워크숍에 배정된 예산이 2백만 원인데, 여유가 된다면 저녁은 차림식으로 하죠. 참, 교육은 두 가지 프로그램으로 진행할 예정이에요. 두 곳에서 인원을 대략 절반으로 나눠 로테이션 방식으로 진행할 겁니다. 강의실 예약 시 참고해 주세요.

① 139,500원 ② 148,500원

③ 171,000원 ④ 190,000원

09 회사의 부득이한 사정으로 워크숍을 진행하기로 했던 날의 10일 전에 취소를 하였다. 이때, 예약취소로 인해 입은 손해는 얼마인가?

① 0원 ② 85,500원

③ 95,000원 ④ 855,000원

10 다음은 K국에서 2024년에 채용된 공무원 인원에 대한 자료이다. 이에 대한 설명으로 옳은 것을 〈보기〉에서 모두 고르면?

〈K국의 2024년 공무원 채용 인원〉

(단위 : 명)

구분	공개경쟁채용	경력경쟁채용	합계
고위공무원	–	73	73
3급	–	17	17
4급	–	99	99
5급	296	205	501
6급	–	193	193
7급	639	509	1,148
8급	–	481	481
9급	3,000	1,466	4,466
연구직	17	357	374
지도직	–	3	3
우정직	–	599	599
전문경력관	–	104	104
전문임기제	–	241	241
한시임기제	–	743	743
합계	3,952	5,090	9,042

※ 채용방식은 공개경쟁채용과 경력경쟁채용으로만 이루어진다.

※ 공무원 구분은 자료에 제시된 것으로 한정된다.

보기

㉠ 2024년에 공개경쟁채용을 통해 채용이 이루어진 공무원 구분은 총 4개이다.

㉡ 2024년 우정직 채용 인원은 7급 채용 인원의 절반보다 많다.

㉢ 2024년에 공개경쟁채용을 통해 채용이 이루어진 직책은 공개경쟁채용 인원이 경력경쟁채용 인원보다 많다.

㉣ 2025년부터 공무원 채용 인원 중 9급 공개경쟁채용 인원만을 해마다 전년 대비 10%씩 늘리고 그 외 나머지 채용 인원을 2024년과 동일하게 유지하여 채용한다면, 2026년 전체 공무원 채용 인원 중 9급 공개경쟁채용 인원의 비중은 40% 이하이다.

① ㉠, ㉡　　② ㉠, ㉢

③ ㉢, ㉣　　④ ㉠, ㉡, ㉣

※ K공사는 직원들의 명함을 다음 명함 제작 기준에 따라 제작한다. 이어지는 질문에 답하시오. **[11~12]**

〈명함 제작 기준〉

(단위 : 원)

구분	100장	+50장
국문	10,000	3,000
영문	15,000	5,000

※ 고급종이로 제작할 경우 정가의 10% 가격을 추가한다.

11 올해 신입사원이 입사해서 국문 명함을 만들었다. 명함은 1인당 150장씩 지급하며, 일반종이로 만들어 총 제작비용은 195,000원이다. 신입사원은 총 몇 명인가?

① 12명
② 13명
③ 14명
④ 15명

12 이번 신입사원 중 해외영업 부서로 배치받은 사원이 있다. 해외영업부 사원들에게는 고급종이로 영문 명함을 200장씩 만들어 주려고 한다. 총인원이 8명일 때 총가격은 얼마인가?

① 158,400원
② 192,500원
③ 210,000원
④ 220,000원

※ 다음은 K공사의 직원채용절차에 대한 자료이다. 이어지는 질문에 답하시오. [13~14]

■ 직원채용절차

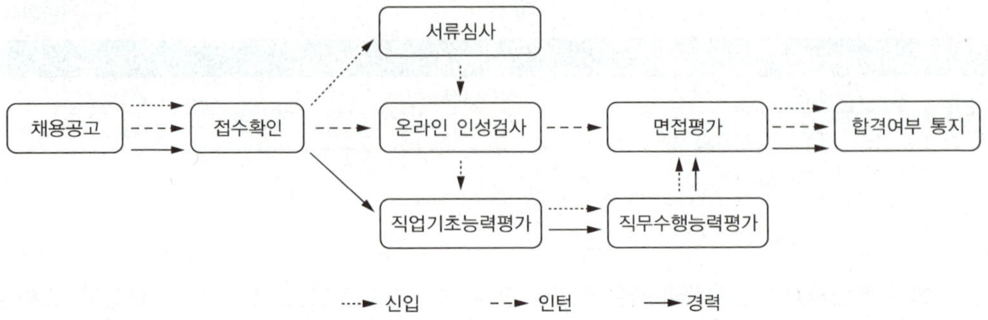

■ 채용단계별 처리비용

채용단계	1건당 처리비용	채용단계	1건당 처리비용
접수확인	500원	서류심사	1,500원
온라인 인성검사	1,000원	직업기초능력평가	3,000원
직무수행능력평가	2,500원	면접평가	3,000원
합격여부 통지	500원	–	–

※ 단계별 1건당 처리비용은 지원유형에 관계없이 동일하다.

■ 지원현황

지원유형	신입	인턴	경력
접수	20건	24건	16건

13 K공사는 신입 · 인턴 · 경력직원을 채용하는 과정에서 드는 비용을 예산을 넘지 않는 수준에서 최대한 사용하려고 하였으나, 실제로는 초과되었다. 예산이 50만 원이라면, 다음 중 어떤 단계를 생략했어야 하는가?(단, 접수확인 및 합격여부 통지는 생략할 수 없다)

① 신입 – 온라인 인성검사
② 경력 – 직업기초능력평가
③ 인턴 – 면접평가
④ 신입 – 직무수행능력평가

PART 2

14 K공사의 인사부장은 채용절차를 축소하는 것보다 전형별 합불제를 도입하는 것이 예산 안에서 더 많은 지원자를 수용할 수 있다는 의견을 밝혔다. 이를 검토하기 위해 다음과 같은 〈조건〉을 세워 시뮬레이션을 하였다면, 예산 안에서 최대 몇 명의 지원자를 수용할 수 있는가?

조건

Input	• 대상 : 경력사원 채용절차 • 예산 : 220,000원
Condition	• 전형별 합격률
Output	• 지원자 수 : ? • 합격자 수 : ?

전형	서류심사	온라인 인성검사	직업기초 능력평가	직무수행 능력평가	면접평가
합격률	80%	50%	50%	40%	50%

• 접수확인 및 합격여부 통지 비용을 함께 고려함(단, 합격여부 통지는 면접평가자에 한함)

① 10명
② 20명
③ 30명
④ 40명

15 다음 제시된 문단에 이어질 내용을 논리적 순서대로 바르게 나열한 것은?

> 청화백자란 초벌구이한 백자에 코발트 안료를 사용하여 장식한 후 백자 유약을 시유(施釉)하여 구운 그릇을 말한다.

(가) 원대에 제작된 청화백자는 잘 정제되고 투명한 색상을 보이며, 이슬람의 문양과 기형을 중국의 기술과 전통적인 도자(陶瓷) 양식에 결합시킨 전 세계인의 애호품이자 세계적인 무역품이었다. 이러한 청화백자는 이전까지 유행하던 백자 바탕에 청자 유약을 입혀 청백색을 낸 청백자를 밀어내고 중국 최고의 백자로 자리매김하였다.

(나) 조선시대 청화백자의 특징은 문양의 주제와 구도, 필치(筆致) 등에서 찾을 수 있다. 조선시대 청화백자는 19세기 이전까지 대부분 조선 최고의 도화서 화원들이 그림을 담당한 탓에 중국이나 일본과 비교할 때 높은 회화성을 유지할 수 있었다. 또한 여백을 중시한 구도와 자연스러운 농담(濃淡) 표현, 놀라운 필치 그리고 여러 상징 의미를 재현한 문양 주제들도 볼 수 있었다. 청화백자에 사용된 문양들은 단지 장식적인 효과를 고려하여 삽입된 것도 있지만 대부분은 그 상징 의미를 고려한 경우가 많았다.

(다) 청화백자가 우리나라에서 제작된 것은 조선시대부터였다. 전세계적인 도자(陶瓷) 상품인 청화백자에 대한 정보와 실제 작품이 유입되자 소유와 제작의 열망이 점차 커졌고, 이후 제작에도 성공하게 되었다. 청화백자의 유입 시기는 세종과 세조 연간에 집중되었으며 본격적으로 코발트 안료를 찾기 위한 탐색을 시작하였다. 이후 수입된 청화 안료로 도자(陶瓷) 장인과 화원들의 손을 거쳐 결국 조선에서도 청화백자 제작이 이루어지게 되었다.

(라) 청화백자의 기원은 멀리 9세기 중동의 이란 지역에서 비롯되는데 이때는 자기(瓷器)가 아닌 굽는 온도가 낮은 하얀 도기(陶器) 위에 코발트를 사용하여 채색을 시도하였다. 이러한 시도가 백자 위에 결실을 맺은 것은 14세기 원대에 들어서의 일이다. 이전 당·송대에도 여러 차례 시도는 있었지만 오늘날과 같은 1,250도 이상 높은 온도로 구운 백자가 아닌 1,000도 이하의 낮은 온도로 구운 채색 도기여서 일반적으로 이야기하는 청화백자로 보기에는 부족함이 많았다.

① (다) – (나) – (라) – (가)
② (다) – (라) – (가) – (나)
③ (라) – (가) – (다) – (나)
④ (라) – (다) – (가) – (나)

16 다음은 연대별로 정리한 유지관리 도로 거리 변천에 대한 자료이다. 이에 대한 설명으로 옳지 않은 것은?(단, 비중은 소수점 둘째 자리에서 반올림한다)

〈연대별 유지관리 도로 거리〉

(단위 : km)

구분	2차로	4차로	6차로	8차로	10차로	비고
1960년대	–	304.7	–	–	–	–
1970년대	761.0	471.8	–	–	–	–
1980년대	667.7	869.5	21.7	–	–	–
1990년대	367.5	1,322.6	194.5	175.7	–	–
2000년대	155.0		450.0	342.0	–	27개 노선
현재	–	3,130.0	508.0	434.0	41.0	29개 노선

〈연대별 유지관리 도로 총거리〉

(단위 : km)

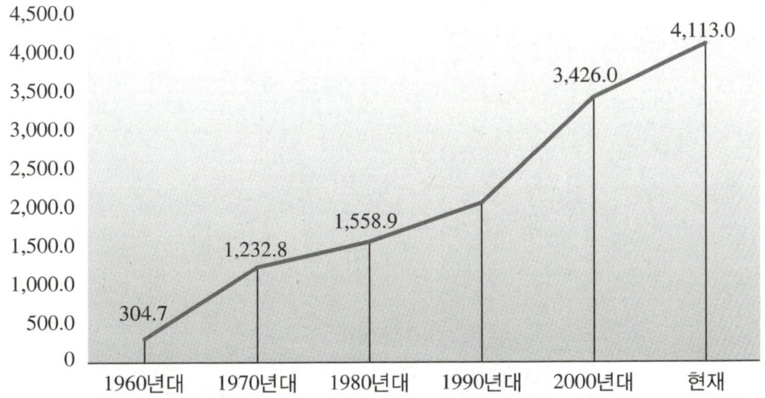

① 1960년대부터 유지관리하는 4차로 도로의 거리는 현재까지 계속 증가했다.

② 현재 유지관리하는 도로 한 노선의 평균거리는 120km 이상이다.

③ 현재 유지관리하는 도로의 총거리는 1990년대보다 1,950km 미만으로 길어졌다.

④ 차선이 만들어진 순서는 4차로 – 2차로 – 6차로 – 8차로 – 10차로이다.

17 **K사에서 근무하는 강과장은 사내 행사인 '한여름 밤의 음악회'와 관련하여 유대리에게 다음과 같이 부탁하였다. 유대리가 가장 먼저 처리해야 할 일로 가장 적절한 것은?**

> 유대리님, 퇴근하기 전에 음악회 장소를 다시 점검하러 가보셔야 할 것 같아요. 저번에 김과장님이 오른쪽 조명이 깜빡인다고 말씀하시더라고요. △△조명은 오전 11시부터 영업을 시작하고, 음악회 주최 위원들은 점심시간에 오신다고 하니 함께 점심 드시고 오후에 연락하여 점검을 같이 나가자고 연락드려 주세요.
> 아, 그리고 제가 지금 외근을 나가야 하는데 오늘 몇 시에 들어올 수 있을지 모르겠어요. 일단 점심 식사 후 음악회 주최 위원들께 음악회 일정표를 전달해 주세요. 그리고 조명 점검하시고 꼭 김과장님께 상황 보고해 주세요.

① 한여름 밤의 음악회 장소 점검

② △△조명에 조명 점검 협조 연락

③ 음악회 주최 의원들과 점심

④ 음악회 주최 의원들에게 일정표 전달

18 **K공사는 신입사원 채용을 진행하고 있다. 최종 관문인 면접평가는 다대다 면접으로 A～E면접자를 포함하여 총 8명이 입장하여 다음 〈조건〉과 같이 의자에 앉았다. D면접자가 2번 의자에 앉았을 때, 항상 옳은 것은?(단, 면접실 의자는 순서대로 1번부터 8번까지 번호가 매겨져 있다)**

> • C면접자와 D면접자는 이웃해 앉지 않고, D면접자와 E면접자는 이웃해 앉는다.
> • A면접자와 C면접자 사이에는 2명이 앉는다.
> • A면접자는 양 끝(1번, 8번)에 앉지 않는다.
> • B면접자는 6번 또는 7번 의자에 앉고, E면접자는 3번 의자에 앉는다.

① A면접자는 4번에 앉는다.

② C면접자는 1번에 앉는다.

③ A면접자와 B면접자가 서로 이웃해 앉는다면 C면접자는 4번 또는 8번에 앉는다.

④ B면접자가 7번에 앉으면, A면접자와 B면접자 사이에 2명이 앉는다.

19 다음은 한 국제기구가 발표한 2023년 3월 ~ 2024년 3월 동안의 식량 가격지수와 품목별 가격지수에 대한 자료이다. 이에 대한 설명으로 옳지 않은 것은?

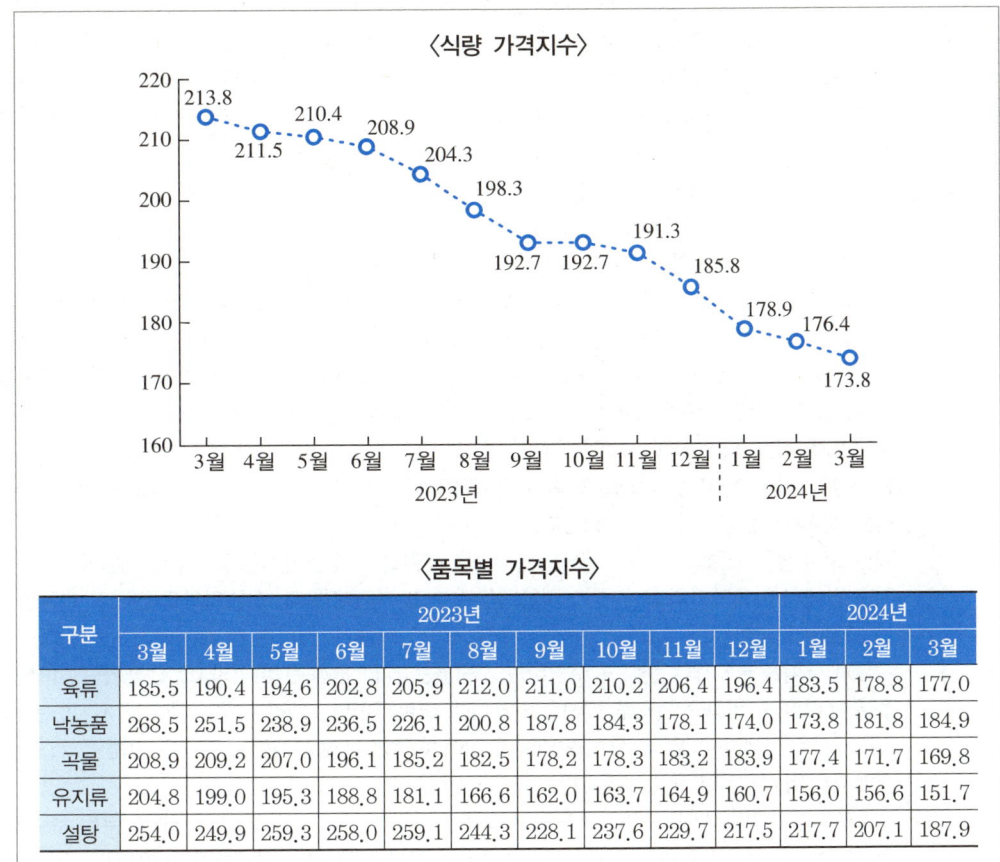

〈식량 가격지수〉

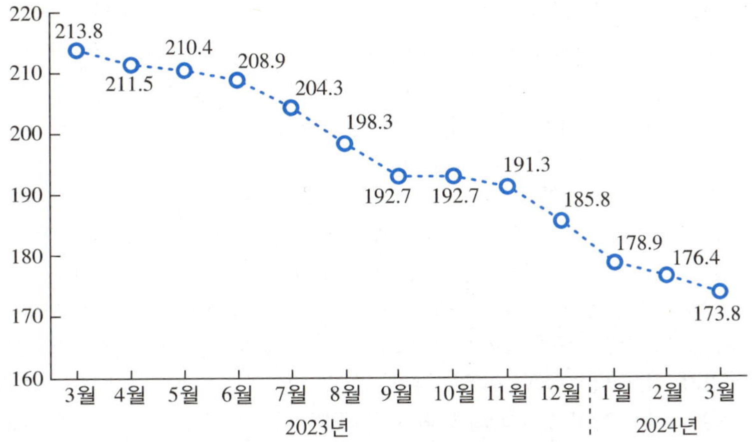

〈품목별 가격지수〉

구분	2023년										2024년		
	3월	4월	5월	6월	7월	8월	9월	10월	11월	12월	1월	2월	3월
육류	185.5	190.4	194.6	202.8	205.9	212.0	211.0	210.2	206.4	196.4	183.5	178.8	177.0
낙농품	268.5	251.5	238.9	236.5	226.1	200.8	187.8	184.3	178.1	174.0	173.8	181.8	184.9
곡물	208.9	209.2	207.0	196.1	185.2	182.5	178.2	178.3	183.2	183.9	177.4	171.7	169.8
유지류	204.8	199.0	195.3	188.8	181.1	166.6	162.0	163.7	164.9	160.7	156.0	156.6	151.7
설탕	254.0	249.9	259.3	258.0	259.1	244.3	228.1	237.6	229.7	217.5	217.7	207.1	187.9

※ 기준연도인 2022년의 가격지수는 100이다.

① 2024년 3월의 식량 가격지수는 2023년 3월보다 15% 이상 하락했다.

② 2023년 4월부터 2023년 9월까지 식량 가격지수는 매월 하락했다.

③ 2023년 3월보다 2024년 3월 가격지수가 가장 큰 폭으로 하락한 품목은 낙농품이다.

④ 2022년 가격지수 대비 2024년 3월 가격지수의 상승률이 가장 낮은 품목은 육류이다.

20 다음 글의 주제로 가장 적절한 것은?

우주 개발이 왜 필요한가에 대한 주장은 크게 다음 세 가지로 구분할 수 있다. 먼저 천문학자 '칼 세이건'이 우려하는 것처럼 인류가 혜성이나 소행성의 지구 충돌과 같은 재앙에서 살아남으려면 지구 이외의 다른 행성에 식민지를 건설해야 한다는 것이다. 소행성의 지구 충돌로 절멸한 공룡의 전철을 밟지 않기 위해서 말이다. 여기에는 자원 고갈이나 환경오염과 같은 전 지구적 재앙에 대비하자는 주장도 포함된다. 그 다음으로 우리의 관심을 지구에 한정하다는 것은 인류의 숭고한 정신을 가두는 것이라는 호킹의 주장을 들 수 있다. 지동설, 진화론, 상대성 이론, 양자역학, 빅뱅 이론과 같은 과학적 성과들은 인류의 문명뿐만 아니라 정신적 패러다임의 변화에 지대한 영향을 끼쳤다. 마지막으로 우주 개발의 노력에 따르는 부수적인 기술의 파급 효과를 근거로 한 주장을 들 수 있다. 실제로 우주 왕복선 프로그램을 통해 산업계에 이전된 새로운 기술이 100여 가지나 된다고 한다. 인공심장, 신분확인 시스템, 비행추적 시스템 등이 그 대표적인 기술들이다. 그러나 우주 개발에서 얻는 이익이 과연 인류 전체의 이익을 대변할 수 있는가에 대해서는 쉽게 답할 수 없다. 역사적으로 볼 때 탐사의 주된 목적은 새로운 사실의 발견이라기보다 영토와 자원, 힘의 우위를 선점하기 위한 것이었기 때문이다. 이러한 이유로 우주 개발에 의심의 눈초리를 보내는 사람들도 적지 않다. 그들은 우주 개발에 소요되는 자금과 노력을 지구의 가난과 자원 고갈, 환경 문제 등을 해결하는 데 사용하는 것이 더 현실적이라고 주장한다.

과연 그 주장을 따른다고 해서 이러한 문제들을 해결할 수 있는가? 인류가 우주 개발에 나서지 않고 지구 안에서 인류의 미래를 위한 노력을 경주한다고 가정해 보자. 그렇더라도 인류가 사용할 수 있는 자원이 무한한 것은 아니며, 인구의 자연 증가를 막을 수 없다는 문제는 여전히 남는다. 지구에 자금과 노력을 투자해야 한다고 주장하는 사람들은 지금 당장은 아니더라도 언젠가는 이러한 문제들을 해결할 수 있다는 논리를 펼지도 모른다. 그러나 이러한 논리는 우주 개발을 지지하는 쪽에서 마찬가지로 내세울 수 있다. 오히려 인류가 미래에 닥칠 문제를 해결할 수 있는 방법은 지구 밖에서 찾게 될 가능성이 더 크지 않을까?

우주를 개발하려는 시도가 최근에 등장한 것은 아니다. 인류가 의식을 갖게 되면서부터 우주를 꿈꾸어 왔다는 증거는 세계 여러 민족의 창세신화에서 발견된다. 수천 년 동안 우주에 대한 인류의 꿈은 식어갈 줄 몰랐다. 그리고 그 결과가 오늘날의 우주 개발이라는 현실로 다가온 것이다. 이제 인류는 우주의 시초를 밝히게 되었고, 우주의 끄트머리를 바라볼 수 있게 되었으며 우주 공간에 인류의 거주지를 만들 수 있게 되었다. 우주 개발을 해야 할 것이냐 말아야 할 것이냐는 이제 문제의 핵심이 아니다. 우리가 선택해야 할 문제는 우주 개발을 어떻게 해야 할 것인가이다. "달과 다른 천체들은 모든 나라가 함께 탐사하고 이용할 수 있도록 자유지역으로 남아 있어야 한다. 어느 국가도 영유권을 주장할 수는 없다."라는 미국 36대 대통령 '린든 B. 존슨'의 경구는 우주 개발의 방향을 일러주는 시금석이 되어야 한다.

① 우주 개발의 한계　　② 지구의 당면 과제
③ 우주 개발의 정당성　　④ 친환경적인 지구 개발

21 다음 〈보기〉 중 상황에 따른 문서 작성법에 대한 설명으로 옳지 않은 것을 모두 고르면?

보기

ㄱ. 요청이나 확인을 부탁하는 경우, 일반적으로 공문서의 형태로 양식을 준수하여 작성하여야 한다.
ㄴ. 정보제공을 위해 문서를 작성하는 경우, 시각적 자료는 내용전달을 방해할 수 있으므로 최소화하는 것이 좋다.
ㄷ. 정보제공을 위해 문서를 작성하는 경우, 문서는 최대한 신속히 작성하여 전달하는 것이 효과적이다.
ㄹ. 제안이나 기획을 하려는 경우, 상대방이 합리적으로 판단할 수 있게 객관적 사실만을 기입하고 개인의 주관은 포함시키지 않는 것이 좋다.

① ㄱ, ㄴ ② ㄱ, ㄹ
③ ㄴ, ㄷ ④ ㄴ, ㄹ

22 다음은 팀원들을 적절한 위치에 효과적으로 배치하기 위한 3가지 원칙에 대한 글이다. 다음 중 ㉠～㉣에 들어갈 말을 바르게 연결한 것은?

___㉠___는 개인에게 능력을 발휘할 수 있는 기회와 장소를 부여하고, 그 성과를 바르게 평가한 뒤 평가된 실적에 대해 그에 상응하는 보상을 주는 원칙을 말한다. 이때, 미래에 개발 가능한 능력까지도 함께 고려해야 한다. 반면, ___㉡___는 팀의 효율성을 높이기 위해 팀원을 그의 능력이나 성격 등과 가장 적합한 위치에 배치하여 팀원 개개인의 능력을 최대로 발휘해 줄 것을 기대하는 것이다. 즉, 작업이나 직무가 요구하는 요건과 개인이 보유하고 있는 조건이 서로 균형 있고 적합하게 대응되어야 한다. 결국 ___㉢___는 ___㉣___의 하위개념이라고 할 수 있다.

	㉠	㉡	㉢	㉣
①	능력주의	적재적소주의	적재적소주의	능력주의
②	능력주의	적재적소주의	능력주의	적재적소주의
③	적재적소주의	능력주의	능력주의	적재적소주의
④	적재적소주의	능력주의	적재적소주의	능력주의

23 인사팀 채부장은 신입사원들을 대상으로 '조직'의 의미를 다음과 같이 설명하였다. 채부장의 설명에 근거할 때, '조직'으로 적절하지 않은 것은?

> 조직은 특정한 목적을 추구하기 위하여 의도적으로 구성된 사람들의 집합체로서 외부 환경과 여러 가지 상호 작용을 하는 사회적 단위라고 말할 수 있지. 한데, 이러한 상호 작용이 유기적인 협력체제 하에서 행해지면서 조직이 추구하는 목적을 달성하기 위해서는 내부적인 구조가 있어야만 해. 업무와 기능의 분배, 권한과 위임을 통하여 어떤 특정한 조직 구성원들의 공통된 목표를 달성하기 위하여 여러 사람의 활동을 합리적으로 조정한 것이야말로 조직의 정의를 가장 잘 나타내주는 말이라고 할 수 있다네.

① 영화 촬영을 위해 모인 스태프와 배우들
② 주말을 이용해 춘천까지 다녀오기 위해 모인 자전거 동호회원들
③ 열띤 응원을 펼치고 있는 야구장의 관중들
④ 야간자율학습을 하고 있는 G고등학교 3학년 2반 학생들

24 일정한 규칙으로 수를 나열할 때, 빈칸에 들어갈 알맞은 수는?

$$\frac{12}{17} \quad \frac{10}{19} \quad \frac{8}{21} \quad \frac{6}{23} \quad \frac{4}{25} \quad (\quad)$$

① $\frac{1}{24}$
② $\frac{1}{26}$
③ $\frac{2}{27}$
④ $\frac{2}{29}$

25 K공사의 총무팀 4명은 해외출장을 계획하고 있다. 총무팀은 출장지에서 사용할 이동수단 한 가지를 결정하려고 한다. 다음 〈조건〉을 통해 이동수단을 선택할 때, 총무팀이 최종적으로 선택하게 될 이동수단의 종류와 그 비용으로 바르게 짝지은 것은?

〈이동수단별 평가표〉

이동수단	경제성	용이성	안전성
렌터카		상	하
택시		중	중
대중교통		하	중

〈이동수단별 비용계산식〉

이동수단	비용계산식
렌터카	{(렌트비)+(유류비)}×(이용 일수) • 1일 렌트비 : $50(4인승 차량) • 1일 유류비 : $10(4인승 차량)
택시	[거리당 가격(1$/마일)]×[이동거리(마일)] ※ 최대 4명까지 탑승가능
대중교통	[대중교통패스 3일권($40/인)]×(인원 수)

〈해외출장 일정〉

출장 일정	이동거리(마일)
11월 1일	100
11월 2일	50
11월 3일	50

조건

- 이동수단은 경제성, 용이성, 안전성의 총 3가지 요소를 고려하여 최종점수가 가장 높은 이동수단을 선택한다.
- 각 고려요소의 평가결과 '상' 등급을 받으면 3점을, '중' 등급을 받으면 2점을, '하' 등급을 받으면 1점을 부여한다. 단, 안전성을 중시하여 안전성 점수는 2배로 계산한다.
- 경제성은 이동수단별 최소비용이 적은 것부터 상, 중, 하로 평가한다.
- 각 고려요소의 평가점수를 합하여 최종점수를 구한다.

	이동수단	비용
①	렌터카	$180
②	렌터카	$200
③	택시	$400
④	대중교통	$160

PART 2

26 다음 글에서 나타나는 경청의 방해요인은?

> 내 친구는 한 번도 약속을 지킨 적이 없던 것 같다. 작년 크리스마스 때의 약속, 지난 주말에 했던 약속 모두 늦게 오거나 당일에 문자로 취소 통보를 했었다. 그 친구가 오늘 학교에서 나에게 다음 주 주말에 개봉하는 영화를 함께 보러 가자고 했고, 나는 당연히 다음 주에는 그 친구와 만날 수 없을 것이라고 생각했다.

① 판단하기 ② 조언하기
③ 언쟁하기 ④ 걸러내기

27 다음은 수제 초콜릿에 대한 분석 기사이다. 〈보기〉를 참고하여 SWOT 분석에 의한 마케팅 전략을 진행하고자 할 때, 적절하지 않은 것은?

> 오늘날 식품 시장을 보면 원산지와 성분이 의심스러운 제품들로 넘쳐 납니다. 이로 인해 소비자들은 고급스럽고 안전한 먹거리를 찾고 있습니다. 우리의 수제 초콜릿은 이러한 요구를 완벽하게 충족시켜주고 있습니다. 풍부한 맛, 고급 포장, 모양, 건강상의 혜택, 강력한 스토리텔링 모두 높은 품질을 원하는 소비자들의 요구를 충족시키는 것입니다. 사실 수제 초콜릿을 만드는 데는 비용이 많이 듭니다. 각종 장비 및 유지 보수에서부터 값비싼 포장과 유통 업체의 높은 수익을 보장해 주다 보면 초콜릿을 생산하는 업체에게 남는 이익은 많지 않습니다. 또한 수제 초콜릿의 존재 자체를 많은 사람들이 알지 못하는 상황입니다. 하지만 보다 좋은 식품에 대한 인기가 높아짐에 따라 더 많은 업체들이 수제 초콜릿을 취급하기를 원하고 있습니다. 따라서 수제 초콜릿은 일반 초콜릿보다 더 높은 가격으로 판매될 수 있을 것입니다. 현재 초콜릿을 대량으로 생산하는 대형 기업들은 자신들의 일반 초콜릿과 수제 초콜릿의 차이를 줄이는 데 최선을 다하고 있습니다. 그리고 직접 맛을 보기 전에는 일반 초콜릿과 수제 초콜릿의 차이를 알 수 없기 때문에 소비자들은 굳이 초콜릿에 더 많은 돈을 지불해야 하는 이유를 알지 못할 수 있습니다. 따라서 수제 초콜릿의 효과적인 마케팅 전략이 필요한 시점입니다.

보기

- SO전략(강점 – 기회전략) : 강점을 살려 기회를 포착한다.
- ST전략(강점 – 위협전략) : 강점을 살려 위협을 회피한다.
- WO전략(약점 – 기회전략) : 약점을 보완하여 기회를 포착한다.
- WT전략(약점 – 위협전략) : 약점을 보완하여 위협을 회피한다.

① 수제 초콜릿의 스토리텔링을 포장에 명시한다면 소비자들이 믿고 구매할 수 있을 거야.
② 수제 초콜릿을 고급 포장하여 수제 초콜릿의 스토리텔링을 더 살려보는 것은 어떨까?
③ 수제 초콜릿의 값비싸고 과장된 포장을 바꾸고, 그 비용으로 안전하고 맛있는 수제 초콜릿을 홍보하면 어떨까?
④ 수제 초콜릿의 마케팅을 강화하는 방법으로 수제 초콜릿의 차이를 알려 대기업과의 경쟁에서 이겨야겠어.

28 다음 상황에서 K주임이 처리해야 할 업무 순서로 가장 적절한 것은?

> 안녕하세요, K주임님. 언론홍보팀 L대리입니다. 다름이 아니라 이번에 공사에서 진행하는 '소셜벤처 성장지원사업'에 대한 보도 자료를 작성하려고 하는데, 디지털소통팀의 업무 협조가 필요하여 연락드렸습니다. 디지털소통팀 P팀장님께 K주임님이 협조해 주신다는 이야기를 전해 들었습니다. 자세한 요청 사항은 회의를 통해서 말씀드리도록 하겠습니다. 혹시 내일 오전 10시에 회의를 진행해도 괜찮을까요? 일정 확인하시고 오늘 내로 답변 주시면 감사하겠습니다. 일단 회의 전에 알아두시면 좋을 것 같은 자료는 메일로 발송하였습니다. 회의 전에 미리 확인하셔서 관련 사항 숙지하시고 회의에 참석해 주시면 좋을 것 같습니다. 아! 그리고 오늘 오후 2시에 홍보실 각 팀 팀장회의가 있다고 하니, P팀장님께 꼭 전해 주세요.

① 팀장회의 참석 – 익일 업무 일정 확인 – 메일 확인 – 회의 일정 답변 전달
② 팀장회의 참석 – 메일 확인 – 익일 업무 일정 확인 – 회의 일정 답변 전달
③ 팀장회의 일정 전달 – 메일 확인 – 회의 일정 답변 전달 – 익일 업무 일정 확인
④ 팀장회의 일정 전달 – 익일 업무 일정 확인 – 회의 일정 답변 전달 – 메일 확인

PART 2

29 K공사에 근무하는 P대리는 부하직원 5명(A ~ E)을 대상으로 새로운 홍보 전략에 대한 의견을 물었다. 이에 대해 직원 5명은 찬성과 반대 둘 중 하나의 의견을 제시했다. 〈조건〉이 모두 참일 때, 다음 중 옳은 것은?

조건

- A 또는 D 둘 중 적어도 하나가 반대하면, C는 찬성하고 E는 반대한다.
- B가 반대하면, A는 찬성하고 D는 반대한다.
- D가 반대하면 C도 반대한다.
- E가 반대하면 B도 반대한다.
- 적어도 한 사람은 반대한다.

① A는 찬성하고 B는 반대한다.
② A는 찬성하고 E는 반대한다.
③ B와 D는 반대한다.
④ C는 반대하고 D는 찬성한다.

30 다음은 지역별 마약류 단속에 대한 자료이다. 이에 대한 설명으로 옳은 것은?

〈지역별 마약류 단속 건수〉

(단위 : 건, %)

구분	대마	마약	향정신성의약품	합계	비중
서울	49	18	323	390	22.1
인천 · 경기	55	24	552	631	35.8
부산	6	6	166	178	10.1
울산 · 경남	13	4	129	146	8.3
대구 · 경북	8	1	138	147	8.3
대전 · 충남	20	4	101	125	7.1
강원	13	0	35	48	2.7
전북	1	4	25	30	1.7
광주 · 전남	2	4	38	44	2.5
충북	0	0	21	21	1.2
제주	0	0	4	4	0.2
전체	167	65	1,532	1,764	100.0

※ 수도권은 서울과 인천 · 경기를 합한 지역이다.
※ 마약류는 대마, 마약, 향정신성의약품으로만 구성된다.

① 대마 단속 전체 건수는 마약 단속 전체 건수의 3배 이상이다.
② 수도권의 마약류 단속 건수는 마약류 단속 전체 건수의 50% 이상이다.
③ 마약 단속 건수가 없는 지역은 5곳이다.
④ 향정신성의약품 단속 건수는 대구 · 경북 지역이 광주 · 전남 지역의 4배 이상이다.

※ 다음은 특허출원 수수료 계산식과 사례에 대한 자료이다. 이어지는 질문에 답하시오. **[31~33]**

〈계산식〉

- (특허출원 수수료)=(출원료)+(심사청구료)
- (출원료)=(기본료)+{(면당 추가료)×(전체 면수)}
- (심사청구료)=(청구항당 심사청구료)×(청구항수)

※ 특허출원 수수료는 개인은 70%가 감면되고, 중소기업은 50%가 감면되지만, 대기업은 감면되지 않는다.

〈특허출원 수수료 사례〉

구분	사례 A	사례 B	사례 C
	대기업	중소기업	개인
전체 면수(장)	20	20	40
청구항수(개)	2	3	2
감면 후 수수료(원)	70,000	45,000	27,000

31 다음 중 자료를 바탕으로 계산한 청구항당 심사청구료로 옳은 것은?

① 10,000원　② 15,000원
③ 20,000원　④ 25,000원

32 다음 중 자료를 바탕으로 계산한 면당 추가료로 옳은 것은?

① 1,000원　② 1,500원
③ 2,000원　④ 2,500원

33 다음 중 자료를 바탕으로 계산한 출원 시 기본료로 옳은 것은?

① 10,000원　② 12,000원
③ 15,000원　④ 18,000원

34 다음 글의 빈칸에 들어갈 접속어로 가장 적절한 것은?

> 인도 대륙과 아시아 대륙이 충돌하며 발생한 강력한 압축력에 의해 아시아 대륙의 충돌 부분이 습곡이 되어 히말라야 산맥이 만들어지기 시작하였으며, 해양 지각 일부가 산 위로 밀려 올라갔다. _____ 인도 대륙의 앞부분이 아시아 대륙 밑으로 밀려들어가면서 히말라야 산맥을 더 높이 밀어 올렸다.

① 그러나　　② 왜냐하면
③ 그리고　　④ 그러므로

35 예선 경기에서 우승한 8명의 선수들이 본선 경기를 진행하려고 한다. 경기 방식은 토너먼트이고 작년에 우승한 1 ~ 4위까지의 선수들이 첫 경기에서 만나지 않도록 대진표를 정한다. 이때 가능한 대진표의 경우의 수는?

① 60가지　　② 64가지
③ 68가지　　④ 72가지

36 K수건공장은 판매하고 남은 재고로 선물세트를 만들기 위해 포장을 하기로 하였다. 이때 4개씩 포장하면 1개가 남고, 5개씩 포장하면 4개가 남고, 7개씩 포장하면 1개가 남고, 8개씩 포장하면 1개가 남는다고 한다. 다음 중 가능한 재고량의 최솟값은?

① 166개　　② 167개
③ 168개　　④ 169개

37 다음 글에 대한 내용으로 가장 적절한 것은?

창은 채광이나 환기를 위해서, 문은 사람들의 출입을 위해서 건물 벽에 설치한 개폐가 가능한 시설이다. 일반적으로 현대적인 건축물에서 창과 문은 각각의 기능이 명확하고 크기와 형태가 달라 구별이 쉽다. 그러나 한국 전통 건축, 곧 한옥에서 창과 문은 그 크기와 형태가 비슷해서 구별하지 않는 경우가 많다. 그리하여 창과 문을 합쳐서 창호(窓戶)라고 부른다. 이것은 창호가 창과 문의 기능, 미를 공유하고 있다는 것을 의미한다. 그런데 창과 문을 굳이 구별한다면 머름이라는 건축 구성 요소를 통해 가능하다.

머름은 창 아래 설치된 낮은 창턱으로, 팔을 얹고 기대어 앉기에 편안한 높이로 하였다. 공간의 가변성을 특징으로 하는 한옥에서 창호는 핵심적인 역할을 한다. 여러 짝으로 된 큰 창호가 한쪽 벽면 전체를 대체하기도 하는데, 이때 외부에 면한 창호뿐만 아니라 방과 방 사이에 있는 창호를 열면 별개의 공간이 합쳐지면서 넓은 새로운 공간을 형성하게 된다. 창호의 개폐로 안과 밖의 공간이 연결되거나 분리되고 실내 공간의 구획이 변화되기도 하는 것이다. 이처럼 창호는 한옥의 공간 구성에서 빠트릴 수 없는 중요한 위치를 차지한다.

한편, 한옥에서 창호는 건축의 심미성이 잘 드러나는 독특한 요소이다. 창호가 열려 있을 때 방 안에서 창호와 일정 거리 떨어져 밖을 내다보면 창호를 감싸는 바깥 둘레 안으로 한 폭의 풍경화를 감상할 수 있다. 방 안의 사람이 방 밖의 자연과 완전히 소통하여 인공의 미가 아닌 자연의 미를 직접 받아들임으로써, 한옥의 실내 공간은 자연과 하나 된 심미적인 공간으로 탈바꿈한다. 열린 창호가 안과 밖, 사람과 자연 사이의 경계를 없앤 것이다.

창호가 닫혀 있을 때에는 창살 문양과 창호지가 중요한 심미적 기능을 한다. 한옥에서 창호지는 방 쪽의 창살에 바른다. 방 밖에서 보았을 때 대칭적으로 배열된 여러 창살이 서로 어울려 만들어내는 창살 문양은 단정한 선의 미를 창출한다. 창살로 구현된 다양한 문양에 따라 집의 표정을 읽을 수 있고 집주인의 품격도 알 수 있다. 방 안에서 보았을 때 창호지에 어리는 햇빛은 이른 아침에 청회색을 띠고, 대낮의 햇빛이 들어올 때는 뽀얀 우윳빛, 일과가 끝날 때쯤이면 석양의 붉은색으로 변한다. 또한 창호지가 얇기 때문에 창호가 닫혀 있더라도 외부와 소통할 수 있다. 방 안에서 바깥의 바람과 새의 소리를 들을 수 있고, 화창한 날과 흐린 날의 정서와 분위기를 느낄 수 있다. 이처럼 창호는 사람과 자연 간의 지속적인 소통을 가능케 함으로써 양자가 서로 조화롭게 어울리도록 한다.

① 한옥의 창살은 방 안쪽으로 노출되어 있다.

② 한옥에서 창살 문양은 집주인의 품격을 나타내는 표지가 된다.

③ 한옥의 방에서 바라보면 창호지에 어린 색채는 종일 일정하다.

④ 한옥의 머름은 한쪽 벽면 전체를 대체할 수 있는 건축 구성 요소이다.

PART 2

38 다음 중 민츠버그가 정의한 경영자의 역할에 대한 설명으로 적절하지 않은 것은?

① 올바른 정보를 수집하는 것은 대인적 역할에 해당한다.
② 대인적 역할은 크게 세 가지로 구분할 수 있다.
③ 정보적 역할에는 대변인으로서의 역할이 포함된다.
④ 수집된 정보를 통해 최종 결정을 내리는 것은 의사결정적 역할이다.

39 다음 중 조직 구조의 결정요인으로 적절하지 않은 것은?

① 조직의 규모
② 환경의 변화
③ 조직 구성원들의 개인적 성향
④ 조직의 목적을 달성하기 위하여 수립한 계획

40 K공공기관은 본사 근무환경개선을 위해 공사를 시행할 업체를 선정하고자 한다. 다음 선정방식에 따라 시행업체를 선정할 때, 최종 선정될 업체는?

〈공사 시행업체 선정방식〉

- 평가점수는 적합성점수와 실적점수, 입찰점수를 1 : 2 : 1의 비율로 합산하여 도출한다.
- 평가점수가 가장 높은 업체 한 곳을 최종 선정한다.
- 적합성점수는 각 세부항목의 점수를 합산하여 도출한다.
- 입찰점수는 입찰가격이 가장 낮은 곳부터 10점, 8점, 6점, 4점을 부여한다.
- 평가점수가 동일한 경우, 실적점수가 우수한 업체에 우선순위를 부여한다.

〈업체별 입찰정보 및 점수〉

(단위 : 점)

평가항목 \ 업체		A	B	C	D
적합성점수(30점)	운영 건전성(8점)	8	6	8	7
	근무 효율성 개선(10점)	8	9	6	8
	환경친화설계(5점)	2	3	4	4
	미적 만족도(7점)	4	6	5	7
실적점수(10점)	최근 2년 시공실적(10점)	6	9	7	7
입찰점수(10점)	입찰가격(억 원)	7	10	11	9

※ 미적 만족도 항목은 지난달에 시행한 내부 설문조사 결과에 기반한다.
※ 괄호 안의 점수는 해당 평가항목의 만점 기준이다.

① A업체
② B업체
③ C업체
④ D업체

41 다이어트를 하기로 마음먹은 A ~ D는 매일 '보건소 – 성당 – 우체국 – 경찰서 – 약수터' 코스를 함께 운동하며 이동하기로 했다. 이들은 각 코스를 이동하는 데 '뒤로 걷기, 파워워킹, 러닝, 자전거 타기'의 방법을 모두 사용하며, 동일 구간을 이동하는 동안에는 각각 서로 다른 하나의 이동 방법을 선택한다. 다음 〈조건〉이 모두 참일 때, C가 경찰서에서 약수터로 이동 시 사용 가능한 방법이 바르게 짝지어진 것은?

조건

- A와 C가 사용한 이동 방법의 순서는 서로 반대이다.
- B는 보건소에서 성당까지 파워워킹으로 이동했다.
- 우체국에서 경찰서까지 러닝으로 이동한 사람은 A이다.
- C가 경찰서에서 약수터로 이동한 방법과 D가 우체국에서 경찰서까지 이동한 방법은 같다.
- C는 러닝을 한 후 바로 파워워킹을 했다.

① 뒤로 걷기, 자전거 타기
② 파워워킹, 러닝
③ 러닝, 자전거 타기
④ 뒤로 걷기, 파워워킹

PART 2

42 대학생 50명을 대상으로 한 해외여행에 대한 설문조사 결과가 다음 〈조건〉과 같을 때, 항상 참인 것은?

조건

- 미국을 여행한 사람이 가장 많다.
- 일본을 여행한 사람은 미국 또는 캐나다 여행을 했다.
- 중국과 캐나다를 모두 여행한 사람은 없다.
- 일본을 여행한 사람의 수가 캐나다를 여행한 사람의 수보다 많다.

① 일본을 여행한 사람보다 중국을 여행한 사람이 더 많다.
② 일본을 여행했지만 미국을 여행하지 않은 사람은 중국을 여행하지 않았다.
③ 미국을 여행한 사람의 수는 일본과 중국을 여행한 사람을 합한 수보다 많다.
④ 중국을 여행한 사람은 일본을 여행하지 않았다.

43 **다음 글에 해당하는 조직체계의 구성요소는?**

> 조직의 목표나 전략에 따라 수립되며, 조직 구성원들의 활동범위를 제약하고 일관성을 부여하는 기능을 한다.

① 조직 목표
② 경영자
③ 조직 문화
④ 규칙 및 규정

44 **직장 내 효과적인 업무 수행을 위해서는 조직의 체제와 경영에 대해 이해하는 조직이해능력이 필요하다. 다음 중 조직이해능력에 대한 설명으로 적절하지 않은 것은?**

① 사회가 급변하면서 많은 조직들이 생성・변화함에 따라 조직이해능력의 중요성도 커지고 있다.
② 조직의 규모가 커질수록 구성원 간 정보 공유가 어려워지므로 조직이해에 더 많은 시간과 관심을 기울여야 한다.
③ 조직을 구성하고 있는 개개인에 대해 정확히 파악하고 있다면 조직의 실체를 완전히 이해할 수 있다.
④ 조직 구성원 간 긍정적 인간관계를 유지하는 것뿐만 아니라 조직의 체제와 경영 원리를 이해하는 것도 중요하다.

45 다음 글의 주제로 가장 적절한 것은?

> 정부는 탈원전·탈석탄 공약에 발맞춰 2030년까지 전체 국가 발전량의 20%를 신재생에너지로 채운다는 정책 목표를 수립했다. 목표를 달성하기 위해 신재생에너지에 대한 송·변전 계획을 제8차 전력수급 기본계획에 처음으로 수립하겠다는 게 정부의 방침이다.
> 정부는 기존의 수급계획이 수급안정과 경제성을 중점적으로 수립된 것에 반해, 8차 계획은 환경성과 안전성을 중점으로 하였다고 밝히고 있으며, 신규 발전설비는 원전, 석탄화력발전에서 친환경, 분산형 재생에너지와 LNG 발전을 우선시하는 방향으로 수요관리를 통합하여 합리적 목표수용 결정에 주안점을 두었다고 밝혔다.
> 그동안 많은 NGO 단체에서 에너지 분산에 대한 다양한 제안을 해왔지만 정부 차원에서 고려하거나 논의가 활발히 진행된 적은 거의 없었으며 명목상으로 포함하는 수준이었다. 그러나 이번 정부에서는 탈원전·탈석탄 공약을 제시하는 등 중앙집중형 에너지 생산시스템에서 분산형 에너지 생산시스템으로 정책의 방향을 전환하고자 한다. 이 기조에 발맞춰 분산형 에너지 생산시스템은 2018년도 지방선거에서도 해당 지역에 대한 다양한 선거공약으로 제시될 가능성이 높다.
> 중앙집중형 에너지 생산시스템은 환경오염, 송전선 문제, 지역 에너지 불균형 문제 등 다양한 사회적인 문제를 야기하였다. 하지만 그동안은 값싼 전기인 기저전력을 편리하게 사용할 수 있는 환경을 조성하고자 하는 기존 에너지 계획과 전력수급 계획에 밀려 중앙집중형 발전원 확대가 꾸준히 진행되었다. 그러나 현재 대통령은 중앙집중형 에너지 정책에서 분산형 에너지 정책으로 전환되어야 한다는 것을 대선 공약사항으로 밝혀 왔으며, 현재 분산형 에너지 정책으로 전환을 모색하기 위한 다각도의 노력을 하고 있다. 이러한 정부의 정책변화와 아울러 석탄화력발전소가 국내 미세먼지에 주는 영향과 일본 후쿠시마 원자력 발전소 문제, 국내 경주 대지진 및 최근 포항 지진 문제 등으로 인한 원자력에 대한 의구심 또한 커지고 있다.
> 제8차 전력수급계획(안)에 의하면, 우리나라의 에너지 정책은 격변기를 맞고 있다. 우리나라는 현재 중앙집중형 에너지 생산시스템이 대부분이며, 분산형 전원 시스템은 그 설비용량이 극히 적은 상태이다. 또한 우리나라의 발전설비는 2016년 말 105GW이며, 2014년도 최대 전력치를 보면 80GW 수준이므로 25GW 정도의 여유가 있는 상태이다. 25GW라는 여유는 원자력발전소 약 25기 정도의 전력생산 설비가 여유가 있는 상황이라고 볼 수 있다. 또한 제7차 전력수급기본계획의 2015 ~ 2016년 전기수요 증가율을 4.3 ~ 4.7%라고 예상하였으나 실제 증가율은 1.3 ~ 2.8% 수준에 그쳤다는 점은 우리나라의 전력 소비량 증가량이 둔화하고 있는 상태라는 것을 나타내고 있다.

① 에너지 분권의 필요성과 방향
② 중앙집중형 에너지 정책의 한계점
③ 전력 소비량과 에너지 공급량의 문제점
④ 중앙집중형 에너지 생산시스템의 발전 과정

46 A초등학교 1, 2학년 학생들에게 다섯 가지 색깔 중 선호하는 색깔을 선택하게 하였다. 1학년 전체 학생 중 빨강을 좋아하는 학생 수의 비율과 2학년 전체 학생 중 노랑을 좋아하는 학생 수의 비율을 바르게 나열한 것은?(단, 각 학년의 인원수는 250명이다)

〈학생별 선호 색상〉

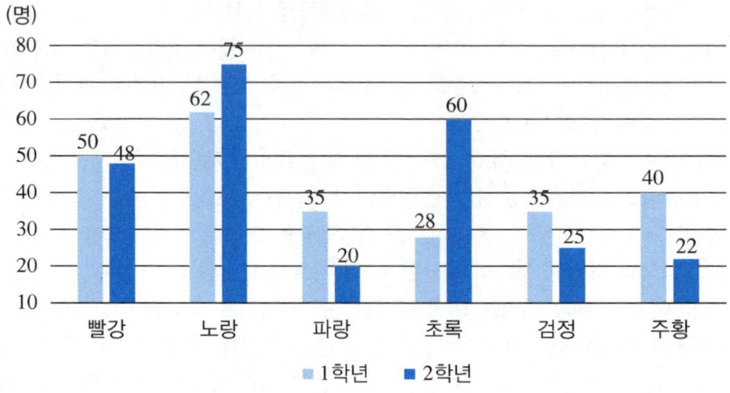

① 20%, 30%
② 25%, 25%
③ 30%, 30%
④ 30%, 35%

47 다음 〈보기〉 중 BCG 매트릭스와 GE & 맥킨지 매트릭스에 대한 설명으로 옳은 것을 모두 고르면?

보기

ㄱ. BCG 매트릭스는 미국의 컨설팅업체인 맥킨지에서 개발한 사업포트폴리오 분석 기법이다.
ㄴ. BCG 매트릭스는 시장성장율과 상대적 시장점유율을 고려하여 사업의 형태를 4개 영역으로 나타낸다.
ㄷ. GE – 맥킨지 매트릭스는 산업매력도와 사업경쟁력을 고려하여 사업의 형태를 6개 영역으로 나타낸다.
ㄹ. GE – 맥킨지 매트릭스에서의 산업매력도는 시장규모, 경쟁구조, 시장 잠재력 등의 요인에 의해 결정된다.
ㅁ. GE – 맥킨지 매트릭스는 BCG 매트릭스의 단점을 보완해준다.

① ㄱ, ㄴ
② ㄱ, ㄴ, ㄷ
③ ㄴ, ㄷ, ㅁ
④ ㄴ, ㄹ, ㅁ

48 다음 표는 K공사 인사팀의 하계 휴가 스케줄이다. A사원은 휴가를 신청하기 위해 하계 휴가 스케줄을 확인하였다. 인사팀 팀장인 P부장은 25 ~ 28일은 하계 워크숍 기간이므로 휴가 신청이 불가능하며, 하루에 6명 이상은 사무실에 반드시 있어야 한다고 팀원들에게 공지했다. A사원이 휴가를 쓸 수 있는 기간으로 적절한 것은?

구분	8월 휴가																			
	3	4	5	6	7	10	11	12	13	14	17	18	19	20	21	24	25	26	27	28
	월	화	수	목	금	월	화	수	목	금	월	화	수	목	금	월	화	수	목	금
P부장	■	■	■																	
K차장								■	■	■										
J과장	■	■	■	■	■															
H대리										■	■	■	■							
A주임														■	■	■				
B주임											■	■	■	■						
A사원																				
B사원						■	■	■												

※ A사원은 4일 이상 휴가를 사용해야 한다(토, 일 제외).

① 8월 7 ~ 11일
② 8월 6 ~ 11일
③ 8월 11 ~ 16일
④ 8월 13 ~ 18일

49 다음은 한 부서의 분장업무를 나타낸 자료이다. 이를 토대로 유추할 수 있는 부서로 가장 적절한 것은?

분장업무	
• 판매방침 및 계획	• 외상매출금의 청구 및 회수
• 판매예산의 편성	• 제품의 재고 조절
• 시장조사	• 견본품, 반품, 지급품, 예탁품 등의 처리
• 판로의 개척, 광고 선전	• 거래처로부터의 불만처리
• 거래처의 신용조사와 신용한도의 신청	• 제품의 애프터서비스
• 견적 및 계약	• 판매원가 및 판매가격의 조사 검토
• 제조지시서의 발행	–

① 총무부
② 인사부
③ 기획부
④ 영업부

50 K기업은 설날을 맞이하여 6차 산업 우수제품 특판 행사에서 직원 선물을 구매하려고 한다. 총무부인 B사원은 상품 명단을 공지하여 부서별로 상품을 하나씩 선택하게 하였다. 상품 선택 결과가 아래와 같을 때 (A) ~ (C)에 들어갈 가격을 포함한 총주문금액은?

〈6차 산업 우수제품 추석맞이 특판〉

K기업에서는 우수 6차 산업 제품 판매 촉진을 위해 (사)전국 6차 산업 인증사업자 협회와 공동으로 2025년 을사년 설날맞이 '6차 산업 우수제품 특판 행사'를 진행합니다.
대한민국 정부가 인증한 6차 산업 경영체가 지역의 농산물을 이용해 생산하여 신선하고 믿을 수 있는 제품입니다.
이번 행사에는 선물용 세트 12종(흑삼, 한과 등)을 시중 판매 가격 대비 최대 40% 이상 할인된 가격으로 판매하니 많은 주문 바랍니다.

- 주문기간 : 2025년 1월 13일(월) ~ 2025년 1월 27일(월)
- 주문방법 : 첨부파일 상품 주문서 작성 후 E-메일 또는 팩스 발송

구분	상품명	구성	단가	
			정상가(원)	할인율
1	흑삼 에브리진생	흑삼농축액 스틱형(10ml×10포×3입)	75,000	34%
2	하루절편	흑삼절편 200g(20g×10입)	45,000	12%
3	천지수인고	배·도라지·생강 농축액(240g×3입)	120,000	40%
4	도자기꿀	500g	80,000	40%
5	한과 선물세트	찹쌀유과 700g(콩, 백년초, 쑥)	28,000	26%
6	슬로푸드 선물세트	매실액기스 500ml+감식초 500ml	28,000	29%

※ 할인율 적용 시 10원 단위 이하는 절사한다.

〈부서별 상품주문 현황〉

구분	상품명	개수	가격
총무	하루절편	10개	396,000원
마케팅	슬로푸드 선물세트	13개	(A)
영업	도자기꿀	8개	384,000원
인사	흑삼 에브리진생	16개	(B)
기술	한과 선물세트	9개	(C)

① 1,230,000원
② 1,235,700원
③ 1,236,920원
④ 2,015,700원

PART 3

채용 가이드

01 블라인드 채용 소개

1. 블라인드 채용이란?

채용 과정에서 편견이 개입되어 불합리한 차별을 야기할 수 있는 출신지, 가족관계, 학력, 외모 등의 편견요인은 제외하고, 직무능력만을 평가하여 인재를 채용하는 방식입니다.

2. 블라인드 채용의 필요성

- 채용의 공정성에 대한 사회적 요구
  - 누구에게나 직무능력만으로 경쟁할 수 있는 균등한 고용기회를 제공해야 하나, 아직도 채용의 공정성에 대한 불신이 존재
  - 채용상 차별금지에 대한 법적 요건이 권고적 성격에서 처벌을 동반한 의무적 성격으로 강화되는 추세
  - 시민의식과 지원자의 권리의식 성숙으로 차별에 대한 법적 대응 가능성 증가
- 우수인재 채용을 통한 기업의 경쟁력 강화 필요
  - 직무능력과 무관한 학벌, 외모 위주의 선발로 우수인재 선발기회 상실 및 기업경쟁력 약화
  - 채용 과정에서 차별 없이 직무능력중심으로 선발한 우수인재 확보 필요
- 공정한 채용을 통한 사회적 비용 감소 필요
  - 편견에 의한 차별적 채용은 우수인재 선발을 저해하고 외모 · 학벌 지상주의 등의 심화로 불필요한 사회적 비용 증가
  - 채용에서의 공정성을 높여 사회의 신뢰수준 제고

3. 블라인드 채용의 특징

편견요인을 요구하지 않는 대신 직무능력을 평가합니다.

※ 직무능력중심 채용이란?
기업의 역량기반 채용, NCS기반 능력중심 채용과 같이 직무수행에 필요한 능력과 역량을 평가하여 선발하는 채용방식을 통칭합니다.

4. 블라인드 채용의 평가요소

직무수행에 필요한 지식, 기술, 태도 등을 과학적인 선발기법을 통해 평가합니다.

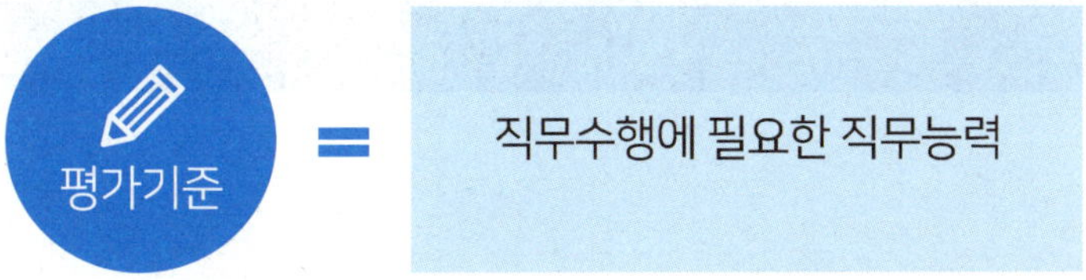

※ 과학적 선발기법이란?
직무분석을 통해 도출된 평가요소를 서류, 필기, 면접 등을 통해 체계적으로 평가하는 방법으로 입사지원서, 자기소개서, 직무수행능력평가, 구조화 면접 등이 해당됩니다.

5. 블라인드 채용 주요 도입 내용

- 입사지원서에 인적사항 요구 금지
  - 인적사항에는 출신지역, 가족관계, 결혼여부, 재산, 취미 및 특기, 종교, 생년월일(연령), 성별, 신장 및 체중, 사진, 전공, 학교명, 학점, 외국어 점수, 추천인 등이 해당
  - 채용 직무를 수행하는 데 있어 반드시 필요하다고 인정될 경우는 제외

    예 특수경비직 채용 시 : 시력, 건강한 신체 요구
    연구직 채용 시 : 논문, 학위 요구 등
- 블라인드 면접 실시
  - 면접관에게 응시자의 출신지역, 가족관계, 학교명 등 인적사항 정보 제공 금지
  - 면접관은 응시자의 인적사항에 대한 질문 금지

6. 블라인드 채용 도입의 효과성

- 구성원의 다양성과 창의성이 높아져 기업 경쟁력 강화
  - 편견을 없애고 직무능력 중심으로 선발하므로 다양한 직원 구성 가능
  - 다양한 생각과 의견을 통하여 기업의 창의성이 높아져 기업경쟁력 강화
- 직무에 적합한 인재선발을 통한 이직률 감소 및 만족도 제고
  - 사전에 지원자들에게 구체적이고 상세한 직무요건을 제시함으로써 허수 지원이 낮아지고, 직무에 적합한 지원자 모집 가능
  - 직무에 적합한 인재가 선발되어 직무이해도가 높아져 업무효율 증대 및 만족도 제고
- 채용의 공정성과 기업이미지 제고
  - 블라인드 채용은 사회적 편견을 줄인 선발 방법으로 기업에 대한 사회적 인식 제고
  - 채용과정에서 불합리한 차별을 받지 않고 실력에 의해 공정하게 평가를 받을 것이라는 믿음을 제공하고, 지원자들은 평등한 기회와 공정한 선발과정 경험

CHAPTER

02 서류전형 가이드

01 채용공고문

1. 채용공고문의 변화

기존 채용공고문	변화된 채용공고문
• 취업준비생에게 불충분하고 불친절한 측면 존재 • 모집분야에 대한 명확한 직무관련 정보 및 평가기준 부재 • 해당분야에 지원하기 위한 취업준비생의 무분별한 스펙 쌓기 현상 발생	• NCS 직무분석에 기반한 채용공고를 토대로 채용전형 진행 • 지원자가 입사 후 수행하게 될 업무에 대한 자세한 정보 공지 • 직무수행내용, 직무수행 시 필요한 능력, 관련된 자격, 직업기초능력 제시 • 지원자가 해당 직무에 필요한 스펙만을 준비할 수 있도록 안내
• 모집부문 및 응시자격 • 지원서 접수 • 전형절차 • 채용조건 및 처우 • 기타사항	• 채용절차 • 채용유형별 선발분야 및 예정인원 • 전형방법 • 선발분야별 직무기술서 • 우대사항

2. 지원 유의사항 및 지원요건 확인

채용 직무에 따른 세부사항을 공고문에 명시하여 지원자에게 적격한 지원 기회를 부여함과 동시에 채용과정에서의 공정성과 신뢰성을 확보합니다.

구성	내용	확인사항
모집분야 및 규모	고용형태(인턴 계약직 등), 모집분야, 인원, 근무지역 등	채용직무가 여러 개일 경우 본인이 해당되는 직무의 채용규모 확인
응시자격	기본 자격사항, 지원조건	지원을 위한 최소자격요건을 확인하여 불필요한 지원을 예방
우대조건	법정・특별・자격증 가점	본인의 가점 여부를 검토하여 가점 획득을 위한 사항을 사실대로 기재
근무조건 및 보수	고용형태 및 고용기간, 보수, 근무지	본인이 생각하는 기대수준에 부합하는지 확인하여 불필요한 지원을 예방
시험방법	서류・필기・면접전형 등의 활용방안	전형방법 및 세부 평가기법 등을 확인하여 지원전략 준비
전형일정	접수기간, 각 전형 단계별 심사 및 합격자 발표일 등	본인의 지원 스케줄을 검토하여 차질이 없도록 준비
제출서류	입사지원서(경력・경험기술서 등), 각종 증명서 및 자격증 사본 등	지원요건 부합 여부 및 자격 증빙서류 사전에 준비
유의사항	임용취소 등의 규정	임용취소 관련 법적 또는 기관 내부 규정을 검토하여 해당여부 확인

02 직무기술서

직무기술서란 직무수행의 내용과 필요한 능력, 관련 자격, 직업기초능력 등을 상세히 기재한 것으로 입사 후 수행하게 될 업무에 대한 정보가 수록되어 있는 자료입니다.

1. 채용분야

설명

NCS 직무분류 체계에 따라 직무에 대한 「대분류 – 중분류 – 소분류 – 세분류」 체계를 확인할 수 있습니다. 채용 직무에 대한 모든 직무기술서를 첨부하게 되며 실제 수행 업무를 기준으로 세부적인 분류정보를 제공합니다.

채용분야	분류체계			
사무행정	대분류	중분류	소분류	세분류
분류코드	02. 경영・회계・사무	03. 재무・회계	01. 재무	01. 예산
				02. 자금
			02. 회계	01. 회계감사
				02. 세무

2. 능력단위

설명

직무분류 체계의 세분류 하위능력단위 중 실질적으로 수행할 업무의 능력만 구체적으로 파악할 수 있습니다.

능력단위	(예산)	03. 연간종합예산수립 05. 확정예산 운영	04. 추정재무제표 작성 06. 예산실적 관리
	(자금)	04. 자금운용	
	(회계감사)	02. 자금관리 05. 회계정보시스템 운용 07. 회계감사	04. 결산관리 06. 재무분석
	(세무)	02. 결산관리 07. 법인세 신고	05. 부가가치세 신고

3. 직무수행내용

설명

세분류 영역의 기본정의를 통해 직무수행내용을 확인할 수 있습니다. 입사 후 수행할 직무내용을 구체적으로 확인할 수 있으며, 이를 통해 입사서류 작성부터 면접까지 직무에 대한 명확한 이해를 바탕으로 자신의 희망직무인지 아닌지, 해당 직무가 자신이 알고 있던 직무가 맞는지 확인할 수 있습니다.

직무수행내용	(예산) 일정기간 예상되는 수익과 비용을 편성, 집행하며 통제하는 일
	(자금) 자금의 계획 수립, 조달, 운용을 하고 발생 가능한 위험 관리 및 성과평가
	(회계감사) 기업 및 조직 내・외부에 있는 의사결정자들이 효율적인 의사결정을 할 수 있도록 유용한 정보를 제공, 제공된 회계정보의 적정성을 파악하는 일
	(세무) 세무는 기업의 활동을 위하여 주어진 세법범위 내에서 조세부담을 최소화시키는 조세전략을 포함하고 정확한 과세소득과 과세표준 및 세액을 산출하여 과세당국에 신고・납부하는 일

4. 직무기술서 예시

태도	(예산) 정확성, 분석적 태도, 논리적 태도, 타 부서와의 협조적 태도, 설득력
	(자금) 분석적 사고력
	(회계 감사) 합리적 태도, 전략적 사고, 정확성, 적극적 협업 태도, 법률준수 태도, 분석적 태도, 신속성, 책임감, 정확한 판단력
	(세무) 규정 준수 의지, 수리적 정확성, 주의 깊은 태도
우대 자격증	공인회계사, 세무사, 컴퓨터활용능력, 변호사, 워드프로세서, 전산회계운용사, 사회조사분석사, 재경관리사, 회계관리 등
직업기초능력	의사소통능력, 문제해결능력, 자원관리능력, 대인관계능력, 정보능력, 조직이해능력

5. 직무기술서 내용별 확인사항

항목	확인사항
모집부문	해당 채용에서 선발하는 부문(분야)명 확인 예 사무행정, 전산, 전기
분류체계	지원하려는 분야의 세부직무군 확인
주요기능 및 역할	지원하려는 기업의 전사적인 기능과 역할, 산업군 확인
능력단위	지원분야의 직무수행에 관련되는 세부업무사항 확인
직무수행내용	지원분야의 직무군에 대한 상세사항 확인
전형방법	지원하려는 기업의 신입사원 선발전형 절차 확인
일반요건	교육사항을 제외한 지원 요건 확인(자격요건, 특수한 경우 연령)
교육요건	교육사항에 대한 지원요건 확인(대졸 / 초대졸 / 고졸 / 전공 요건)
필요지식	지원분야의 업무수행을 위해 요구되는 지식 관련 세부항목 확인
필요기술	지원분야의 업무수행을 위해 요구되는 기술 관련 세부항목 확인
직무수행태도	지원분야의 업무수행을 위해 요구되는 태도 관련 세부항목 확인
직업기초능력	지원분야 또는 지원기업의 조직원으로서 근무하기 위해 필요한 일반적인 능력사항 확인

03 입사지원서

1. 입사지원서의 변화

기존지원서	VS	능력중심 채용 입사지원서	
직무와 관련 없는 학점, 개인신상, 어학점수, 자격, 수상경력 등을 나열하도록 구성		해당 직무수행에 꼭 필요한 정보들을 제시할 수 있도록 구성	
직무기술서	→	인적사항	성명, 연락처, 지원분야 등 작성 (평가 미반영)
직무수행내용		교육사항	직무지식과 관련된 학교교육 및 직업교육 작성
요구지식 / 기술		자격사항	직무관련 국가공인 또는 민간자격 작성
관련 자격증		경력 및 경험사항	조직에 소속되어 일정한 임금을 받거나(경력) 임금 없이(경험) 직무와 관련된 활동 내용 작성
사전직무경험			

2. 교육사항

- 지원분야 직무와 관련된 학교 교육이나 직업교육 혹은 기타교육 등 직무에 대한 지원자의 학습 여부를 평가하기 위한 항목입니다.
- 지원하고자 하는 직무의 학교 전공교육 이외에 직업교육, 기타교육 등을 기입할 수 있기 때문에 전공 제한 없이 직업교육과 기타교육을 이수하여 지원이 가능하도록 기회를 제공합니다.
  (기타교육 : 학교 이외의 기관에서 개인이 이수한 교육과정 중 지원직무와 관련이 있다고 생각되는 교육내용)

구분	교육과정(과목)명	교육내용	과업(능력단위)

PART 3

3. 자격사항

- 채용공고 및 직무기술서에 제시되어 있는 자격 현황을 토대로 지원자가 해당 직무를 수행하는 데 필요한 능력을 가지고 있는지를 평가하기 위한 항목입니다.
- 채용공고 및 직무기술서에 기재된 직무관련 필수 또는 우대자격 항목을 확인하여 본인이 보유하고 있는 자격사항을 기재합니다.

자격유형	자격증명	발급기관	취득일자	자격증번호

4. 경력 및 경험사항

- 직무와 관련된 경력이나 경험 여부를 표현하도록 하여 직무와 관련한 능력을 갖추었는지를 평가하기 위한 항목입니다.
- 해당 기업에서 직무를 수행함에 있어 필요한 사항만을 기록하게 되어 있기 때문에 직무와 무관한 스펙을 갖추지 않아도 됩니다.
- 경력 : 금전적 보수를 받고 일정기간 동안 일했던 경우
- 경험 : 금전적 보수를 받지 않고 수행한 활동

※ 기업에 따라 경력 / 경험 관련 증빙자료 요구 가능

구분	조직명	직위 / 역할	활동기간(년 / 월)	주요과업 / 활동내용

Tip

입사지원서 작성 방법

○ 경력 및 경험사항 작성
- 직무기술서에 제시된 지식, 기술, 태도와 지원자의 교육사항, 경력(경험)사항, 자격사항과 연계하여 개인의 직무역량에 대해 스스로 판단 가능

○ 인적사항 최소화
- 개인의 인적사항, 학교명, 가족관계 등을 노출하지 않도록 유의

부적절한 입사지원서 작성 사례
- 학교 이메일을 기입하여 학교명 노출
- 거주지 주소에 학교 기숙사 주소를 기입하여 학교명 노출
- 자기소개서에 부모님이 재직 중인 기업명, 직위, 직업을 기입하여 가족관계 노출
- 자기소개서에 석·박사 과정에 대한 이야기를 언급하여 학력 노출
- 동아리 활동에 대한 내용을 학교명과 더불어 언급하여 학교명 노출

04 자기소개서

1. 자기소개서의 변화

- 기존의 자기소개서는 지원자의 일대기나 관심 분야, 성격의 장·단점 등 개괄적인 사항을 묻는 질문으로 구성되어 지원자가 자신의 직무능력을 제대로 표출하지 못합니다.
- 능력중심 채용의 자기소개서는 직무기술서에 제시된 직업기초능력(또는 직무수행능력)에 대한 지원자의 과거 경험을 기술하게 함으로써 평가 타당도의 확보가 가능합니다.

1. 우리 회사와 해당 지원 직무분야에 지원한 동기에 대해 기술해 주세요.
2. 자신이 경험한 다양한 사회활동에 대해 기술해 주세요.
3. 지원 직무에 대한 전문성을 키우기 위해 받은 교육과 경험 및 경력사항에 대해 기술해 주세요.
4. 인사업무 또는 팀 과제 수행 중 발생한 갈등을 원만하게 해결해 본 경험이 있습니까? 당시 상황에 대한 설명과 갈등의 대상이 되었던 상대방을 설득한 과정 및 방법을 기술해 주세요.
5. 과거에 있었던 일 중 가장 어려웠었던(힘들었었던) 상황을 고르고, 어떤 방법으로 그 상황을 해결했는지를 기술해 주세요.

Tip

자기소개서 작성 방법

① 자기소개서 문항이 묻고 있는 평가 역량 추측하기

> 예시
>
> - 팀 활동을 하면서 갈등 상황 시 상대방의 니즈나 의도를 명확히 파악하고 해결하여 목표 달성에 기여했던 경험에 대해서 작성해 주시기 바랍니다.
> - 다른 사람이 생각해내지 못했던 문제점을 찾고 이를 해결한 경험에 대해 작성해 주시기 바랍니다.

② 해당 역량을 보여줄 수 있는 소재 찾기(시간×역량 매트릭스)

예시

시간 (→)

평가역량 (↓)

	2021년	2022년	2023년	2024년
도전정신	*대학 발표수업*	*대학 발표수업*	~~*다이어트(헬스)*~~	
대인관계	*대학 발표수업*	*대학 발표수업*		*경영 동아리*
의사소통	*편의점 아르바이트*	~~*군대 작업*~~	*봉사 동아리*	
직무역량			*경영 동아리*	*Book Study*
…				

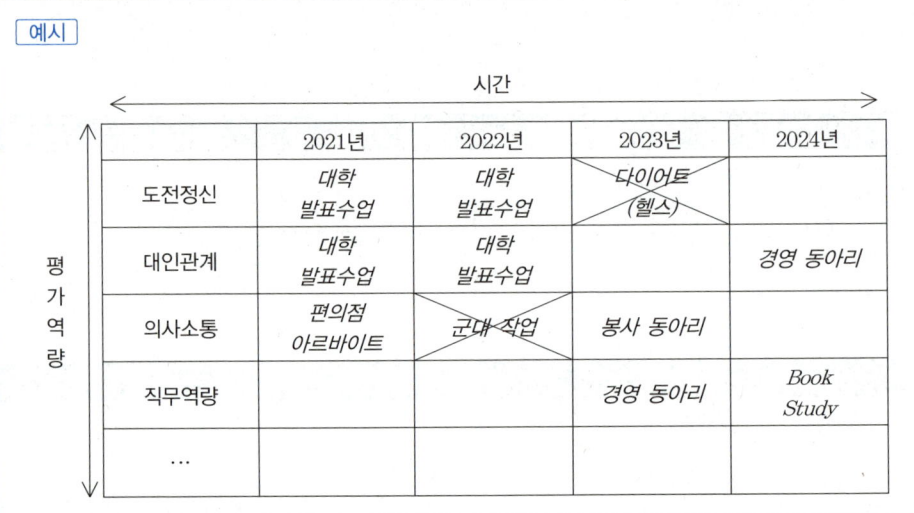

③ 자기소개서 작성 Skill 익히기

- 두괄식으로 작성하기
- 구체적 사례를 사용하기
- '나'를 중심으로 작성하기
- 직무역량 강조하기
- 경험 사례의 차별성 강조하기

03 인성검사 소개 및 모의테스트

01 인성검사 유형

인성검사는 지원자의 성격특성을 객관적으로 파악하고 그것이 각 기업에서 필요로 하는 인재상과 가치에 부합하는가를 평가하기 위한 검사입니다. 인성검사는 KPDI(한국인재개발진흥원), K-SAD(한국사회적성개발원), KIRBS(한국행동과학연구소), SHR(에스에이치알) 등의 전문기관을 통해 각 기업의 특성에 맞는 검사를 선택하여 실시합니다. 대표적인 인성검사의 유형에는 크게 다음과 같은 세 가지가 있으며, 채용 대행업체에 따라 달라집니다.

1. KPDI 검사

조직적응성과 직무적합성을 알아보기 위한 검사로 인성검사, 인성역량검사, 인적성검사, 직종별 인적성검사 등의 다양한 검사 도구를 구현합니다. KPDI는 성격을 파악하고 정신건강 상태 등을 측정하고, 직무검사는 해당 직무를 수행하기 위해 기본적으로 갖추어야 할 인지적 능력을 측정합니다. 역량검사는 특정 직무 역할을 효과적으로 수행하는 데 직접적으로 관련 있는 개인의 행동, 지식, 스킬, 가치관 등을 측정합니다.

2. KAD(Korea Aptitude Development) 검사

K-SAD(한국사회적성개발원)에서 실시하는 적성검사 프로그램입니다. 개인의 성향, 지적 능력, 기호, 관심, 흥미도를 종합적으로 분석하여 적성에 맞는 업무가 무엇인가 파악하고, 직무수행에 있어서 요구되는 기초능력과 실무능력을 분석합니다.

3. SHR 직무적성검사

직무수행에 필요한 종합적인 사고 능력을 다양한 적성검사(Paper and Pencil Test)로 평가합니다. SHR의 모든 직무능력검사는 표준화 검사입니다. 표준화 검사는 표본집단의 점수를 기초로 규준이 만들어진 검사이므로 개인의 점수를 규준에 맞추어 해석·비교하는 것이 가능합니다. S(Standardized Tests), H(Hundreds of Version), R(Reliable Norm Data)을 특징으로 하며, 직군·직급별 특성과 선발 수준에 맞추어 검사를 적용할 수 있습니다.

02 인성검사와 면접

인성검사는 특히 면접질문과 관련성이 높습니다. 면접관은 지원자의 인성검사 결과를 토대로 질문을 하기 때문입니다. 일관적이고 이상적인 답변을 하는 것이 가장 좋지만, 실제 시험은 매우 복잡하여 전문가라 해도 일정 성격을 유지하면서 답변을 하는 것이 힘듭니다. 또한, 인성검사에는 라이 스케일(Lie Scale) 설문이 전체 설문 속에 교묘하게 섞여 들어가 있으므로 겉치레적인 답을 하게 되면 회답태도의 허위성이 그대로 드러나게 됩니다. 예를 들어 '거짓말을 한 적이 한 번도 없다.'에 '예'로 답하고, '때로는 거짓말을 하기도 한다.'에 '예'라고 답하여 라이 스케일의 득점이 올라가게 되면 모든 회답의 신빙성이 사라지고 '자신을 돋보이게 하려는 사람'이라는 평가를 받을 수 있으므로 주의해야 합니다. 따라서 모의테스트를 통해 인성검사의 유형과 실제 시험 시 어떻게 문제를 풀어야 하는지 연습해 보고 체크한 부분 중 자신의 단점과 연결되는 부분은 면접에서 질문이 들어왔을 때 어떻게 대처해야 하는지 생각해 보는 것이 좋습니다.

03 유의사항

1. 기업의 인재상을 파악하라!

인성검사를 통해 개인의 성격 특성을 파악하고 그것이 기업의 인재상과 가치에 부합하는지를 평가하는 시험이기 때문에 해당 기업의 인재상을 먼저 파악하고 시험에 임하는 것이 좋습니다. 모의테스트에서 인재상에 맞는 가상의 인물을 설정하고 문제에 답해 보는 것도 많은 도움이 됩니다.

2. 일관성 있는 대답을 하라!

짧은 시간 안에 다양한 질문에 답을 해야 하는데, 그 안에는 중복되는 질문이 여러 번 나옵니다. 이때 앞서 자신이 체크했던 대답을 잘 기억해뒀다가 일관성 있는 답을 하는 것이 중요합니다.

3. 모든 문항에 대답하라!

많은 문제를 짧은 시간 안에 풀려다 보니 다 못 푸는 경우도 종종 생깁니다. 하지만 대답을 누락하거나 끝까지 다 못했을 경우 좋지 않은 결과를 가져올 수도 있으니 최대한 주어진 시간 안에 모든 문항에 답할 수 있도록 해야 합니다.

04 KPDI 모의테스트

※ 모의테스트는 질문 및 답변 유형 연습을 위한 것으로 실제 시험과 다를 수 있습니다.
※ 인성검사는 정답이 따로 없는 유형의 검사이므로 결과지를 제공하지 않습니다.

번호	내용	예	아니요
001	나는 솔직한 편이다.	☐	☐
002	나는 리드하는 것을 좋아한다.	☐	☐
003	법을 어겨서 말썽이 된 적이 한 번도 없다.	☐	☐
004	거짓말을 한 번도 한 적이 없다.	☐	☐
005	나는 눈치가 빠르다.	☐	☐
006	나는 일을 주도하기보다는 뒤에서 지원하는 것을 선호한다.	☐	☐
007	앞일은 알 수 없기 때문에 계획은 필요하지 않다.	☐	☐
008	거짓말도 때로는 방편이라고 생각한다.	☐	☐
009	사람이 많은 술자리를 좋아한다.	☐	☐
010	걱정이 지나치게 많다.	☐	☐
011	일을 시작하기 전 재고하는 경향이 있다.	☐	☐
012	불의를 참지 못한다.	☐	☐
013	처음 만나는 사람과도 이야기를 잘 한다.	☐	☐
014	때로는 변화가 두렵다.	☐	☐
015	나는 모든 사람에게 친절하다.	☐	☐
016	힘든 일이 있을 때 술은 위로가 되지 않는다.	☐	☐
017	결정을 빨리 내리지 못해 손해를 본 경험이 있다.	☐	☐
018	기회를 잡을 준비가 되어 있다.	☐	☐
019	때로는 내가 정말 쓸모없는 사람이라고 느낀다.	☐	☐
020	누군가 나를 챙겨주는 것이 좋다.	☐	☐
021	자주 가슴이 답답하다.	☐	☐
022	나는 내가 자랑스럽다.	☐	☐
023	경험이 중요하다고 생각한다.	☐	☐
024	전자기기를 분해하고 다시 조립하는 것을 좋아한다.	☐	☐

025	감시받고 있다는 느낌이 든다.	☐	☐
026	난처한 상황에 놓이면 그 순간을 피하고 싶다.	☐	☐
027	세상엔 믿을 사람이 없다.	☐	☐
028	잘못을 빨리 인정하는 편이다.	☐	☐
029	지도를 보고 길을 잘 찾아간다.	☐	☐
030	귓속말을 하는 사람을 보면 날 비난하고 있는 것 같다.	☐	☐
031	막무가내라는 말을 들을 때가 있다.	☐	☐
032	장래의 일을 생각하면 불안하다.	☐	☐
033	결과보다 과정이 중요하다고 생각한다.	☐	☐
034	운동은 그다지 할 필요가 없다고 생각한다.	☐	☐
035	새로운 일을 시작할 때 좀처럼 한 발을 떼지 못한다.	☐	☐
036	기분 상하는 일이 있더라도 참는 편이다.	☐	☐
037	업무능력은 성과로 평가받아야 한다고 생각한다.	☐	☐
038	머리가 맑지 못하고 무거운 느낌이 든다.	☐	☐
039	가끔 이상한 소리가 들린다.	☐	☐
040	타인이 내게 자주 고민상담을 하는 편이다.	☐	☐

05 SHR 모의테스트

※ 모의테스트는 질문 및 답변 유형 연습을 위한 것으로 실제 시험과 다를 수 있습니다.
※ 인성검사는 정답이 따로 없는 유형의 검사이므로 결과지를 제공하지 않습니다.

※ 이 성격검사의 각 문항에는 서로 다른 행동을 나타내는 네 개의 문장이 제시되어 있습니다. 이 문장들을 비교하여, 자신의 평소 행동과 가장 가까운 문장을 'ㄱ' 열에 표기하고, 가장 먼 문장을 'ㅁ' 열에 표기하십시오.

01 나는 ______________________

	ㄱ	ㅁ
A. 실용적인 해결책을 찾는다.	☐	☐
B. 다른 사람을 돕는 것을 좋아한다.	☐	☐
C. 세부 사항을 잘 챙긴다.	☐	☐
D. 상대의 주장에서 허점을 잘 찾는다.	☐	☐

02 나는 ______________________

	ㄱ	ㅁ
A. 매사에 적극적으로 임한다.	☐	☐
B. 즉흥적인 편이다.	☐	☐
C. 관찰력이 있다.	☐	☐
D. 임기응변에 강하다.	☐	☐

03 나는 ______________________

	ㄱ	ㅁ
A. 무서운 영화를 잘 본다.	☐	☐
B. 조용한 곳이 좋다.	☐	☐
C. 가끔 울고 싶다.	☐	☐
D. 집중력이 좋다.	☐	☐

04 나는 ______________________

	ㄱ	ㅁ
A. 기계를 조립하는 것을 좋아한다.	☐	☐
B. 집단에서 리드하는 역할을 맡는다.	☐	☐
C. 호기심이 많다.	☐	☐
D. 음악을 듣는 것을 좋아한다.	☐	☐

05 나는 ______________________________

	ㄱ	ㅁ
A. 타인을 늘 배려한다.	☐	☐
B. 감수성이 예민하다.	☐	☐
C. 즐겨하는 운동이 있다.	☐	☐
D. 일을 시작하기 전에 계획을 세운다.	☐	☐

06 나는 ______________________________

	ㄱ	ㅁ
A. 타인에게 설명하는 것을 좋아한다.	☐	☐
B. 여행을 좋아한다.	☐	☐
C. 정적인 것이 좋다.	☐	☐
D. 남을 돕는 것에 보람을 느낀다.	☐	☐

07 나는 ______________________________

	ㄱ	ㅁ
A. 기계를 능숙하게 다룬다.	☐	☐
B. 밤에 잠이 잘 오지 않는다.	☐	☐
C. 한 번 간 길을 잘 기억한다.	☐	☐
D. 불의를 보면 참을 수 없다.	☐	☐

08 나는 ______________________________

	ㄱ	ㅁ
A. 종일 말을 하지 않을 때가 있다.	☐	☐
B. 사람이 많은 곳을 좋아한다.	☐	☐
C. 술을 좋아한다.	☐	☐
D. 휴양지에서 편하게 쉬고 싶다.	☐	☐

09 나는 ________________________________

	ㄱ	ㅁ
A. 뉴스보다는 드라마를 좋아한다.	☐	☐
B. 길을 잘 찾는다.	☐	☐
C. 주말엔 집에서 쉬는 것이 좋다.	☐	☐
D. 아침에 일어나는 것이 힘들다.	☐	☐

10 나는 ________________________________

	ㄱ	ㅁ
A. 이성적이다.	☐	☐
B. 할 일을 종종 미룬다.	☐	☐
C. 어른을 대하는 게 힘들다.	☐	☐
D. 불을 보면 매혹을 느낀다.	☐	☐

11 나는 ________________________________

	ㄱ	ㅁ
A. 상상력이 풍부하다.	☐	☐
B. 예의 바르다는 소리를 자주 듣는다.	☐	☐
C. 사람들 앞에 서면 긴장한다.	☐	☐
D. 친구를 자주 만난다.	☐	☐

12 나는 ________________________________

	ㄱ	ㅁ
A. 나만의 스트레스 해소 방법이 있다.	☐	☐
B. 친구가 많다.	☐	☐
C. 책을 자주 읽는다.	☐	☐
D. 활동적이다.	☐	☐

04 면접전형 가이드

01 면접유형 파악

1. 면접전형의 변화

기존 면접전형에서는 일상적이고 단편적인 대화나 지원자의 첫인상 및 면접관의 주관적인 판단 등에 의해서 입사 결정 여부를 판단하는 경우가 많았습니다. 이러한 면접전형은 면접 내용의 일관성이 결여되거나 직무 관련 타당성이 부족하였고, 면접에 대한 신뢰도에 영향을 주었습니다.

기존 면접(전통적 면접)		능력중심 채용 면접(구조화 면접)
• 일상적이고 단편적인 대화 • 인상, 외모 등 외부 요소의 영향 • 주관적인 판단에 의존한 총점 부여 ⇩ • 면접 내용의 일관성 결여 • 직무관련 타당성 부족 • 주관적인 채점으로 신뢰도 저하	VS	• 일관성 – 직무관련 역량에 초점을 둔 구체적 질문 목록 – 지원자별 동일 질문 적용 • 구조화 – 면접 진행 및 평가 절차를 일정한 체계에 의해 구성 • 표준화 – 평가 타당도 제고를 위한 평가 Matrix 구성 – 척도에 따라 항목별 채점, 개인 간 비교 • 신뢰성 – 면접진행 매뉴얼에 따라 면접위원 교육 및 실습

2. 능력중심 채용의 면접 유형

① 경험 면접
- 목적 : 선발하고자 하는 직무 능력이 필요한 과거 경험을 질문합니다.
- 평가요소 : 직업기초능력과 인성 및 태도적 요소를 평가합니다.

② 상황 면접
- 목적 : 특정 상황을 제시하고 지원자의 행동을 관찰함으로써 실제 상황의 행동을 예상합니다.
- 평가요소 : 직업기초능력과 인성 및 태도적 요소를 평가합니다.

③ 발표 면접
- 목적 : 특정 주제와 관련된 지원자의 발표와 질의응답을 통해 지원자 역량을 평가합니다.
- 평가요소 : 직무수행능력과 인지적 역량(문제해결능력)을 평가합니다.

④ 토론 면접
- 목적 : 토의과제에 대한 의견수렴 과정에서 지원자의 역량과 상호작용능력을 평가합니다.
- 평가요소 : 직무수행능력과 팀워크를 평가합니다.

02 면접유형별 준비 방법

1. 경험 면접

① 경험 면접의 특징

- 주로 직업기초능력에 관련된 지원자의 과거 경험을 심층 질문하여 검증하는 면접입니다.
- 직무능력과 관련된 과거 경험을 평가하기 위해 심층 질문을 하며, 이 질문은 지원자의 답변에 대하여 '꼬리에 꼬리를 무는 형식'으로 진행됩니다.

> - 능력요소, 정의, 심사 기준
>   - 평가하고자 하는 능력요소, 정의, 심사기준을 확인하여 면접위원이 해당 능력요소 관련 질문을 제시합니다.
> - Opening Question
>   - 능력요소에 관련된 과거 경험을 유도하기 위한 시작 질문을 합니다.
> - Follow-up Question
>   - 지원자의 경험 수준을 구체적으로 검증하기 위한 질문입니다.
>   - 경험 수준 검증을 위한 상황(Situation), 임무(Task), 역할 및 노력(Action), 결과(Result) 등으로 질문을 구분합니다.

경험 면접의 형태

〈일대다 면접〉 〈다대다 면접〉

② 경험 면접의 구조

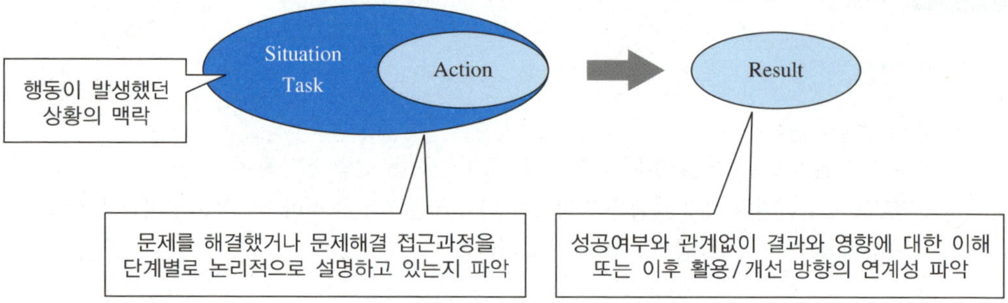

S(Situation)	귀하가 처해 있던 상황에 대해 말해 보시오.
T(Task)	귀하가 수행한 과제/과업은 무엇인가?
A(Action)	어떻게 행동(대응)했는가?
R(Result)	그 행동의 결과는 어땠는가?

(　　　　　)에 관한 과거 경험에 대하여 말해 보시오.

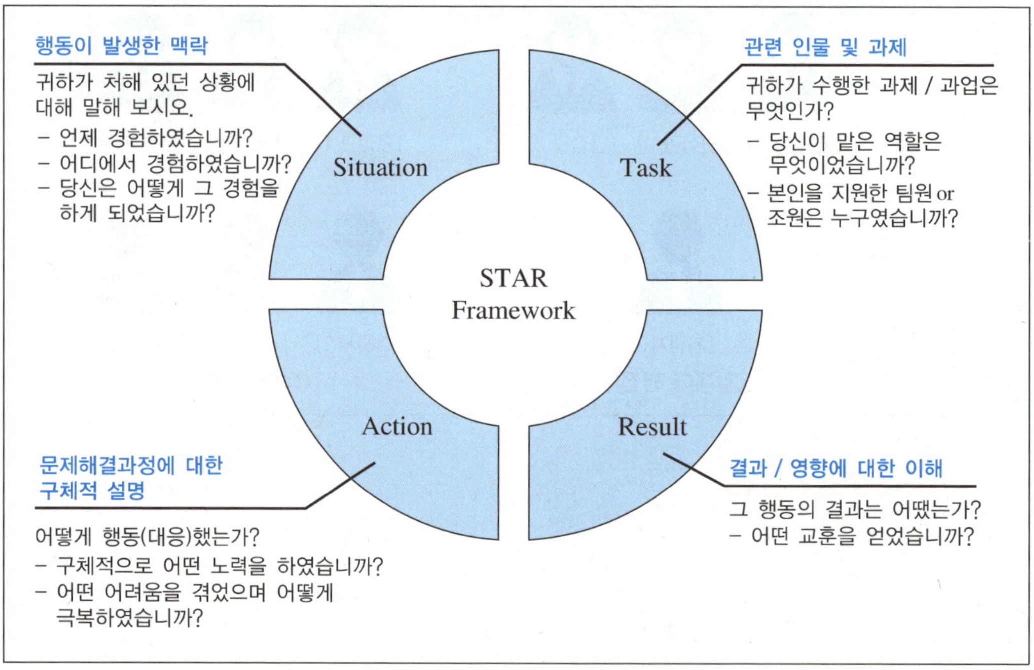

③ 경험 면접 질문 예시(직업윤리)

시작 질문	
1	남들이 신경 쓰지 않는 부분까지 고려하여 절차대로 업무(연구)를 수행하여 성과를 낸 경험을 구체적으로 말해 보시오.
2	조직의 원칙과 절차를 철저히 준수하며 업무(연구)를 수행한 것 중 성과를 향상시킨 경험에 대해 구체적으로 말해 보시오.
3	세부적인 절차와 규칙에 주의를 기울여 실수 없이 업무(연구)를 마무리한 경험을 구체적으로 말해 보시오.
4	조직의 규칙이나 원칙을 고려하여 성실하게 일했던 경험을 구체적으로 말해 보시오.
5	타인의 실수를 바로잡고 원칙과 절차대로 수행하여 성공적으로 업무를 마무리하였던 경험에 대해 말해 보시오.

후속 질문		
상황 (Situation)	상황	구체적으로 언제, 어디에서 경험한 일인가?
		어떤 상황이었는가?
	조직	어떤 조직에 속해 있었는가?
		그 조직의 특성은 무엇이었는가?
		몇 명으로 구성된 조직이었는가?
	기간	해당 조직에서 얼마나 일했는가?
		해당 업무는 몇 개월 동안 지속되었는가?
	조직규칙	조직의 원칙이나 규칙은 무엇이었는가?
임무 (Task)	과제	과제의 목표는 무엇이었는가?
		과제에 적용되는 조직의 원칙은 무엇이었는가?
		그 규칙을 지켜야 하는 이유는 무엇이었는가?
	역할	당신이 조직에서 맡은 역할은 무엇이었는가?
		과제에서 맡은 역할은 무엇이었는가?
	문제의식	규칙을 지키지 않을 경우 생기는 문제점 / 불편함은 무엇인가?
		해당 규칙이 왜 중요하다고 생각하였는가?
역할 및 노력 (Action)	행동	업무 과정의 어떤 장면에서 규칙을 철저히 준수하였는가?
		어떻게 규정을 적용시켜 업무를 수행하였는가?
		규정은 준수하는 데 어려움은 없었는가?
	노력	그 규칙을 지키기 위해 스스로 어떤 노력을 기울였는가?
		본인의 생각이나 태도에 어떤 변화가 있었는가?
		다른 사람들은 어떤 노력을 기울였는가?
	동료관계	동료들은 규칙을 철저히 준수하고 있었는가?
		팀원들은 해당 규칙에 대해 어떻게 반응하였는가?
		규칙에 대한 태도를 개선하기 위해 어떤 노력을 하였는가?
		팀원들의 태도는 당신에게 어떤 자극을 주었는가?
	업무추진	주어진 업무를 추진하는 데 규칙이 방해되진 않았는가?
		업무수행 과정에서 규정을 어떻게 적용하였는가?
		업무 시 규정을 준수해야 한다고 생각한 이유는 무엇인가?

결과 (Result)	평가	규칙을 어느 정도나 준수하였는가?
		그렇게 준수할 수 있었던 이유는 무엇이었는가?
		업무의 성과는 어느 정도였는가?
		성과에 만족하였는가?
		비슷한 상황이 온다면 어떻게 할 것인가?
	피드백	주변 사람들로부터 어떤 평가를 받았는가?
		그러한 평가에 만족하는가?
		다른 사람에게 본인의 행동이 영향을 주었다고 생각하는가?
	교훈	업무수행 과정에서 중요한 점은 무엇이라고 생각하는가?
		이 경험을 통해 느낀 바는 무엇인가?

2. 상황 면접

① 상황 면접의 특징

직무 관련 상황을 가정하여 제시하고 이에 대한 대응능력을 직무관련성 측면에서 평가하는 면접입니다.

- 상황 면접 과제의 구성은 크게 2가지로 구분
  - 상황 제시(Description) / 문제 제시(Question or Problem)
- 현장의 실제 업무 상황을 반영하여 과제를 제시하므로 직무분석이나 직무전문가 워크숍 등을 거쳐 현장성을 높임
- 문제는 상황에 대한 기본적인 이해능력(이론적 지식)과 함께 실질적 대응이나 변수 고려능력(실천적 능력) 등을 고르게 질문해야 함

상황 면접의 형태

② 상황 면접 예시

상황 제시	인천공항 여객터미널 내에는 다양한 용도의 시설(사무실, 통신실, 식당, 전산실, 창고 면세점 등)이 설치되어 있습니다.	실제 업무 상황에 기반함
	금년에 소방배관의 누수가 잦아 메인 배관을 교체하는 공사를 추진하고 있으며, 당신은 이번 공사의 담당자입니다.	배경 정보
	주간에는 공항 운영이 이루어져 주로 야간에만 배관 교체 공사를 수행하던 중, 시공하는 기능공의 실수로 배관 연결 부위를 잘못 건드려 고압배관의 소화수가 누출되는 사고가 발생하였으며, 이로 인해 인근 시설물에 누수에 의한 피해가 발생하였습니다.	구체적인 문제 상황
문제 제시	일반적인 소방배관의 배관연결(이음)방식과 배관의 이탈(누수)이 발생하는 원인에 대해 설명해 보시오.	문제 상황 해결을 위한 기본 지식 문항
	담당자로서 본 사고를 현장에서 긴급히 처리하는 프로세스를 제시하고, 보수완료 후 사후적 조치가 필요한 부분 및 재발방지 방안에 대해 설명해 보시오.	문제 상황 해결을 위한 추가 대응 문항

3. 발표 면접

① 발표 면접의 특징

- 직무관련 주제에 대한 지원자의 생각을 정리하여 의견을 제시하고, 발표 및 질의응답을 통해 지원자의 직무능력을 평가하는 면접입니다.
- 발표 주제는 직무와 관련된 자료로 제공되며, 일정 시간 후 지원자가 보유한 지식 및 방안에 대한 발표 및 후속 질문을 통해 직무적합성을 평가합니다.

- 주요 평가요소
  - 설득적 말하기 / 발표능력 / 문제해결능력 / 직무관련 전문성
- 이미 언론을 통해 공론화된 시사 이슈보다는 해당 직무분야에 관련된 주제가 발표면접의 과제로 선정되는 경우가 최근 들어 늘어나고 있음
- 짧은 시간 동안 주어진 과제를 빠른 속도로 분석하여 발표문을 작성하고 제한된 시간 안에 면접관에게 효과적인 발표를 진행하는 것이 핵심

발표 면접의 형태

〈개별 과제 발표〉 **〈팀 과제 발표〉**

※ 면접관에게 시각적 효과를 사용하여 메시지를 전달하는 쌍방향 커뮤니케이션 방식

※ 심층면접을 보완하기 위한 방안으로 최근 많은 기업에서 적극 도입하는 추세

② 발표 면접 예시

1. 지시문

당신은 현재 A사에서 직원들의 성과평가를 담당하고 있는 팀원이다. 인사팀은 지난주부터 사내 조직문화관련 인터뷰를 하던 도중 성과평가제도에 관련된 개선 니즈가 제일 많다는 것을 알게 되었다. 이에 팀장님은 인터뷰 결과를 종합하려 성과평가제도 개선 아이디어를 A4용지에 정리하여 신속 보고할 것을 지시하셨다. 당신에게 남은 시간은 1시간이다. 자료를 준비하는 대로 당신은 팀원들이 모인 회의실에서 5분 간 발표할 것이며, 이후 질의응답을 진행할 것이다.

2. 배경자료

〈성과평가제도 개선에 대한 인터뷰〉

최근 A사는 회사 사세의 급성장으로 인해 작년보다 매출이 두 배 성장하였고, 직원 수 또한 두 배로 증가하였다. 회사의 성장은 임금, 복지에 대한 상승 등 긍정적인 영향을 주었으나 업무의 불균형 및 성과보상의 불평등 문제가 발생하였다. 또한 수시로 입사하는 신입직원과 경력직원, 퇴사하는 직원들까지 인원들의 잦은 변동으로 인해 평가해야 할 대상이 변경되어 현재의 성과평가제도로는 공정한 평가가 어려운 상황이다.

[생산부서 김상호]
우리 팀은 지난 1년 동안 생산량이 급증했기 때문에 수십 명의 신규인력이 급하게 채용되었습니다. 이 때문에 저희 팀장님은 신규 입사자들의 이름조차 기억 못할 때가 많이 있습니다. 성과평가를 제대로 하고 있는지 의문이 듭니다.

[마케팅 부서 김흥민]
개인의 성과평가의 취지는 충분히 이해합니다. 그러나 현재 평가는 실적기반이나 정성적인 평가가 많이 포함되어 있어 객관성과 공정성에는 의문이 드는 것이 사실입니다. 이러한 상황에서 평가제도를 재수립하지 않고, 인센티브에 계속 반영한다면, 평가제도에 대한 반감이 커질 것이 분명합니다.

[교육부서 홍경민]
현재 교육부서는 인사팀과 밀접하게 일하고 있습니다. 그럼에도 인사팀에서 실시하는 성과평가제도에 대한 이해가 부족한 것 같습니다.

[기획부서 김경호 차장]
저는 저의 평가자 중 하나가 연구부서의 팀장님인데, 일 년에 몇 번 같이 일하지 않는데 어떻게 저를 평가할 수 있을까요? 특히 연구팀은 저희가 예산을 배정하는데, 저에게는 좋지만….

4. 토론 면접

① 토론 면접의 특징

- 다수의 지원자가 조를 편성해 과제에 대한 토론(토의)을 통해 결론을 도출해가는 면접입니다.
- 의사소통능력, 팀워크, 종합인성 등의 평가에 용이합니다.

> • 주요 평가요소
>   – 설득적 말하기, 경청능력, 팀워크, 종합인성
> • 의견 대립이 명확한 주제 또는 채용분야의 직무 관련 주요 현안을 주제로 과제 구성
> • 제한된 시간 내 토론을 진행해야 하므로 적극적으로 자신 있게 토론에 임하고 본인의 의견을 개진할 수 있어야 함

토론 면접의 형태

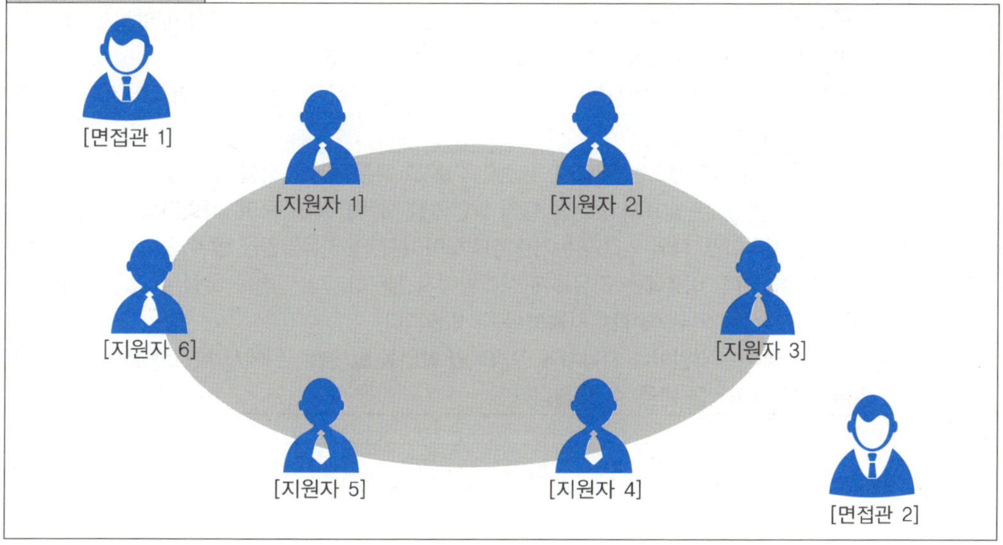

② 토론 면접 예시

고객 불만 고충처리
1. 들어가며
최근 우리 상품에 대한 고객 불만의 증가로 고객고충처리 TF가 만들어졌고 당신은 여기에 지원해 배치받았다. 당신의 업무는 불만을 가진 고객을 만나서 애로사항을 듣고 처리해 주는 일이다. 주된 업무로는 고객의 니즈를 파악해 방향성을 제시해 주고 그 해결책을 마련하는 일이다. 하지만 경우에 따라서 고객의 주관적인 의견으로 인해 제대로 된 방향으로 의사결정을 하지 못할 때가 있다. 이럴 경우 설득이나 논쟁을 해서라도 의견을 관철시키는 것이 좋을지 아니면 고객의 의견대로 진행하는 것이 좋을지 결정해야 할 때가 있다. 만약 당신이라면 이러한 상황에서 어떤 결정을 내릴 것인지 여부를 자유롭게 토론해 보시오.
2. 1분 자유 발언 시 준비사항
• 당신은 의견을 자유롭게 개진할 수 있으며 이에 따른 불이익은 없습니다. • 토론의 방향성을 이해하고, 내용의 장점과 단점이 무엇인지 문제를 명확히 말해야 합니다. • 합리적인 근거에 기초하여 개선방안을 명확히 제시해야 합니다. • 제시한 방안을 실행 시 예상되는 긍정적·부정적 영향요인도 동시에 고려할 필요가 있습니다.
3. 토론 시 유의사항
• 토론 주제문과 제공해드린 메모지, 볼펜만 가지고 토론장에 입장할 수 있습니다. • 사회자의 지정 또는 발표자가 손을 들어 발언권을 획득할 수 있으며, 사회자의 통제에 따릅니다. • 토론회가 시작되면, 팀의 의견과 논거를 정리하여 1분간의 자유발언을 할 수 있습니다. 순서는 사회자가 지정합니다. 이후에는 자유롭게 상대방에게 질문하거나 답변을 하실 수 있습니다. • 핸드폰, 서적 등 외부 매체는 사용하실 수 없습니다. • 논제에 벗어나는 발언이나 지나치게 공격적인 발언을 할 경우, 위에서 제시한 유의사항을 지키지 않을 경우 불이익을 받을 수 있습니다.

03 면접 Role Play

1. 면접 Role Play 편성

- 교육생끼리 조를 편성하여 면접관과 지원자 역할을 교대로 진행합니다.
- 지원자 입장과 면접관 입장을 모두 경험해 보면서 면접에 대한 적응력을 높일 수 있습니다.

경험면접

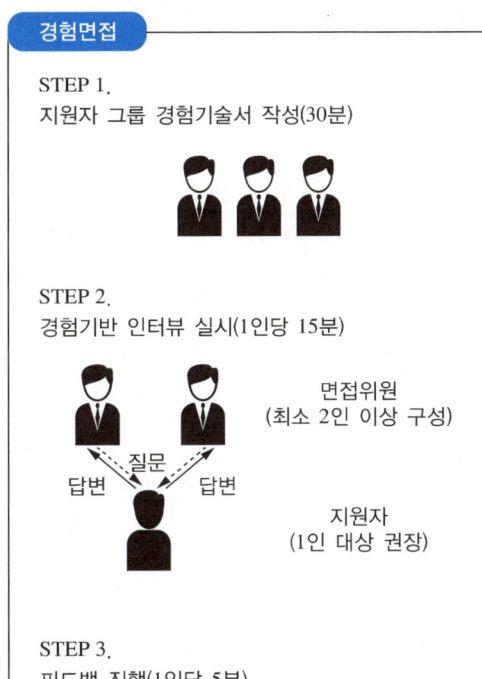

STEP 1.
지원자 그룹 경험기술서 작성(30분)

STEP 2.
경험기반 인터뷰 실시(1인당 15분)

면접위원
(최소 2인 이상 구성)

지원자
(1인 대상 권장)

STEP 3.
피드백 진행(1인당 5분)

발표면접

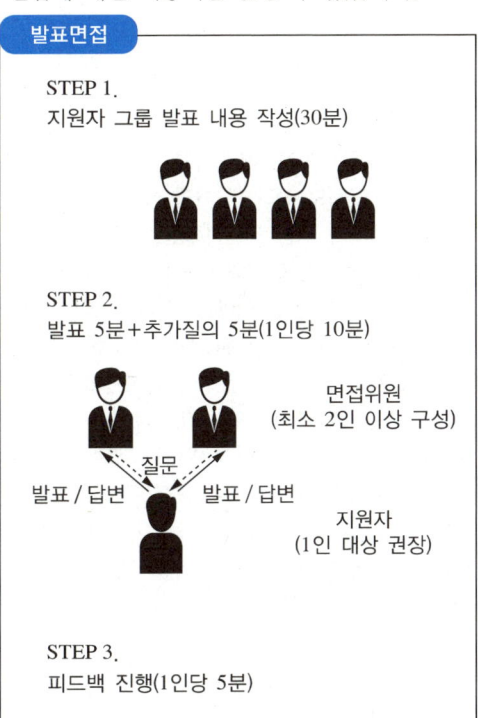

STEP 1.
지원자 그룹 발표 내용 작성(30분)

STEP 2.
발표 5분+추가질의 5분(1인당 10분)

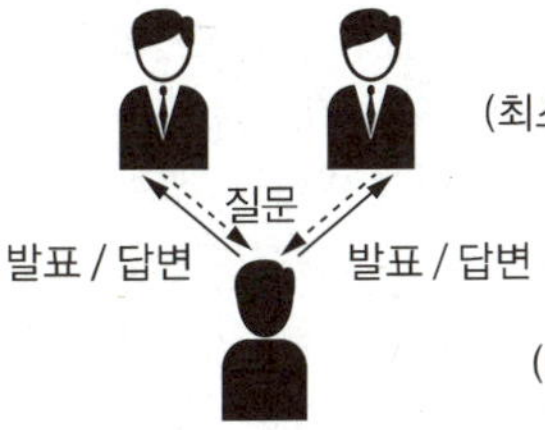

면접위원
(최소 2인 이상 구성)

지원자
(1인 대상 권장)

STEP 3.
피드백 진행(1인당 5분)

Tip

면접 준비하기

1. 면접 유형 확인 필수
   - 기업마다 면접 유형이 상이하기 때문에 해당 기업의 면접 유형을 확인하는 것이 좋음
   - 일반적으로 실무진 면접, 임원면접 2차례에 거쳐 면접을 실시하는 기업이 많고 실무진 면접과 임원면접에서 평가요소가 다르기 때문에 유형에 맞는 준비방법이 필요
2. 후속 질문에 대한 사전 점검
   - 블라인드 채용 면접에서는 주요 질문과 함께 후속 질문을 통해 지원자의 직무능력을 판단 → STAR 기법을 통한 후속 질문에 미리 대비하는 것이 필요

CHAPTER

05 경기도 공공기관 통합채용 면접 기출질문

1. 경기주택도시공사

- 경기주택도시공사의 사업 중 관심있는 사업에 대해 말해 보시오.
- 경기주택도시공사의 사업 중 보완이 필요하다고 생각하는 것에 대해 말해 보시오.
- 지원자가 직장을 선택하는 기준을 경기주택도시공사와 연관지어 말해 보시오.
- 입사 후 1년 이내에 달성하고 싶은 성과에 대해 말해 보시오.
- 입사 후 본인의 역량과 경험을 어떻게 발휘할 것인지 말해 보시오..
- 주거의 미래 방향성에 대한 생각을 말해 보시오.
- 갈등이 있었던 경험과 해결 방안을 말해 보시오.
- 경기주택도시공사의 이미지를 개선할 수 있는 방법에 대해 말해 보시오.
- 임대주택을 활성화할 방안에 대해 말해 보시오.
- 소통과 방향성 중 하나를 선택하고 본인의 경험과 빗대어 말해 보시오.
- 제3신도시에 필요한 기술이 무엇이라고 생각하는가?
- 상사가 부당한 지시를 했을 경우 어떻게 할 것인가?

2. 경기관광공사

- 경기도 여행지 중 한 곳을 추천한다면 어느 곳을 추천하는지 말해보고, 그 이유에 대해 말해 보시오.
- 기억에 남는 여행지와 느낀 점에 대해 말해 보시오.
- 직무와 관련한 경험이나 경력에 대해 말해 보시오.
- 경기관광공사에서 진행하는 사업에 대해 알고 있는 것을 말해 보시오.
- 경기도 MICE 유치를 위한 방안에 대해 발표하시오(외국어 PT).
- 경기도에 외국인 관광객을 유치할 수 있는 방안을 말해 보시오.

3. 경기교통공사

- 행정직 직무 중에서 제일 자신 있거나 관심 있는 직무가 있다면 말해 보고, 해당 직무를 위해서 본인이 한 노력을 말해 보시오.
- 버스와 지하철의 차이점이나 장단점에 대해 말해 보시오.
- 모빌리티와 플랫폼에 대해서 말해 보시오.
- 조직 생활에서 가장 중요한 점을 말해 보시오.
- MZ세대와 기존 세대 간의 갈등 해결법을 본인의 가치관을 중심을 말해 보시오.
- 경기교통공사의 인재상에 대해 말해 보시오.
- 시내버스 회사의 적자 개선 방안을 말해 보시오.
- 버스 준공영제의 문제점과 해결방안을 말해 보시오.

PART 3

4. 경기연구원

- 경기연구원 홈페이지를 보면서 개선했으면 하는 점이나 어떻게 하면 도민들에게 쉽게 다가갈 수 있을지에 대한 생각을 말해 보시오.
- 간단한 자기소개와 함께 지원 사유와 입사했을 경우 하고 싶은 일을 말해 보시오.
- 본인의 장점을 이용해 문제를 해결한 경험을 말해 보시오.
- 본인의 성격이 입사 후 장점이 될 수 있다고 생각하는가?
- 취미는 무엇인가?
- 마지막으로 하고 싶은 한마디를 말해 보시오.

5. 경기신용보증재단

- 경기신용보증재단을 어떻게 알게 되었는지 말해 보시오.
- 하나의 기업 지원과 5개의 소상공인 지원 중 어느 것을 선택할 것인지 말해 보시오.
- 경기신용보증재단의 서비스에 대해 말해 보시오.
- 1분 동안 자기소개 및 지원 동기에 대해 말해 보시오.
- 현재의 기준금리는?
- 중소·소상공인을 구분하는 기준에 대해 설명해 보시오.
- 재보증에 대해 설명해 보시오.
- 대위변제에 대해 설명해 보시오.
- 토론면접 주제 : 게임중독, BTS 군면제, 부모의 미성년자 체벌, 기준금리 인하, 노키즈존 등

6. 경기문화재단

- 경기문화재단에 대해 알고 있는대로 설명해 보시오.
- 최근 경기문화재단이 추진한 사업 중 관심을 가진 사업에 대해 말해 보시오.
- 경기문화재단이 주관한 전시 혹은 행사에 참여한 경험에 대해 말해 보시오.
- 본인이 생각하는 전시와 학예란 무엇인지 말해 보시오.
- 행정직과 문화행정직의 차이에 대한 본인의 생각을 말해 보시오.
- 공공기관 직원으로서 가져야 하는 태도에 대해 말해 보시오.
- 살면서 겪었던 가장 큰 시련에 대해 설명하고, 이겨낸 방법에 대해 말해 보시오.
- 경기문화재단의 홍보활동에 대해 점수를 매긴다면 10점 만점에 몇 점을 줄 것인가?
- 지원한 업무에 대해 얼마나 알고 있는가?
- 큰 비용이 투입되는 대형 공연의 필요성에 대해 찬성과 반대의 입장에서 토론하시오.
- 교각 만들기(빨대와 스카치테이프 등 재료 제공)
- HR 관련 경험이 있는지 말해 보시오.
- 교육기획이 HRD인지 HRM인지 말해 보시오.
- 현재 GE, 삼성 등 세계적 규모의 대기업에서 주로 사용되고 있는 HR 기법에 대해 말해 보시오.
- 2018년은 경기도 1000년 정명의 해인데, 경기문화재단은 이와 관련하여 어떠한 사업을 수행하면 좋을지 말해 보시오.
- 선배가 과도한 업무지시를 한다면 어떻게 하겠는가?
- 업무에 필요한 핵심 역량은 무엇이라 생각하는지 본인의 경험을 통해 말해 보시오.
- 본인의 강점 3가지를 말해 보시오.
- 본인만의 스트레스 해소법은 무엇인가?

7. 경기도경제과학진흥원

- 경기도경제과학진흥원에 대한 기사 중 최근에 본 것이 있다면 말해 보시오.
- 경기도 권역별 산업 현황에 대해 말해 보시오.
- 본인이 규제 완화 정책을 하게 된다면 어떤 식으로 할 것인가?
- 신뢰란 무엇이라고 생각하는가?

8. 경기도청소년수련원

- PBL에 대해 설명해 보시오.
- 경기도청소년수련원이 하는 일에 대해 설명해 보시오.
- 청소년기에 수련원에서 있었던 기억 중 좋았던 점은 무엇인가?
- 청소년들을 위해 어떠한 비전을 제시할 수 있는가?

9. 경기아트센터

- 경기아트센터의 일반행정과 다른 공공기관의 일반행정의 차이점을 말해 보시오.
- 화가 났던 경험을 말해 보시오.

PART 3

10. 경기대진테크노파크

- 경기대진테크노파크 유관기관과 협력을 위한 방안을 말해 보시오.
- 경기대진테크노파크 회원 및 경기북부산업의 현황에 대해 말해 보시오.
- 기업지원은 무엇이라고 생각하는지 말해 보시오.

11. 경기도의료원

- 공공 의료와 민간 의료의 차이가 무엇인지 말해 보시오.
- 병원에서 일할 때 필요한 역량이 무엇인지 말해 보시오.
- 근무하고 싶은 부서에 대해 말해 보시오.
- 근무하고 싶은 부서 외에 다른 부서로 배정되면 어떻게 할 것인지 말해 보시오.
- 고령 고객을 응대하는 방법에 대해 말해 보시오.
- 무리한 요구를 하는 환자가 있다면 어떻게 대처할 것인지 말해 보시오.
- 지역주민이 경기도의료원에 참여할 수 있는 방법을 말해 보시오.
- 소통과 관련하여 조직에 기여한 경험을 말해 보시오.
- 공공병원의 역할이 무엇인지 말해 보시오.
- 본인 성격의 장단점을 말해 보시오.
- 본인에게 경기도의료원은 무엇인가?
- 의료인력들과 협업 시 가장 중요한 것은 무엇이라고 생각하는가?
- 체력과 스트레스 관리법에 대해 말해 보시오.

12. 경기도평생교육진흥원

- 워라밸에 대한 본인의 견해를 말해 보시오.
- 기관 웹진과 유튜브에서 개선할 점이 무엇인지 말해 보시오.
- 평생교육과 관련하여 가장 중요한 것이 무엇인지 말해 보시오.
- 평생교육진흥원에 대해서 아는 대로 말하고, 자신이 잘할 수 있는 이유에 대해 말해 보시오.
- 직접 교육을 기획해본 경험이 있다면 말해 보시오.
- 경기도평생교육진흥원을 지원한 이유를 말해 보시오.
- 경기도평생교육진흥원 사업 중 본인에게 가장 인상 깊었던 사업은 무엇인가?
- 평생교육과 평생학습이라는 단어가 혼용되어 사용되는 것에 어떻게 생각하는가?
- 교육프로그램 평가 시 어떤 평가법을 사용하면 좋을지 3가지 이내로 말해 보시오.

13. 경기도일자리재단

- 경기도일자리재단이 가장 중요하게 생각하는 가치는 무엇인가?
- 4차 산업혁명을 대비하여 교육의 방향과 인재상에 대해 말해 보시오.
- 지금까지의 경력에 대해 말해 보시오.
- 실적을 향상시키기 위한 방안에는 어떤 것이 있는가?
- 본인이 중요시하는 가치관과 직무수행이 충돌할 시 어떻게 대처하겠는가?
- 최근에 읽은 책은 무엇이며 무엇을 느꼈는가?
- 본인이 가장 잘 하는 일은 무엇인가?
- 구독하는 신문과 가장 눈여겨보는 부분은 무엇인가?
- 본인이 경기도일자리재단에 기여할 수 있는 것은 무엇인가?
- 본인의 단점은 무엇인가?
- 본인의 스트레스 해소법에 대해 말해 보시오.

14. 킨텍스

- 마이스 산업이 한국에서 발전하기 힘든 이유를 말해 보시오.
- 본인은 친구가 많은 편인가?
- 동료가 성희롱을 당했다면 어떻게 대응할 것인가?

15. 경기도시공사

- 경기도시공사 홈페이지를 이용해 본 적이 있는가?
- 상사의 부당한 직무명령을 받으면 어떻게 하겠는가?
- 수익성과 공공성을 어느 비율로 유지해야 하는지 말해 보시오.

16. 경기테크노파크

- 4차 산업과 본인의 전공을 어떻게 연계시킬 수 있는가?
- 혁신형 중소기업이 무엇이라고 생각하는가?
- 조직 내에서 경험했던 갈등 사례에는 무엇이 있는가?

17. 경기복지재단

- 경기복지재단의 장단점은 무엇인가?
- 다른 지원자와 다른 본인의 강점에 대해 말해 보시오.
- 정말 꼭 지출해야 하는 비용이 있었는데 지출하지 못하고 연도가 끝났다면 어떻게 할 것인가?
- 지원한 부서가 아닌 다른 부서로 가서 다른 업무를 맡게 된다면 어떤 업무에 자신 있는가?
- 업무를 진행할 때 가장 중요하게 생각하는 3가지를 말해 보시오.
- 본인의 별명은 무엇인가?
- 마지막으로 하고 싶은 말은 무엇인가?

18. 경기도장애인체육회

- 경기도장애인체육회에 지원한 동기는 무엇인가?
- 자기소개를 하시오.
- 본인을 채용해야 하는 이유에 대해 말해 보시오.
- 생활체육을 장애인체육회에서 담당하게 된 이유는 무엇인가?
- 김영란법의 필요성에 대해 말해 보시오.
- 현재 우리나라의 장애인 복지 현황에 대해 어떻게 생각하는가?

19. 차세대융합기술연구원

- 상사가 부당한 지시를 내린다면 어떻게 대처할 것인지 말해 보시오.
- 인턴으로 일하는 중 가장 힘들었던 일이 무엇인지 말해 보시오.

계속 갈망하라. 언제나 우직하게.

– 스티브 잡스 –

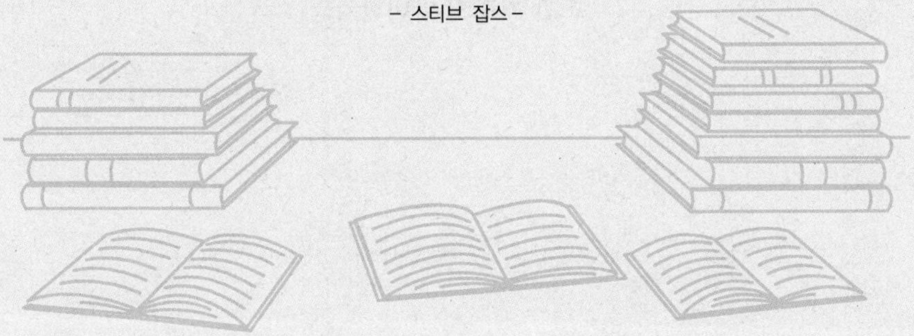

배우고 때로 익히면,

또한 기쁘지 아니한가.

– 공자 –

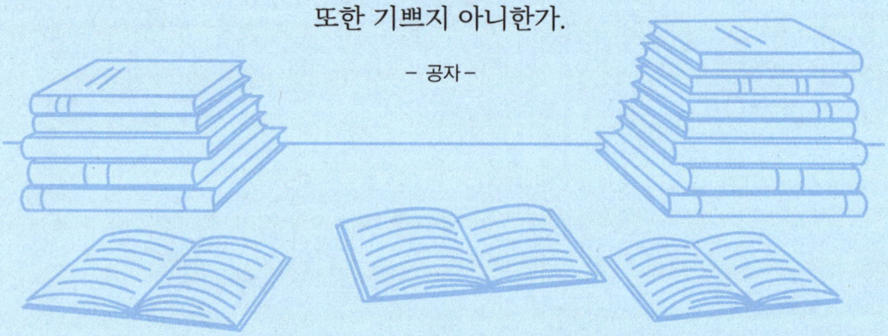

현재 나의 실력을 객관적으로 파악해 보자!

모바일 OMR

답안채점 / 성적분석 서비스

도서에 수록된 모의고사에 대한 객관적인 결과(정답률, 순위)를 종합적으로 분석하여 제공합니다.

OMR 입력 **성적분석** **채점결과**

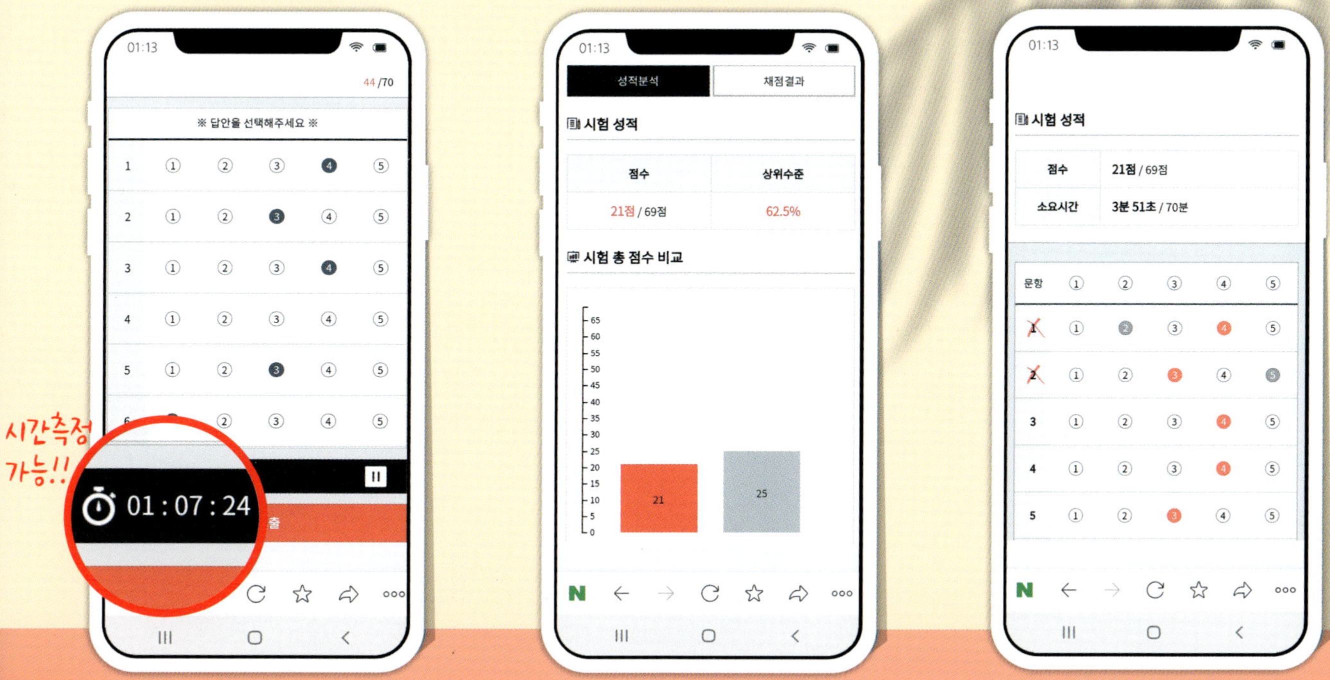

※OMR 답안채점 / 성적분석 서비스는 등록 후 30일간 사용 가능합니다.

도서 내 모의고사 우측 상단에 위치한 QR코드 찍기 → 로그인 하기 → '시작하기' 클릭 → '응시하기' 클릭 → 나의 답안을 모바일 OMR 카드에 입력 → '성적분석 & 채점결과' 클릭 → 현재 내 실력 확인하기

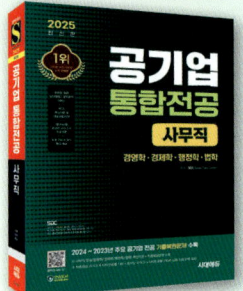

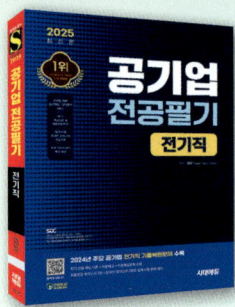

2025
최신판

경기도 공공기관 통합채용

정답 및 해설

NCS+최종점검 모의고사 5회

편저 | SDC(Sidae Data Center)

누적 판매량
1위
기업별 NCS 시리즈

기출복원문제부터
대표기출유형 및
모의고사까지

한 권으로 마무리!

SDC

SDC는 시대에듀 데이터 센터의 약자로
약 30만 개의 NCS · 적성 문제 데이터를
바탕으로 최신 출제경향을 반영하여
문제를 출제합니다.

시대에듀

합격의 공식 시대에듀 www.sdedu.co.kr

Add+

2024년 하반기 주요 공기업 NCS 기출복원문제

2024 하반기 주요 공기업 NCS 기출복원문제

01	02	03	04	05	06	07	08	09	10	11	12	13	14	15	16	17	18	19	20
①	④	②	④	④	③	①	②	④	③	③	④	⑤	③	③	③	④	④	③	⑤
21	22	23	24	25	26	27	28	29	30	31	32	33	34	35	36	37	38	39	40
③	④	②	①	③	④	⑤	④	③	④	③	②	⑤	⑤	⑤	③	③	③	①	①
41	42	43	44	45	46	47	48	49	50										
③	①	②	②	③	④	④	⑤	②	②										

01

정답 ①

㉠ 짜깁기 : 기존의 글이나 영화 따위를 편집하여 하나의 완성품으로 만드는 일

㉡ 뒤처지다 : 어떤 수준이나 대열에 들지 못하고 뒤로 처지거나 남게 되다.

오답분석

- 짜집기 : 짜깁기의 비표준어형
- 뒤쳐지다 : 물건이 뒤집혀서 젖혀지다.

02

정답 ④

공문서에서 날짜를 작성할 때 날짜 다음에 괄호를 사용할 경우에는 마침표를 찍지 않아야 한다.

03

정답 ②

만들 수 있는 모든 세 자리 자연수는 다음과 같다.

<table>
<tr><th>구분</th><th colspan="24">세 자리 자연수</th></tr>
<tr><td>백의 자릿수</td><td colspan="6">1</td><td colspan="6">2</td><td colspan="6">3</td><td colspan="6">4</td></tr>
<tr><td>십의 자릿수</td><td colspan="2">2</td><td colspan="2">3</td><td colspan="2">4</td><td colspan="2">1</td><td colspan="2">3</td><td colspan="2">4</td><td colspan="2">1</td><td colspan="2">2</td><td colspan="2">4</td><td colspan="2">1</td><td colspan="2">2</td><td colspan="2">3</td></tr>
<tr><td>일의 자릿수</td><td>3</td><td>4</td><td>2</td><td>4</td><td>2</td><td>3</td><td>3</td><td>4</td><td>1</td><td>4</td><td>1</td><td>3</td><td>2</td><td>4</td><td>1</td><td>4</td><td>1</td><td>2</td><td>2</td><td>3</td><td>1</td><td>3</td><td>1</td><td>2</td></tr>
</table>

이때, 모든 자연수의 합을 구한다면 각 자릿수의 합은 다음과 같다.

- 백의 자릿수의 합 : $(100\times6)+(200\times6)+(300\times6)+(400\times6)=6,000$
- 십의 자릿수의 합 : $(20\times2\times3)+(30\times2\times3)+(40\times2\times3)+(10\times2\times3)=600$
- 일의 자릿수의 합 : $(3\times2\times3)+(4\times2\times3)+(2\times2\times3)+(1\times2\times3)=60$

따라서 모든 자연수의 합은 $6,000+600+60=6,660$이다.

04

정답 ④

어떤 자연수의 모든 자릿수의 합이 3의 배수일 때, 그 자연수는 3의 배수이다. 그러므로 2+5+□의 값이 3의 배수일 때, 25□는 3의 배수이다. 2+5=7이므로, 7+□의 값이 3의 배수가 되도록 하는 □의 값은 2, 5, 8이다. 따라서 가능한 모든 수의 합은 2+5+8=15이다.

05

정답 ④

- 1,000 이상 10,000 미만
  맨 앞과 맨 뒤의 수가 같은 경우는 1～9의 수가 올 수 있으므로 9가지이고, 각각의 경우에 따라 두 번째 수와 네 번째 수로 0～9의 수가 올 수 있으므로 경우의 수는 10가지이다. 그러므로 모든 네 자리 대칭수의 개수는 9×10=90개이다.
- 10,000 이상 50,000 미만
  맨 앞과 맨 뒤의 수가 같은 경우는 1, 2, 3, 4의 수가 올 수 있으므로 4가지이고, 각각의 경우에 따라 두 번째 수와 네 번째 수로 0～9의 수가 올 수 있으므로 경우의 수는 10가지, 그 각각의 경우에 따라 세 번째에 올 수 있는 수 또한 0～9의 수가 올 수 있으므로 경우의 수는 10가지이다. 그러므로 10,000～50,000 사이의 대칭수의 개수는 4×10×10=400개이다.

따라서 1,000 이상 50,000 미만의 모든 대칭수의 개수는 90+400=490개이다.

06

정답 ③

영서가 1시간 동안 빚을 수 있는 만두의 수를 x개, 어머니가 1시간 동안 만두를 빚을 수 있는 만두의 수를 y개라 할 때 다음과 같은 식이 성립한다.

$\frac{2}{3}[(x+y)]=60 \cdots$ ㉠

$y=x+10 \cdots$ ㉡

㉠$\times\frac{3}{2}$에 ㉡을 대입하면

$x+(x+10)=90$

$\rightarrow 2x=80$

$\therefore x=40$

따라서 영서는 혼자서 1시간 동안 40개의 만두를 빚을 수 있다.

07

정답 ①

제시된 수열은 +10, +14, +18, … 인 수열이다.

따라서 빈칸에 들어갈 수는 98+30=128이다.

08

정답 ②

두 지점의 거리를 $x$km라 할 때 다음 식이 성립한다.

$\frac{x}{80}+\frac{1}{6}+\frac{x}{60}\geq\frac{150}{60}$

$\rightarrow \frac{3x+4x}{240}\geq\frac{15-1}{6}=\frac{14}{6}=\frac{7}{3}$

$\therefore x\geq 80$

따라서 두 지점의 거리는 최소 80km이다.

09

정답 ④

바이올린(V), 호른(H), 오보에(O), 플루트(F) 중 첫 번째 조건에 따라 호른과 바이올린을 묶었을 때 가능한 경우는 3!=6가지로 다음과 같다.

- (HV) – O – F
- (HV) – F – O
- F – (HV) – O
- O – (HV) – F
- F – O – (HV)
- O – F – (HV)

이때 두 번째 조건에 따라 오보에는 플루트 왼쪽에 위치하지 않으므로 (HV) – O – F, O – F – (HV) 2가지는 제외된다. 따라서 왼쪽에서 두 번째 칸에는 바이올린, 호른, 오보에만 위치할 수 있으므로 플루트는 배치할 수 없다.

10

정답 ③

사회적 기업은 수익 창출을 통해 자립적인 운영을 추구하고, 사회적 문제 해결과 경제적 성장을 동시에 달성하려는 특징을 가진 기업 모델로 영리 조직에 해당한다.

영리 조직과 비영리 조직

- 영리 조직 : 이윤 추구를 주된 목적으로 하는 집단으로, 일반적인 사기업이 해당된다.
- 비영리 조직 : 사회적 가치 실현을 위해 공익을 추구하는 집단으로, 자선단체, 의료기관, 교육기관, 비정부기구(NGO) 등이 해당된다.

11

정답 ③

미국의 심리학자인 도널드 키슬러는 대인관계 의사소통 방식을 체크리스트로 평가하여 8가지 유형으로 구분하였다. 이 중 친화형은 따뜻하고 배려심이 깊으며, 타인과의 관계를 중시하는 유형이다. 또한 협동적이고 조화로운 성격으로, 자기희생적인 경향이 강하다.

키슬러의 대인관계 의사소통 유형

- 지배형 : 자신감이 있고 지도력이 있으나 논쟁적이고 독단이 강하여 대인 갈등을 겪을 수 있으므로 타인의 의견을 경청하고 수용하는 자세가 필요하다.
- 실리형 : 이해관계에 예민하고 성취 지향적으로 경쟁적인 데다 자기중심적이어서 타인의 입장을 배려하고 관심을 갖는 자세가 필요하다.
- 냉담형 : 이성적인 의지력이 강하고 타인의 감정에 무관심하며 피상적인 대인관계를 유지하므로 타인의 감정 상태에 관심을 가지고 긍정적인 감정을 표현하는 것이 필요하다.
- 고립형 : 혼자 있는 것을 선호하고 사회적 상황을 회피하며 지나치게 자신의 감정을 억제하므로 대인관계의 중요성을 인식하고 타인에 대한 비현실적인 두려움의 근원을 성찰하는 것이 필요하다.
- 복종형 : 수동적이고 의존적이며 자신감이 없으므로 적극적인 자기표현과 주장이 필요하다.
- 순박형 : 단순하고 솔직하며 자기주관이 부족하므로 자기주장을 하는 노력이 필요하다.
- 친화형 : 따뜻하고 인정이 많고 자기희생적이나 타인의 요구를 거절하지 못하므로 타인과의 정서적인 거리를 유지하는 노력이 필요하다.
- 사교형 : 외향적이고 인정하는 욕구가 강하며, 타인에 대한 관심이 많아서 간섭하는 경향이 있고 흥분을 잘 하므로 심리적 안정과 지나친 인정욕구에 대한 성찰이 필요하다.

12

정답 ④

쉼이란 대화 도중에 잠시 침묵하는 것을 말한다. 쉼을 사용하는 대표적인 경우는 다음과 같다.

- 이야기의 전이 시(흐름을 바꾸거나 다른 주제로 넘어갈 때)
- 양해, 동조, 반문의 경우
- 생략, 암시, 반성의 경우
- 여운을 남길 때

위와 같은 목적으로 쉼을 활용함으로써 논리성, 감정 제고, 동질감 등을 확보할 수 있다.

반면, 연단공포증은 면접이나 발표 등 청중 앞에서 이야기할 때 가슴이 두근거리고, 입술이 타고, 식은땀이 나고, 얼굴이 달아오르는 생리적인 현상으로, 쉼과는 관련이 없다. 연단공포증은 90% 이상의 사람들이 호소하는 불안이므로 극복하기 위해서는 연단공포증에 대한 걱정을 떨쳐내고 이러한 심리현상을 잘 통제하여 의사 표현하는 것을 연습해야 한다.

13

정답 ⑤

철도사고는 달리는 도중에도 발생할 수 있으므로 먼저 인터폰을 통해 승무원에게 사고를 알리고, 열차가 멈춘 후에 안내방송에 따라 비상핸들이나 비상콕크를 돌려 문을 열고 탈출해야 한다. 만일 화재가 발생했을 경우에는 승무원에게 사고를 알리고 곧바로 119에도 신고를 해야 한다.

오답분석

① 침착함을 잃고 패닉에 빠지게 되면, 적절한 행동요령에 따라 대피하기 어렵다. 따라서 사고현장에서 대피할 때는 승무원의 안내에 따라 질서 있게 대피해야 한다.
② 화재사고 발생 시 승객들은 여유가 있을 경우 전동차 양 끝에 비치된 소화기를 통해 초기 진화를 시도해야 한다.
③ 역이 아닌 곳에서 열차가 멈췄을 경우 감전의 위험이 있으므로 반드시 승무원의 안내에 따라 반대편 선로의 열차 진입에 유의하며 대피 유도등을 따라 침착하게 비상구로 대피해야 한다.
④ 전동차에서 대피할 때는 부상자, 노약자, 임산부 등 탈출이 어려운 사람부터 먼저 대피할 수 있도록 배려하고 도와주어야 한다.

14

정답 ③

하향식 읽기 모형은 독자의 배경지식을 바탕으로 글의 맥락을 먼저 파악하는 읽기 전략이다. ③의 경우 제품 설명서를 통해 세부 기능과 버튼별 용도를 파악하고 기계를 작동시켰으므로 상향식 읽기를 수행한 사례이다. 제품 설명서를 하향식으로 읽는다면 제품 설명서를 읽기 전 제품을 보고 배경지식을 바탕으로 어떤 기능이 있는지 예측하고, 해당 기능을 수행하는 세부 방법을 제품 설명서를 통해 찾아봐야 한다.

오답분석

① 회의의 주제에 대한 배경지식을 가지고 회의 안건을 예상한 후 회의 자료를 파악하였으므로 하향식 읽기 모형에 해당한다.
② 헤드라인을 먼저 읽어 배경지식을 바탕으로 전체적인 내용을 파악하고 상세 내용을 읽었으므로 하향식 읽기 모형에 해당한다.
④ 요리에 대한 경험과 지식을 바탕으로 요리 과정을 파악하였으므로 하향식 읽기 모형에 해당한다.
⑤ 해당 분야에 대한 기본적인 지식을 바탕으로 서문이나 목차를 통해 책의 전체적인 흐름을 파악하였으므로 하향식 읽기 모형에 해당한다.

15

정답 ③

농도가 15%인 소금물 200g의 소금의 양은 $200\times\frac{15}{100}=30$g이고, 농도가 20%인 소금물 300g의 소금의 양은 $300\times\frac{20}{100}=60$g이다. 따라서 두 소금물을 섞었을 때의 농도는 $\frac{30+60}{200+300}\times100=\frac{90}{500}\times100=18$%이다.

16

정답 ③

여직원끼리 인접하지 않는 경우는 남직원과 여직원이 번갈아 앉는 경우뿐이다. 이때 여직원 D의 자리를 기준으로 남직원 B가 옆에 앉는 경우를 다음과 같이 나눌 수 있다.

- 첫 번째, 여섯 번째 자리에 여직원 D가 앉는 경우
  남직원 B가 여직원 D 옆에 앉는 경우는 1가지뿐으로, 남은 자리에 남직원, 여직원이 번갈아 앉아 경우의 수는 $2\times1\times2!\times2!=8$가지이다.
- 두 번째, 세 번째, 네 번째, 다섯 번째 자리에 여직원 D가 앉는 경우
  각 경우에 대하여 남직원 B가 여직원 D 옆에 앉는 경우는 2가지이다. 남은 자리에 남직원, 여직원이 번갈아 앉으므로 경우의 수는 $4\times2\times2!\times2!=32$가지이다.

따라서 구하고자 하는 경우의 수는 $8+32=40$가지이다.

17

정답 ④

제시된 수열은 홀수 항일 때 +12, +24, +48, …씩 증가하고, 짝수 항일 때 +20씩 증가하는 수열이다.
따라서 빈칸에 들어갈 수는 13+48=61이다.

18

정답 ④

2022년에 중학교에서 고등학교로 진학한 학생의 비율은 99.7%이고, 2023년 중학교에서 고등학교로 진학한 학생의 비율은 99.6%이다. 따라서 진학한 비율이 감소하였으므로 중학교에서 고등학교로 진학하지 않은 학생의 비율은 증가하였음을 알 수 있다.

오답분석

① 중학교의 취학률이 가장 낮은 해는 97.1%인 2020년이다. 이는 97% 이상이므로 중학교의 취학률은 매년 97% 이상이다.
② 매년 초등학교의 취학률이 가장 높다.
③ 고등교육기관의 취학률은 2020년 이후로 계속해서 70% 이상을 기록하였다.
⑤ 고등교육기관의 취학률이 가장 낮은 해는 2016년이고, 고등학교의 상급학교 진학률이 가장 낮은 해 또한 2016년이다.

19

정답 ③

오답분석

① B기업의 매출액이 가장 많은 때는 2024년 3월이지만, 그래프에서는 2024년 4월의 매출액이 가장 많은 것으로 나타났다.
② 2024년 2월에는 A기업의 매출이 더 많지만, 그래프에서는 B기업이 더 많은 것으로 나타났다.
④ A기업의 매출액이 가장 적은 때는 2024년 4월이지만, 그래프에서는 2024년 3월의 매출액이 가장 적은 것으로 나타났다.
⑤ A기업과 B기업의 매출액의 차이가 가장 큰 때는 2024년 1월이지만, 그래프에서는 2024년 5월과 6월의 매출액 차이가 더 큰 것으로 나타났다.

20

정답 ⑤

스마트 팜 관련 정부 사업 참여 경험은 K사의 강점 요인이다. 또한 정부의 적극적인 지원은 스마트 팜 시장 성장에 따른 기회 요인이다. 따라서 스마트 팜 관련 정부 사업 참여 경험을 바탕으로 정부의 적극적인 지원을 확보하는 것은 내부의 강점을 통해 외부의 기회 요인을 극대화하는 SO전략에 해당한다.

오답분석

①·②·③·④ 외부의 기회를 이용하여 내부의 약점을 보완하는 WO전략에 해당한다.

21

정답 ③

A~F 모두 문맥을 무시하고 일부 문구에만 집착하여 뜻을 해석하고 있으므로 '과대해석의 오류'를 범하고 있다. 과대해석의 오류는 전체적인 상황이나 맥락을 고려하지 않고 특정 단어나 문장에만 집착하여 의미를 해석하는 오류로, 글의 의미를 지나치게 확대하거나 축소하여 생각하고, 문자 그대로의 의미에만 너무 집착하여 다른 가능성이나 해석을 배제하게 되는 논리적 오류이다.

오답분석

① 무지의 오류 : '신은 존재하지 않는다가 증명되지 않았으므로 신은 존재한다.'처럼 증명되지 않았다고 해서 그 반대의 주장이 참이라고 생각하는 오류이다.
② 연역법의 오류 : '조류는 날 수 있다. 펭귄은 조류이다. 따라서 펭귄은 날 수 있다.'처럼 잘못된 삼단논법에 의해 발생하는 논리적 오류이다.
④ 허수아비 공격의 오류 : '저 사람은 과거에 거짓말을 한 적이 있으니 이번에 일어난 사기 사건의 범인이다.'처럼 개별적 인과관계를 입증하지 않고 전혀 상관없는 별개의 논리를 만들어 공격하는 논리적 오류이다.
⑤ 권위나 인신공격에 의존한 논증 : '제정신을 가진 사람이면 그런 주장을 할 수가 없다.'처럼 상대방의 주장 대신 인격을 공격하거나, '최고 권위자인 A교수도 이런 말을 했습니다.'처럼 자신의 논리적인 약점을 권위자를 통해 덮으려는 논리적 오류이다.

22

정답 ④

A～E열차의 운행시간 단위를 시간 단위로, 평균 속력의 단위를 시간당 운행거리로 통일하여 정리하면 다음과 같다.

구분	운행시간	평균 속력	운행거리
A열차	900분=15시간	50m/s=(50×60×60)m/h=180km/h	15×180=2,700km
B열차	10시간 30분=10.5시간	150km/h	10.5×150=1,575km
C열차	8시간	55m/s=(55×60×60)m/h=198km/h	8×198=1,584km
D열차	720분=12시간	2.5km/min=(2.5×60)km/h=150km/h	12×150=1,800km
E열차	10시간	2.7km/min=(2.7×60)m/h=162km/h	10×162=1,620km

따라서 C열차의 운행거리는 네 번째로 길다.

23

정답 ②

K대학교 기숙사 운영위원회는 단순히 '기숙사에 문제가 있다.'라는 큰 문제에서 벗어나 식사, 시설, 통신환경이라는 세 가지 주요 문제를 파악하고 문제별로 다시 세분화하여 더욱 구체적으로 인과관계 및 구조를 파악하여 분석하고 있다. 따라서 제시문에서 나타난 문제해결 절차는 '문제 도출'이다.

문제해결 절차 5단계

1. 문제 인식 : 해결해야 할 전체 문제를 파악하여 우선순위를 정하고 선정 문제에 대한 목표를 명확히 하는 단계
2. 문제 도출 : 선정된 문제를 분석하여 해결해야 할 것이 무엇인지를 명확히 하는 단계로, 현상에 대한 문제를 분해하여 인과관계 및 구조를 파악하는 단계
3. 원인 분석 : 파악된 핵심 문제에 대한 분석을 통해 근본 원인을 도출해 내는 단계
4. 해결안 개발 : 문제로부터 도출된 근본 원인을 효과적으로 해결할 수 있는 최적의 해결 방안을 수립하는 단계
5. 실행 및 평가 : 해결안 개발을 통해 만들어진 실행 계획을 실제 상황에 적용하는 단계로, 해결안을 통해 문제의 원인들을 제거해 나가는 단계

24

정답 ①

공공사업을 위해 투입된 세금을 본래의 목적에 사용하지 않고 무단으로 다른 곳에 쓴 상황이므로 '예정되어 있는 곳에 쓰지 아니하고 다른 데로 돌려서 씀'을 의미하는 '전용(轉用)'이 가장 적절한 단어이다.

오답분석

② 남용(濫用) : 일정한 기준이나 한도를 넘어서 함부로 씀
③ 적용(適用) : 알맞게 이용하거나 맞추어 씀
④ 활용(活用) : 도구나 물건 따위를 충분히 잘 이용함
⑤ 준용(遵用) : 그대로 좇아서 씀

25

정답 ③

시조새는 비대칭형 깃털을 가진 최초의 동물로, 현대의 날 수 있는 조류처럼 바람을 맞는 곳의 깃털은 짧고, 뒤쪽은 긴 형태로 이루어졌으며, 이와 같은 비대칭형 깃털이 양력을 제공하여 짧은 거리의 활강을 가능하게 하였다. 따라서 비행을 하기 위한 시조새의 신체 조건은 날개의 깃털이 비대칭 구조로 형성되어 있는 것이다.

오답분석

① 제시문에서 언급하지 않은 내용이다.
②·④ 세 개의 갈고리 발톱과 척추뼈가 꼬리까지 이어지는 구조는 공룡의 특징을 보여주는 신체 조건이다.
⑤ 시조새는 현대 조류처럼 가슴뼈가 비행에 최적화된 형태로 발달되지 않았다고 언급하고 있다.

26

정답 ④

제시문은 서양의학에 중요한 영향을 준 히포크라테스와 갈레노스에 대해 소개하고 있다. 히포크라테스는 자연적 관찰을 통해 의사를 과학적인 기반 위의 직업으로 만들었으며, 히포크라테스 선서와 같이 전문직업으로써의 윤리적 기준을 마련한 서양의학의 상징이라고 소개하고 있으며, 갈레노스는 실제 해부와 임상 실험을 통해 의학 이론을 증명하고 방대한 저술을 남겨 후대 의학 발전에 큰 영향을 주었음을 설명하고 있다. 따라서 '히포크라테스와 갈레노스가 서양의학에 끼친 영향과 중요성'이 제시문의 주제이다.

오답분석

① 갈레노스의 의사로서의 이력은 언급하고 있지만, 생애에 대해 구체적으로 밝히는 글은 아니다.
② 갈레노스가 해부와 실험을 통해 의학 이론을 증명하였음을 설명할 뿐이며, 해부학의 발전 과정에 대해 설명하는 글은 아니다.
③ 히포크라테스 선서는 히포크라테스가 서양의학에 남긴 중요한 윤리적 기준이지만, 이를 중심으로 설명하는 글은 아니다.
⑤ 히포크라테스와 갈레노스 모두 4체액설과 같은 부분에서는 현대 의학과는 거리가 있었음을 밝히고 있다.

27

정답 ⑤

'비상구'는 '화재나 지진 따위의 갑작스러운 사고가 일어날 때에 급히 대피할 수 있도록 특별히 마련한 출입구'이다. 따라서 이와 가장 비슷한 단어는 '갇힌 곳에서 빠져나가거나 도망하여 나갈 수 있는 출구'를 의미하는 '탈출구'이다.

오답분석

① 진입로 : 들어가는 길
② 출입구 : 나갔다가 들어왔다가 하는 어귀나 문
③ 돌파구 : 가로막은 것을 쳐서 깨뜨려 통과할 수 있도록 뚫은 통로나 목
④ 여울목 : 여울물(강이나 바다 따위의 바닥이 얕거나 폭이 좁아 물살이 세게 흐르는 곳의 물)이 턱진 곳

28

정답 ④

A열차의 속력을 V_a, B열차의 속력을 V_b라 하고, 터널의 길이를 l, 열차의 전체 길이를 x라 하자.

A열차가 터널을 진입하고 빠져나오는 데 걸린 시간은 $\frac{l+x}{V_a}=14$초이다. B열차가 A열차보다 5초 늦게 진입하고 5초 빠르게 빠져나왔으므로 터널을 진입하고 빠져나오는 데 걸린 시간은 $14-5-5=4$초이다. 그러므로 $\frac{l+x}{V_b}=4$초이다.

따라서 $V_a=14(l+x)$, $V_b=4(l+x)$이므로 $\frac{V_a}{V_b}=\frac{14(l+x)}{4(l+x)}=3.5$배이다.

29

정답 ③

A팀은 5일마다, B팀은 4일마다 회의실을 사용하므로 두 팀이 회의실을 사용하고자 하는 날은 20일마다 겹친다. 첫 번째 겹친 날에 A팀이 먼저 사용했으므로 20일 동안 A팀이 회의실을 사용한 횟수는 4회이다. 두 번째 겹친 날에는 B팀이 사용하므로 40일 동안 A팀이 회의실을 사용한 횟수는 7회이고, 세 번째로 겹친 날에는 A팀이 회의실을 사용하므로 60일 동안 A팀은 회의실을 11회 사용하였다. 이를 표로 정리하면 다음과 같다.

겹친 횟수	첫 번째	두 번째	세 번째	네 번째	다섯 번째	…	$(n-1)$번째	n번째
회의실 사용 팀	A팀	B팀	A팀	B팀	A팀	…	A팀	B팀
A팀의 회의실 사용 횟수	4회	7회	11회	14회	18회	…		

겹친 날을 기준으로 A팀은 9회, B팀은 8회를 사용하였으므로 다음으로는 B팀이 회의실을 사용할 순서이다. 이때, B팀이 m번째로 회의실을 사용할 순서라면 A팀이 이때까지 회의실을 사용한 횟수는 $7m$회이다. 따라서 B팀이 겹친 날을 기준으로 회의실을 8회까지 사용하였고, 9번째로 사용할 순서이므로 이때까지 A팀이 회의실을 사용한 횟수는 최대 $7\times9=63$회이다.

30

정답 ④

마지막 조건에 따라 광물 B는 인회석이고, 광물 B로 광물 C를 긁었을 때 긁힘 자국이 생기므로 광물 C는 인회석보다 무른 광물이다. 한편, 광물 A로 광물 C를 긁었을 때 긁힘 자국이 생기므로 광물 A는 광물 C보다 단단하고, 광물 A로 광물 B를 긁었을 때 긁힘 자국이 생기지 않으므로 광물 A는 광물 B보다는 무른 광물이다. 따라서 가장 단단한 광물은 B이며, 그다음으로 A, C 순으로 단단하다.

오답분석

① 광물 C는 인회석보다 무른 광물이므로 석영이 아니다.
② 광물 A는 인회석보다 무른 광물이지만, 방해석인지는 확인할 수 없다.
③ 가장 무른 광물은 C이다.
⑤ 광물 B는 인회석이므로 모스 굳기 단계는 5단계이다.

31

정답 ③

에너지바우처를 신청하기 위해서는 소득기준과 세대원 특성기준을 모두 충족해야 한다. C는 생계급여 수급자으므로 소득기준을 충족하고, 65세 이상이므로 세대원 특성기준도 충족한다. 그러나 C의 경우 보장시설인 양로시설에 거주하는 보장시설 수급자이므로 지원 제외 대상이다. 따라서 C는 에너지바우처를 신청할 수 없다.

오답분석

① A의 경우 의료급여 수급자이므로 소득기준을 충족하고, 7세 이하의 영유아가 있으므로 세대원 특성기준도 충족한다. 따라서 에너지바우처를 신청할 수 있다.
② B의 경우 교육급여 수급자이므로 소득기준을 충족하고, 한부모가족이므로 세대원 특성기준도 충족한다. 또한 4인 이상 세대에 해당하므로 바우처 지원금액은 716,300원으로 70만 원 이상이다.
④ 동절기 에너지바우처 지원방법은 요금차감과 실물카드 2가지 방법이 있다. 이 중 D의 경우 연탄보일러를 이용하고 있으므로 실물카드를 받아 연탄을 직접 결제하는 방식으로 지원받아야 한다.
⑤ E의 경우 생계급여 수급자이므로 소득기준을 충족하고, 희귀질환을 앓고 있는 어머니가 세대원으로 있으므로 세대원 특성기준도 충족한다. 또한 2인 세대에 해당하므로 하절기 바우처 지원금액인 73,800원이 지원된다. 이때, 하절기는 전기요금 고지서에서 요금을 자동으로 차감해 주므로 전기비에서 73,800원이 차감될 것이다.

32

정답 ②

A가족과 B가족 모두 소득기준과 세대원 특성기준이 에너지바우처 신청기준을 충족한다. A가족의 경우 5명이므로 총 716,300원을 지원받을 수 있다. 그러나 이미 연탄쿠폰을 발급받았으므로 동절기 에너지바우처는 지원받을 수 없다. 따라서 하절기 지원금액인 117,000원을 지원받는다. B가족의 경우 2명이므로 총 422,500원을 지원받을 수 있으며, 지역난방을 이용 중이므로 하절기와 동절기 모두 요금차감의 방식으로 지원받는다. 따라서 두 가족의 에너지바우처 지원 금액은 117,000+422,500=539,500원이다.

33

정답 ⑤

J공사의 지점 근무 인원이 71명이므로 가용 인원수가 부족한 B오피스는 제외된다. 또한, 시설 조건에서 스튜디오와 회의실이 필요하다고 했으므로 스튜디오가 없는 D오피스도 제외된다. 나머지 A, C, E오피스는 모두 교통 조건을 충족하므로 임대비용만 비교하면 된다. A, C, E오피스의 5년 임대비용은 다음과 같다.

- A오피스 : 600만×71×5=213,000만 원 → 21억 3천만 원
- C오피스 : 3,600만×12×5=216,000만 원 → 21억 6천만 원
- E오피스 : (3,800만×12×0.9)×5=205,200만 원 → 20억 5천 2백만 원

따라서 사무실 이전 조건을 바탕으로 가장 저렴한 공유 오피스인 E오피스로 이전한다.

34

정답 ⑤

제시된 프로그램은 'result'의 초기 값을 0으로 정의한 후 'result' 값이 2를 초과할 때까지 하위 명령을 실행하는 프로그램이다. 이때 'result' 값을 1 증가시킨 후 그 값을 출력하고, 다시 1을 빼므로 0 → 1 → 1 출력 → 0 → 1 → 1 출력 → 0 → 1 → 1 출력 → … 과정을 무한히 반복하게 된다. 따라서 1이 무한히 출력된다.

35

정답 ⑤

ROUND 함수는 인수를 지정한 자릿수로 반올림한 값을 구하는 함수로, 「=ROUND(인수, 자릿수)」로 표현한다. 이때 자릿수는 다음과 같이 나타낸다.

만의 자리	천의 자리	백의 자리	십의 자리	일의 자리	소수점 첫째 자리	소수점 둘째 자리	소수점 셋째 자리
−4	−3	−2	−1	0	1	2	3

따라서 「=ROUND(D2, −1)」는 [D2] 셀에 입력된 117.3365의 값을 십의 자리로 반올림하여 나타내므로, 출력되는 값은 120이다.

36

정답 ③

제시문은 ADHD의 원인과 치료 방법에 대한 글이다. 첫 번째 문단에서는 ADHD가 유전적 원인에 의해 발생한다고 설명하고, 두 번째 문단에서는 환경적 원인에 의해 발생한다고 설명하고 있다. 이를 종합하면 ADHD가 다양한 원인이 복합적으로 작용하는 질환임을 알 수 있다. 또한 빈칸 뒤에서도 다양한 원인에 부합하는 맞춤형 치료와 환경 조성이 필요하다고 하였으므로 빈칸에 들어갈 내용으로 가장 적절한 것은 ③이다.

37

정답 ③

~율/률의 앞 글자가 'ㄱ' 받침을 가지고 있으므로 '출석률'이 옳은 표기이다.

~율과 ~률의 구별

- ~율 : 앞 글자의 받침이 없거나 받침이 'ㄴ'인 경우 → 비율, 환율, 백분율
- ~률 : 앞 글자의 받침이 있는 경우(단, 'ㄴ' 받침 제외) → 능률, 출석률, 이직률, 합격률

38

정답 ③

남성 합격자 수와 여성 합격자 수의 비율이 2 : 3이므로 여성 합격자는 48명이다.
남성 불합격자 수와 여성 불합격자 수가 모두 a명이라 하면 다음과 같이 정리할 수 있다.

(단위 : 명)

구분	합격자	불합격자	전체 지원자
남성	$2b=32$	a	$a+2b$
여성	$3b=48$	a	$a+3b$

남성 전체 지원자 수는 $(a+32)$명이고, 여성 전체 지원자 수는 $(a+48)$명이다.

$(a+32):(a+48)=6:7$

$\rightarrow 6\times(a+48)=7\times(a+32)$

$\rightarrow a=(48\times6)-(32\times7)$

$\therefore a=64$

따라서 전체 지원자 수는 $2a+5b=(64\times2)+(16\times5)=128+80=208$명이다.

39

정답 ①

A씨는 2023년에는 9개월 동안 K공사에 근무하였다. (건강보험료)=(보수월액)×(건강보험료율)이고, 2023년 1월 1일 이후 (장기요양보험료)=(건강보험료)×$\frac{\text{(장기요양보험료율)}}{\text{(건강보험료율)}}$이므로 (장기요양보험료)=(보수월액)×(건강보험료율)×$\frac{\text{(장기요양보험료율)}}{\text{(건강보험료율)}}$이다.

그러므로 (보수월액)=$\frac{\text{(장기요양보험료)}}{\text{(장기요양보험료율)}}$이다.

따라서 A씨의 2023년 장기요양보험료는 35,120원이므로 보수월액은 $\frac{35,120}{0.9082\%}=\frac{35,120}{0.9082}\times100 \fallingdotseq 3,866,990$원이다.

40

정답 ①

'가명처리'란 개인정보의 일부를 삭제하거나 일부 또는 전부를 대체하는 등의 방법으로 추가 정보가 없이는 특정 개인을 알아볼 수 없도록 처리하는 것을 말한다(개인정보보호법 제2조 제1의2호).

오답분석

② 개인정보보호법 제2조 제3호에 해당한다.
③ 개인정보보호법 제2조 제1호 가목에 해당한다.
④ 개인정보보호법 제2조 제2호에 해당한다.

41

정답 ③

「=COUNTIF(범위,조건)」 함수는 조건을 만족하는 범위 내 인수의 개수를 셈하는 함수이다. 이때, 열 전체에 적용하려면 해당 범위에서 숫자를 제외하면 된다. 따라서 B열에서 값이 100 이하인 셀의 개수를 구하는 함수는 「=COUNTIF(B:B,"<=100")」이다.

42

정답 ①

- 초등학생의 한 달 용돈의 합계는 B열부터 E열까지 같은 행에 있는 금액의 합이다. 따라서 (A)에 들어갈 함수는 「=SUM(B2:E2)」이다.
- 한 달 용돈이 150,000원 이상인 학생 수는 [F2] 셀부터 [F7] 셀까지 금액이 150,000원 이상인 셀의 개수로 구할 수 있다. 따라서 (B)에 들어갈 함수는 「=COUNTIF(F2:F7,">=150,000」이다.

43

정답 ②

빅데이터 분석을 기획하고자 할 때는 먼저 범위를 설정한 다음 프로젝트를 정의해야 한다. 그 후에 수행 계획을 수립하고 위험 계획을 수립해야 한다.

44

정답 ②

(영업이익률)=$\frac{\text{(영업이익)}}{\text{(매출액)}}$×100이고, 영업이익을 구하기 위해서는 매출총이익을 먼저 계산해야 한다. 따라서 2022년 4분기의 매출총이익은 $60-80=-20$십억 원이고, 영업이익은 $-20-7=-27$십 억 원이므로 영업이익률은 $-\frac{27}{60}\times100=-45\%$이다.

45

정답 ③

1시간은 3,600초이므로 36초는 $36초\times\frac{1시간}{3,600초}=0.01$시간이다. 그러므로 무빙워크의 전체 길이는 $5\times0.01=0.05$km이다.

따라서 무빙워크와 같은 방향으로 4km/h의 속력으로 걸을 때의 속력은 $5+4=9$km/h이므로 걸리는 시간은 $\frac{0.05}{9}=\frac{5}{900}=\frac{5}{900}\times\frac{3,600초}{1시간}=20$초이다.

46

정답 ④

안전 스위치를 누르는 동안에만 스팀이 나온다고 하였으므로 안전 스위치를 누르는 등의 외부 입력이 없다면 스팀은 발생하지 않는다.

오답분석

① 기본형 청소구로 카펫를 청소하면 청소 효율이 떨어질 뿐이며, 카펫 청소는 가능하다고 언급되어 있다.
② 스팀 청소 완료 후 충분히 식지 않은 상태에서 통을 분리하면 뜨거운 물이 새어 나와 화상의 위험이 있다고 언급되어 있다.
③ 기본형 청소구의 돌출부를 누른 상태에서 잡아당기면 좁은 흡입구를 꺼낼 수 있다고 언급되어 있다.
⑤ 스팀 청소구의 물통에 물을 채우는 작업, 걸레판에 걸레를 부착하는 작업 모두 반드시 전원을 분리한 상태에서 진행해야 한다고 언급되어 있다.

47

정답 ④

바닥에 물이 남는다면 스팀 청소구를 좌우로 자주 기울이지 않도록 주의하거나 젖은 걸레를 교체해야 한다.

48

정답 ⑤

제시된 순서도는 result 값이 6을 초과할 때까지 2씩 증가하고, result 값이 6을 초과하면 그 값을 출력하는 순서도이다. 따라서 result 값이 5일 때 2를 더하여 $5+2=7$이 되어 6을 초과하므로 출력되는 값은 7이다.

49

정답 ②

업무적으로 내적 동기를 유발하기 위해서는 업무 관련 교육을 꾸준히 하여야 한다.

내적 동기를 유발하는 방법

- 긍정적 강화법 활용하기
- 새로운 도전의 기회 부여하기
- 창의적인 문제해결법 찾기
- 자신의 역할과 행동에 책임감 갖기
- 팀원들을 지도 및 격려하기
- 변화를 두려워하지 않기
- 지속적인 교육 실시하기

50

정답 ②

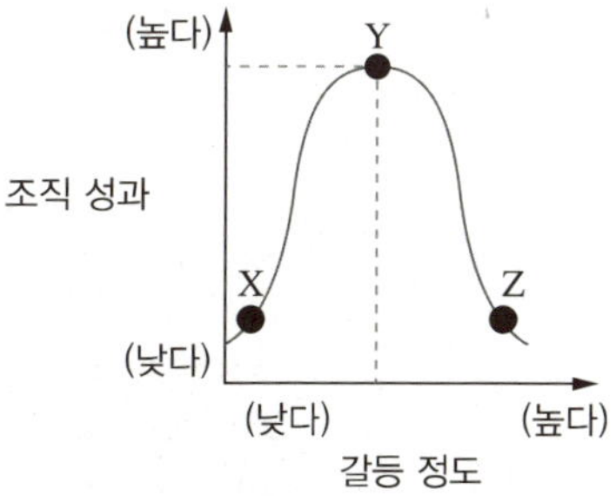

갈등 정도와 조직 성과에 대한 그래프에서 갈등이 X점 수준일 때에는 조직 내부의 의욕이 상실되고 환경의 변화에 대한 적응력도 떨어져 조직 성과가 낮아진다. 갈등이 Y점 수준일 때에는 갈등의 순기능이 작용하여 조직 내부에 생동감이 넘치고 변화 지향적이며 문제해결능력이 발휘되어 조직 성과가 높아진다. 반면, 갈등이 Z점 수준일 때에는 오히려 갈등의 역기능이 작용하여 조직 내부에 혼란과 분열이 발생하고 조직 구성원들이 비협조적이 되어 조직 성과는 낮아지게 된다.

무언가를 위해 목숨을 버릴 각오가 되어 있지 않는 한
그것이 삶의 목표라는 어떤 확신도 가질 수 없다.

- 체 게바라 -

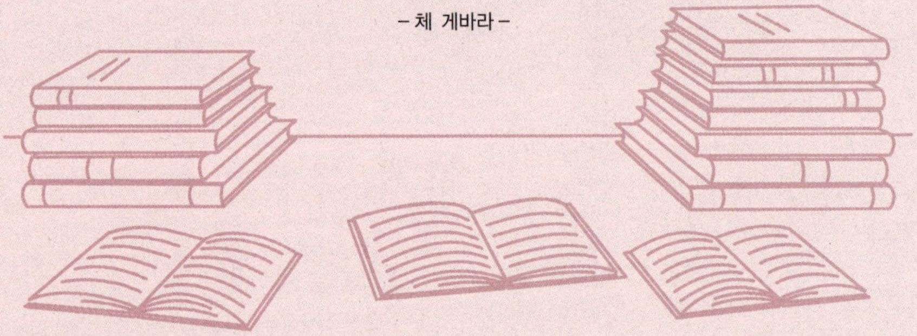

PART 1

직업기초능력평가

CHAPTER

01 의사소통능력

대표기출유형 01 기출응용문제

01

정답 ①

알파고의 다음 상대가 누구인지는 글에 나와 있지 않다.

02

정답 ④

아이들이 따뜻한 구들에 누워 자는 것이 습관이 되어 사지의 활동량이 적어 발육이 늦어진 것이지, 체온을 높였기 때문에 발육이 늦어진 것은 아니다.

오답분석

①·②·③ 두 번째 문단을 통해 알 수 있다.

03

정답 ④

제시문의 세 번째 문단에서 '상품에 응용된 과학 기술이 복잡해지고 첨단화되면서 상품 정보에 대한 소비자의 정확한 이해도 기대하기 어려워졌다.'는 내용을 통해 알 수 있다.

04

정답 ③

제시문의 세 번째 문단에서 레비스트로스는 신화 자체의 사유 방식이나 특성을 특정 시대의 것으로 한정하는 오류를 범하고 있다고 언급하였으며, 과거 신화시대에 생겨난 신화적 사유는 신화가 재현되고 재생되는 한 여전히 시간과 공간을 뛰어 넘어 현재화되고 있다고 하였다.

대표기출유형 02 기출응용문제

01

정답 ①

제시문은 CCTV가 인공지능(AI)과 융합되면 기대할 수 있는 효과들(범인 추적, 자연재해 예측)에 대해 설명하고 있다. 따라서 글의 제목으로는 'AI와 융합한 CCTV의 진화'가 가장 적절하다.

02

정답 ②

제시문은 미래 사회에서는 산업 구조의 변화에 따라 전반적인 사회조직의 원리도 바뀔 것이라고 설명하고 있다. 따라서 글의 제목으로는 '미래 사회조직의 원리'가 가장 적절하다.

03

정답 ③

제시문은 우유니 사막의 위치와 형성, 특징 등 우유니 사막의 자연지리적 특징에 대한 글이다. 따라서 글의 주제로는 '우유니 사막의 자연지리적 특성'이 가장 적절하다.

04

정답 ④

제시문의 첫 번째 문단에서는 임신 중 고지방식 섭취로 인한 자식의 생식기에 종양 발생 가능성에 대한 연구결과를 이야기하고 있고, 두 번째 문단에서는 사지 절단 수술로 인해 심장병으로 사망할 가능성에 대한 조사 결과를 설명하고 있다. 따라서 글의 주제로는 '의외의 질병 원인과 질병 사이의 상관관계'가 가장 적절하다.

PART 1

05

정답 ④

제시문에서는 우리 민족과 함께해 온 김치의 역사를 비롯하여 김치의 특징과 다양성 등을 함께 이야기하고 있으며, 복합 산업으로 발전하면서 규모가 성장하고 있는 김치 산업에 대해서도 설명하고 있다. 따라서 글 전체의 내용을 아우를 수 있는 글의 제목으로는 '우리 민족의 전통이자 자존심, 김치'가 가장 적절하다.

오답분석

① 첫 번째 문단이나 두 번째 문단의 소제목은 될 수 있으나, 글 전체 내용을 나타내는 제목으로는 적절하지 않다.
② 세 번째 문단에서 김치 산업에 대한 내용을 언급하고 있지만, 이는 현재 김치 산업의 시장 규모에 대한 내용일 뿐이므로 산업의 활성화 방안과는 거리가 멀다.
③ 제시문의 첫 번째 문단에서 김장을 언급하고 있기는 하지만, 글의 전체 내용은 김치에 대한 이야기이다. 따라서 글의 제목으로는 적절하지 않다.

대표기출유형 03 기출응용문제

01

정답 ④

제시문은 온난화 기체 저감을 위한 습지 건설 기술에 대해 설명하고 있다. 따라서 (나) 인공 습지 개발 가정 – (다) 그에 따른 기술적 성과 – (가) 개발 기술의 활용 – (라) 기술 이전에 따른 기대 효과 순으로 나열해야 한다.

02

정답 ②

제시문은 신탁 원리의 탄생 배경인 12세기 영국의 상황에 대해 설명하고 있다. 따라서 (가) 신탁 제도의 형성과 위탁자, 수익자, 수탁자의 관계 등장 – (다) 불안정한 지위의 수익자 – (나) 적극적인 권리 행사가 허용되지 않는 연금 제도에 기반한 신탁 원리 – (라) 연금 운용 권리를 현저히 약화시키는 신탁 원리와 그 대신 부여된 수탁자 책임의 문제점 순으로 나열해야 한다.

03

정답 ②

제시문은 수평적 연결을 바탕으로 사물인터넷 서비스에 대해 설명하고 있다. 따라서 (나) 수직 계열화에서 사용자 중심으로 산업 패러다임이 변화되고 있음 – (다) 가스 경보기를 예로 들어 수평적 연결에 대해 설명함 – (가) 수평적 연결이 사물인터넷 서비스로 새롭게 성장함 – (라) 다양해지는 사물인터넷 서비스 순으로 나열해야 한다.

04

정답 ④

문단을 논리적인 구성에 맞게 나열하려면 각 문단의 첫 부분과 마지막 부분을 살펴봐야 한다. 연결어나 지시어가 없고, 글의 전체적 주제를 제시하는 문단이 가장 처음에 올 가능성이 높다. 따라서 사랑과 관련하여 여러 형태의 빛 신호를 가지고 있는 반딧불이를 소개하고, 이들이 단체로 빛을 내면 장관을 이룬다는 내용의 (라) 문단이 맨 처음에 와야 한다. 다음으로는 (라) 문단의 마지막 내용과 연결되는 반딧불이 집단의 불빛으로 시작해 반딧불이의 단독행동으로 끝이 나는 (나) 문단이 이어지는 것이 자연스럽다. 그리고 단독으로 행동하기를 좋아하는 반딧불이가 짝을 찾는 모습을 소개한 (마) 문단이 이어져야 하며, 그러한 특성을 이용해 먹잇감을 찾는 반딧불이의 종류를 이야기하는 (가) 문단이 오는 것이 적절하다. (다) 문단은 (가) 문단에 이어지는 내용이므로 그 뒤에 나열하는 것이 가장 적절하다. 따라서 (라) – (나) – (마) – (가) – (다) 순으로 나열해야 한다.

대표기출유형 04 기출응용문제

01

정답 ③

기안서는 어떤 문제를 해결하기 위한 방안을 작성하여 결재권자에게 의사결정을 요청하는 문서이다. 반면, 품의서는 특정 사안에 대하여 결재권자의 승인을 요청하는 문서이다. 즉, 기안서를 통해 상사의 결재를 받았다면, 이를 실행하기 위해서 구체적인 내용의 품의서를 작성하여야 한다.

오답분석

① 결의서 : 구성원이 안건에 대한 수행을 목적으로 의사결정을 한 것이 결의이며, 결의한 내용을 기록한 문서이다.
② 품의서 : 어떠한 일의 집행을 시행하기에 앞서 결재권자에게 구체적인 사안을 승인해 줄 것을 요청하는 문서이다.
④ 기획서 : 담당자가 아이디어 등을 의뢰인이나 상사에게 제출할 목적으로 작성하는 문서이다.

02

정답 ④

공문서는 반드시 일정한 양식과 격식을 갖추어 작성해야 한다.

오답분석

① 공문서는 회사 외부로 전달되는 문서로 누가, 언제, 어디서, 무엇을, 어떻게(혹은 왜)가 정확하게 드러나도록 작성해야 한다.
② 공문서의 날짜 작성 시 날짜 다음에 괄호를 사용할 경우에는 마침표를 찍지 않는다.
③ 도표를 사용하는 것은 설명서의 특징이며, 공문서의 경우 복잡한 내용은 '–다음–'이나 '–아래'와 같이 항목별로 구분한다.

03

정답 ②

비즈니스 레터는 사업상의 이유로 고객이나 단체에 편지를 쓰는 것이며, 직장업무나 개인 간의 연락, 직접방문하기 어려운 고객관리 등을 위해 사용되는 비공식적 문서이나, 제안서나 보고서 등 공식 문서를 전달할 때에도 사용된다.

대표기출유형 05 기출응용문제

01

정답 ②

'썩이다'는 '걱정이나 근심으로 몹시 괴로운 상태가 되게 하다.'라는 뜻으로, 주어진 문장의 맥락에 따라 '물건이나 사람 또는 사람의 재능 따위가 쓰여야 할 곳에 제대로 쓰이지 못하고 내버려진 상태에 있게 하다.'라는 뜻의 '썩히다'로 써야 한다.

02

정답 ③

오답분석

- 웬지 → 왠지
- 어떡게 → 어떻게
- 말씀드리던지 → 말씀드리든지
- 바램 → 바람

03

정답 ④

'자극'과 '반응'은 조건과 결과의 관계이다. 따라서 입력과 출력의 관계가 가장 유사하다.

오답분석

① 개별과 집합의 관계이다.
② 대등 관계이자 상호보완 관계이다.
③ 존재와 생존의 조건 관계이다.

대표기출유형 06 기출응용문제

01

정답 ②

제시문에서는 아시아 선수 최초로 200홈런이라는 기록을 세운 한국인 야구 선수에 대해 이야기하고 있다. 따라서 제시문과 관련 있는 한자성어로는 '이제까지 들어 본 적이 없음'을 의미하는 '전대미문(前代未聞)'이 가장 적절하다.

오답분석

① 전전반측(輾轉反側) : '누워서 몸을 이리저리 뒤척이며 잠을 이루지 못함'을 뜻한다.
③ 망양보뢰(亡羊補牢) : '양을 잃고 우리를 고친다'는 뜻으로, 이미 어떤 일을 실패한 뒤에 뉘우쳐도 아무 소용이 없음을 말한다.
④ 과유불급(過猶不及) : '정도를 지나침은 미치지 못함'과 같다는 뜻으로, 중용(中庸)이 중요함을 말한다.

02

정답 ②

신상필벌(信賞必罰) : 상을 줄 만한 훈공이 있는 자에게 반드시 상을 주고, 벌할 죄과가 있는 자에게는 반드시 벌을 준다는 뜻으로, 곧, 상벌(賞罰)을 공정(公正)·엄중(嚴重)히 하는 일이다.

오답분석

① 신언서판(身言書判) : 중국 당나라 때 관리를 등용하는 시험에서 인물평가의 기준으로 삼았던 몸·말씨·글씨·판단의 네 가지를 이르는 말이다.
③ 순망치한(脣亡齒寒) : 입술이 없으면 이가 시리다는 말로 서로 떨어질 수 없는 밀접한 관계라는 뜻이다.
④ 각주구검(刻舟求劍) : 어리석고 미련하여 융통성이 없다는 뜻이다.

03

정답 ③

제시문에서 A씨는 남들이 주식으로 돈을 벌었다는 소식을 듣고 지식도 없이 주식을 따라 산 후 주식이 오르기만 기다리고 있다. 따라서 A씨의 상황과 관련 있는 한자성어로는 '그루터기를 지켜 토끼를 기다린다.'는 뜻으로, 요행만 기다리는 어리석은 사람을 일컫는 '수주대토(守株待兎)'가 가장 적절하다.

오답분석

① 사필귀정(事必歸正) : '결국 옳은 이치대로 된다.'는 것을 뜻한다.
② 조삼모사(朝三暮四) : '아침에 세 개, 저녁에 네 개'라는 뜻으로, 눈앞에 보이는 것만 알고 결과가 같은 것을 모르는 어리석음을 말한다.
④ 새옹지마(塞翁之馬) : '세상만사는 변화가 많아 어느 것이 화(禍)가 되고, 어느 것이 복(福)이 될지 예측하기 어렵다는 것'을 뜻한다.

대표기출유형 07 기출응용문제

01

정답 ④

A씨의 아내는 A씨가 자신의 이야기에 공감해주길 바랐지만, A씨는 아내의 이야기를 들어주기보다는 해결책을 찾아 아내의 문제에 대해 조언하려고만 하였다. 즉 아내는 마음을 털어놓고 남편에게 위로받고 싶었지만, A씨의 조언하려는 태도 때문에 더 이상 대화가 이어질 수 없었다.

오답분석

① 짐작하기 : 상대방의 말을 듣고 받아들이기보다 자신의 생각에 들어맞는 단서들을 찾아 자신의 생각을 확인하는 것이다.
② 걸러내기 : 상대의 말을 듣기는 하지만 상대방의 메시지를 온전하게 듣는 것이 아닌 경우이다.
③ 판단하기 : 상대방에 대한 부정적인 판단 때문에, 또는 상대방을 비판하기 위하여 상대방의 말을 듣지 않는 것이다.

02

정답 ④

김과장은 직원들에 대한 높은 관심으로 간섭하려는 경향이 있고, 남에게 자신의 업적을 이야기하며 인정받으려 하는 욕구가 강하다. 따라서 김과장은 타인에 대한 높은 관심과 간섭을 자제하고, 지나친 인정욕구에 대한 태도를 성찰할 필요성이 있다.

오답분석

① 김과장이 독단적으로 결정했다는 내용은 언급되어 있지 않다.
② 직원들은 김과장의 지나친 관심으로 힘들어하고 있는 상황이므로 적절하지 않은 조언이다.
③ 직원들에게 지나친 관심을 보이는 김과장에게는 적절하지 않은 조언이다.

02 수리능력

대표기출유형 01 기출응용문제

01

정답 ②

퍼낸 소금물의 양을 xg, 농도 2% 소금물의 양을 yg이라고 하면 다음과 같은 식이 성립한다.

$200-x+x+y=320$

$\therefore y=120$

소금물을 퍼내고 같은 양의 물을 부으면 농도 8%의 소금물에 있는 소금의 양은 같으므로 다음과 같은 식이 성립한다.

$\frac{8}{100}(200-x)+\frac{2}{100}\times 120=\frac{3}{100}\times 320$

$\rightarrow 1,600-8x+240=960$

$\rightarrow 8x=880$

$\therefore x=110$

따라서 퍼낸 소금물의 양은 110g이다.

02

정답 ③

수민이가 오후 6시부터 야근을 시작하여 일한 시간은 총 4시간 48분이므로, 이를 분수로 환산하면 $\frac{24}{5}$시간이다. 수민이와 현정이가 함께 일한 시간을 x시간이라 하면 다음과 같은 식이 성립한다.

$\left(\frac{1}{8}+\frac{1}{5}\right)x+\frac{1}{8}\left(\frac{24}{5}-x\right)=1$

$\rightarrow \frac{13-5}{40}x=\frac{2}{5}$

$\therefore x=2$

따라서 현정이가 퇴근한 시각은 오후 6시로부터 2시간이 지난 오후 8시이다.

03

정답 ①

나영이와 현지가 같이 간 거리는 $150\times 30=4,500$m이고, 집에서 공원까지의 거리는 $150\times 50=7,500$m이다. 나영이가 집에 가는 데 걸린 시간은 $4,500\div 300=15$분이고, 다시 공원까지 가는 데 걸린 시간은 $7,500\div 300=25$분이다.

따라서 둘이 헤어진 후 현지가 공원에 도착하기까지 걸린 시간은 20분이고, 나영이가 걸린 시간은 40분이므로 나영이는 현지가 도착하고 20분 후에 공원에 도착한다.

04

정답 ①

지도의 축척이 1 : 50,000이므로, A호텔에서 B공원까지 실제 거리는 $10\times 50,000=500,000$cm$=5$km이다.

따라서 신영이가 A호텔에서 출발하여 B공원에 도착하는 데 걸리는 시간은 $\frac{5}{30}=\frac{1}{6}=10$분이다.

05

정답 ②

- 국내 여행을 선호하는 남학생 수 : 30−16=14명
- 국내 여행을 선호하는 여학생 수 : 20−14=6명

따라서 국내 여행을 선호하는 학생 수는 14+6=20명이므로 구하는 확률은 $\frac{14}{20}=\frac{7}{10}$이다.

06

정답 ④

K공사에서 출장지까지의 거리를 $x$km라 하자.

이때 K공사에서 휴게소까지의 거리는 $\frac{4}{10}x=\frac{2}{5}x$km, 휴게소에서 출장지까지의 거리는 $\left(1-\frac{2}{5}\right)x=\frac{3}{5}x$km이다.

$$\left(\frac{2}{5}x\times\frac{1}{75}\right)+\frac{30}{60}+\left(\frac{3}{5}x\times\frac{1}{75+25}\right)=\frac{200}{60}$$

$\rightarrow \frac{2}{375}x+\frac{3}{500}x=\frac{17}{6}$

$\rightarrow 8x+9x=4,250$

$\therefore x=250$

따라서 K공사에서 출장지까지의 거리는 250km이다.

07

정답 ④

먼저 시간을 최소화하기 위해서는 기계를 이용한 포장과 손으로 포장하는 작업을 함께 병행해야 한다. 100개 제품을 포장하는 데 손으로 하는 포장은 300분이 걸리고 기계로 하는 포장은 200분에 휴식 50분을 더해 250분이 걸린다. 300분과 250분의 최소공배수 1,500분을 기준으로 계산하면 손의 경우 500개, 기계의 경우 600개를 만들 수 있다. 그러므로 1,500분 동안 1,100개를 만들 수 있다. 손은 6분에 2개를 포장하고 기계는 3개를 포장하므로 6분에 5개를 포장할 수 있고, 100개를 포장하는 데는 120분이 걸린다. 따라서 총 1,620분이 걸리므로 1,620÷60=27시간이 걸린다.

08

정답 ①

같은 부서 사람이 옆자리에 함께 앉아야 하므로 먼저 부서를 한 묶음으로 생각하고 세 부서를 원탁에 배치하는 경우는 2!=2가지이다. 각 부서 사람끼리 자리를 바꾸는 경우의 수는 2!×2!×3!=2×2×3×2=24가지이다. 따라서 7명이 앉을 수 있는 경우의 수는 2×24=48가지이다.

09

정답 ④

340km를 100km/h로 달리면 3.4시간이 걸린다. 휴게소에서 쉰 시간 30분(0.5시간)을 더해 원래 예정에는 3.9시간 뒤에 서울고속터미널에 도착해야 한다. 하지만 도착 예정시간보다 2시간 늦게 도착했으므로 실제 걸린 시간은 5.9시간이 되고, 휴게소에서 예정인 30분보다 6분(0.1시간)을 더 쉬었으니 쉬는 시간을 제외한 버스의 이동시간은 5.3시간이다. 그러므로 실제 경언이가 탄 버스의 평균 속도는 340÷5.3≒64km/h이다.

대표기출유형 02 기출응용문제

01

정답 ③

앞의 항에 $+2^1$, $+2^3$, $+2^5$, $+2^7$, $+2^9$, …인 수열이다.

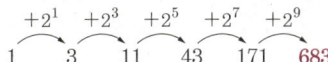

$$1 \xrightarrow{+2^1} 3 \xrightarrow{+2^3} 11 \xrightarrow{+2^5} 43 \xrightarrow{+2^7} 171 \xrightarrow{+2^9} 683$$

02

정답 ④

앞의 항에 ÷4, (÷2+4)의 규칙을 교대로 적용하는 수열이다.

$$64 \xrightarrow{\div 4} 16 \xrightarrow{\div 2+4} 12 \xrightarrow{\div 4} 3 \xrightarrow{\div 2+4} \frac{11}{2} \xrightarrow{\div 4} \frac{11}{8} \xrightarrow{\div 2+4} \frac{75}{16}$$

03

정답 ④

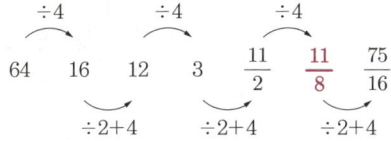

$\underline{A\ B\ C} \rightarrow C=A^B$

A	B	C
5	0	$1\,[=5^0]$
5	3	$125\,[=5^3]$
6	2	$36\,[=6^2]$

대표기출유형 03 기출응용문제

01

정답 ④

2024년 제조업용 로봇 생산액의 2022년 대비 성장률은 $\frac{7,016-6,272}{6,272} \times 100 ≒ 11.9\%$이다.

02

정답 ③

주문할 달력의 수를 x권이라 하면, 각 업체의 비용은 다음과 같다.

- A업체의 비용 : $(1,650x+3,000)$원
- B업체의 비용 : $1,800x$원

A업체에서 주문하는 것이 B업체에서 주문하는 것보다 유리해야 하므로 이를 식으로 정리하면 다음과 같다.

$1,650x+3,000<1,800x \rightarrow x>20$

따라서 A업체에서 주문하는 것이 더 유리하려면 달력을 최소 21권 이상 주문해야 한다.

03

정답 ④

세차 가격이 무료가 되는 주유량은 다음과 같다.

- A주유소의 경우 : $1,550a \geq 50,000$원 → $a \geq 32.2$이므로 33L부터 세차 가격이 무료이다.
- B주유소의 경우 : $1,500b \geq 70,000$원 → $b \geq 46.6$이므로 47L부터 세차 가격이 무료이다.

주유량에 따른 주유와 세차에 드는 비용은 다음과 같다.

구분	32L 이하	33L 이상 46L 이하	47L 이상
A주유소	$1,550a+3,000$	$1,550a$	$1,550a$
B주유소	$1,500a+3,000$	$1,500a+3,000$	$1,500a$

주유량이 32L 이하와 47L 이상일 때, A주유소와 B주유소의 세차 가격 포함유무가 동일하므로 이때는 B주유소가 더 저렴하다. 따라서 A주유소에서 33L 이상 46L 이하를 주유할 때 B주유소보다 더 저렴하다.

04

정답 ③

- 1인 1일 사용량에서 영업용 사용량이 차지하는 비중 : $\frac{80}{282} \times 100 \fallingdotseq 28.37\%$
- 1인 1일 가정용 사용량의 하위 두 항목이 차지하는 비중 : $\frac{20+13}{180} \times 100 \fallingdotseq 18.33\%$

05

정답 ③

2024년 방송산업 종사자 수는 모두 32,443명이다. '2024년 추세'에서는 지상파(지상파DMB 포함)만 언급하고 있으므로 다른 분야의 인원은 고정되어 있다. 지상파 방송사(지상파DMB 포함)는 전년보다 301명이 늘어났으므로 2023년 방송산업 종사자 수는 $32,443-301=32,142$명이다.

대표기출유형 04 기출응용문제

01

정답 ③

소나무재선충병에 대한 방제는 2020년과 2021년 사이에 $42-27=15$건 증가하였고, 2023년과 2024년 사이에 $61-40=21$건이 증가하는 등 조사기간 내 두 차례의 큰 변동이 있었다.

오답분석

① 기타병해충에 대한 방제 현황은 2024년을 제외하고 매해 첫 번째로 큰 비율을 차지한다.

② 매해 솔잎혹파리가 차지하는 방제 비율은 다음과 같다.

- 2020년 : $\frac{16}{117} \times 100 \fallingdotseq 14\%$
- 2021년 : $\frac{13}{135} \times 100 \fallingdotseq 10\%$
- 2022년 : $\frac{12}{129} \times 100 \fallingdotseq 9\%$
- 2023년 : $\frac{9}{116} \times 100 \fallingdotseq 8\%$
- 2024년 : $\frac{6}{130} \times 100 \fallingdotseq 5\%$

따라서 솔잎혹파리가 차지하는 방제 비율은 2020~2024년을 제외하고 매해 10% 미만이다.

④ 2022년과 2024년에 소나무재선충병은 각각 전년도에 비해 증가하였으나 기타병해충은 감소하였으므로 동일한 증감 추이를 보이지 않는다.

02

정답 ④

ㄱ, ㄷ. 제시된 자료를 통해 확인할 수 있다.

ㄹ. TV홈쇼핑 판매수수료율 순위 자료를 보면 여행패키지의 판매수수료율은 8.4%이다. 반면, 백화점 판매수수료율 순위 자료에 여행패키지 판매수수료율이 제시되지 않았지만 상위 5위와 하위 5위의 판매수수료율을 통해 여행패키지 판매수수료율은 20.8%보다 크고 31.1%보다 낮다는 것을 추론할 수 있다. 즉, $8.4\times2=16.8<20.8$이므로 여행패키지 상품군의 판매수수료율은 백화점이 TV홈쇼핑의 2배 이상이라는 설명은 옳다.

오답분석

ㄴ. 백화점 판매수수료율 순위 자료를 보면 여성정장과 모피의 판매수수료율은 각각 31.7%, 31.1%이다. 반면, TV홈쇼핑 판매수수료율 순위 자료에는 여성정장과 모피의 판매수수료율이 제시되지 않았다. 상위 5위와 하위 5위의 판매수수료율을 통해 제시되지 않은 상품군의 판매수수료율은 28.7%보다 높고 36.8%보다 낮은 것을 추측할 수 있다. 즉, TV홈쇼핑의 여성정장과 모피의 판매수수료율이 백화점보다 높은지 낮은지는 판단할 수 없다.

PART 1

03

정답 ④

생산이 증가한 해에는 수출과 내수 모두 증가했다.

오답분석

① 표에서 ▽는 감소수치를 나타내고 있으므로 옳은 판단이다.
② 내수가 가장 큰 폭으로 증가한 해는 2022년으로 생산과 수출 모두 감소했다.
③ 수출이 증가한 해는 2020, 2023, 2024년으로 내수와 생산 모두 증가했다.

04

정답 ④

2021년의 인구성장률은 0.63%, 2024년의 인구성장률 0.39%이다. 2024년의 인구성장률은 2021년의 인구성장률에서 40%p 감소한 값인 $0.63\times(1-0.4)=0.378$%보다 값이 크므로 40%p 미만으로 감소하였다.

오답분석

① 표를 보면 2021년 이후 인구성장률이 매년 감소하고 있으므로 옳은 설명이다.
② 2019년부터 2024년까지의 인구성장률이 가장 낮았던 해는 2024년이며, 합계출산율도 2024년에 가장 낮았다.
③ 인구성장률과 합계출산율은 모두 2020년에는 전년 대비 감소하고, 2021년에는 전년 대비 증가하였으므로 옳은 설명이다.

05

정답 ②

2023년의 50대 선물환거래 금액은 1,980억$\times0.306=605.88$억 원이며, 2024년은 2,084억$\times0.297=618.948$억 원이다. 따라서 2023년 대비 2023년의 50대 선물환거래 금액 증가량은 $618.948-605.88=13.068$억 원이므로 13억 원 이상이다.

오답분석

① 2023 ~ 2024년의 전년 대비 10대의 선물환거래 금액 비율 증감 추이는 '증가 – 감소'이고, 20대는 '증가 – 증가'이다.
③ 2022 ~ 2024년의 40대 선물환거래 금액은 다음과 같다.
- 2022년 : 1,920억$\times0.347=666.24$억 원
- 2023년 : 1,980억$\times0.295=584.1$억 원
- 20234년 : 2,084억$\times0.281=585.604$억 원

따라서 2024년의 40대 선물환거래 금액은 전년 대비 증가했으므로 40대의 선물환거래 금액은 지속적으로 감소하고 있지 않다.

④ 2024년의 10 ~ 40대 선물환거래 금액 총비율은 $2.5+13+26.7+28.1=70.3$%로, 2023년의 50대 비율의 2.5배인 30.6%$\times$2.5=76.5%보다 낮다.

03 | 문제해결능력

대표기출유형 01 기출응용문제

01

정답 ④

조건에 따라 엘리베이터 검사 순서를 추론해 보면 다음과 같다.

첫 번째	5호기
두 번째	3호기
세 번째	1호기
네 번째	2호기
다섯 번째	6호기
여섯 번째	4호기

따라서 6호기는 1호기 다다음에 검사하며, 다섯 번째로 검사한다.

02

정답 ②

'안압지 – 석굴암 – 첨성대 – 불국사'는 세 번째로 방문한 곳이 첨성대라면, 첫 번째로 방문한 곳은 불국사라는 다섯 번째 조건에 맞지 않는다.

03

정답 ④

다섯 번째 조건에 따라 C항공사는 제일 앞번호인 1번 부스에 위치하며, 세 번째 조건에 따라 G면세점과 H면세점은 양 끝에 위치한다. 이때 네 번째 조건에서 H면세점 반대편에는 E여행사가 위치한다고 하였으므로 5번 부스에는 H면세점이 올 수 없다. 따라서 5번 부스에는 G면세점이 위치한다. 또한 첫 번째 조건에 따라 같은 종류의 업체는 같은 라인에 위치할 수 없으므로 H면세점은 G면세점과 다른 라인인 4번 부스에 위치하고, 4번 부스 반대편인 8번 부스에는 E여행사가, 4번 부스 바로 옆인 3번 부스에는 F여행사가 위치한다. 나머지 조건에 따라 부스의 위치를 정리하면 다음과 같다.

1) 경우 1

C항공사	A호텔	F여행사	H면세점
복도			
G면세점	B호텔	D항공사	E여행사

2) 경우 2

C항공사	B호텔	F여행사	H면세점
복도			
G면세점	A호텔	D항공사	E여행사

따라서 항상 참이 되는 것은 ④이다.

04

정답 ②

두 번째 조건에 의해 A는 2층, C는 1층, D는 2호에 살고 있음을 알 수 있다. 또한 네 번째 조건에 따라 A와 B는 2층, C와 D는 1층에 살고 있음을 알 수 있다. 따라서 1층 1호에는 C, 1층 2호에는 D, 2층 1호에는 A, 2층 2호에는 B가 살고 있다.

05

정답 ③

을과 무의 진술이 모순되므로 둘 중 한 명은 참, 다른 한 명은 거짓을 말한다. 여기서 을의 진술이 참일 경우 무뿐만 아니라 갑의 진술도 거짓이 되어 두 명이 거짓을 진술한 것이 되므로 문제의 조건에 위배된다. 따라서 을의 진술이 거짓, 무의 진술이 참이다. 그러므로 A강좌는 을이, B와 C강좌는 갑과 정이, D강좌는 무가 담당하고, 병은 강좌를 담당하지 않는다.

06

정답 ④

먼저 갑의 진술을 기준으로 경우의 수를 나누어 보면 다음과 같다.

i) A의 근무지는 광주이다(○), D의 근무지는 서울이다(×).

병의 진술을 먼저 살펴보면, A의 근무지가 광주라는 것이 이미 고정되어 있으므로 앞 문장인 'C의 근무지는 광주이다.'는 거짓이 된다. 따라서 뒤 문장인 'D의 근무지는 부산이다.'가 참이 되어야 한다. 다음으로 을의 진술을 살펴보면, 앞 문장인 'B의 근무지는 광주이다.'는 거짓이며 뒤 문장인 'C의 근무지는 세종이다.'가 참이 되어야 한다. 이를 정리하면 다음과 같다.

A	B	C	D
광주	서울	세종	부산

ii) A의 근무지는 광주이다(×), D의 근무지는 서울이다(○).

병의 진술을 먼저 살펴보면, 뒤 문장인 'D의 근무지는 부산이다.'는 거짓이 되며, 앞 문장인 'C의 근무지는 광주이다.'는 참이 된다. 다음으로 을의 진술을 살펴보면 앞 문장인 'B의 근무지는 광주이다.'가 거짓이 되므로, 뒤 문장인 'C의 근무지는 세종이다.'는 참이 되어야 한다. 그러나 이미 C의 근무지는 광주로 확정되어 있기 때문에 모순이 발생한다. 따라서 ii)의 경우는 성립하지 않는다.

A	B	C	D
		광주, 세종(모순)	서울

따라서 보기에서 반드시 참인 것은 ㄱ, ㄴ, ㄷ이다.

대표기출유형 02 기출응용문제

01

정답 ③

하얀 블록 5개와 검은 블록 1개를 일렬로 붙인 막대와 하얀 블록 6개를 일렬로 붙인 막대를 각각 A막대, B막대라고 하자. A막대의 윗면과 아랫면에 쓰인 숫자의 순서쌍은 (1, 6), (2, 5), (3, 4), (4, 3), (5, 2), (6, 1)이다. 즉, A막대의 윗면과 아랫면에 쓰인 숫자의 합은 7이다. 검은 블록이 있는 막대 30개, 검은 블록이 없는 막대 6개를 붙여 만든 그림 2의 윗면과 아랫면에 쓰인 숫자의 합은 $(7\times30)+(6\times0)=210$이다. 윗면에 쓰인 숫자의 합은 109이므로 아랫면에 쓰인 36개 숫자의 합은 $210-109=101$이다.

02

정답 ④

부가기호 중 발행형태가 4로 전집이기 때문에 한 권으로만 출판된 것이 아님을 알 수 있다.

오답분석

① 국가번호가 05(미국)로 미국에서 출판되었다.
② 서명식별번호가 1011로 1011번째 발행되었다. 441은 발행자번호로 이 책을 발행한 출판사의 발행자번호가 441이라는 것을 의미한다.
③ 발행자번호는 441로 세 자리로 이루어져 있다.

03

정답 ③

• 702 나 2838 : '702'는 승합차에 부여되는 자동차 등록번호이다.
• 431 사 3019 : '사'는 운수사업용 차량에 부여되는 자동차 등록번호이다.
• 912 라 2034 : '912'는 화물차에 부여되는 자동차 등록번호이다.
• 214 하 1800 : '하'는 렌터카에 부여되는 자동차 등록번호이다.
• 241 가 0291 : '0291'은 발급될 수 없는 일련번호이다.

따라서 보기에서 비사업용 승용차의 자동차 등록번호로 잘못 부여된 것은 모두 5개이다.

대표기출유형 03 기출응용문제

01

정답 ④

ㄴ. 민간의 자율주행기술 R&D를 지원하여 기술적 안정성을 높이는 전략은 위협을 최소화하는 내용은 포함하지 않고 약점만 보완하는 것이므로 ST전략이라 할 수 없다.

ㄹ. 국내기업의 자율주행기술 투자가 부족한 약점을 국가기관의 주도로 극복하려는 것은 약점을 최소화하고 위협을 회피하려는 WT전략으로 적합하지 않다.

오답분석

ㄱ. 높은 수준의 자율주행기술을 가진 외국 기업과의 기술이전협약 기회를 통해 국내외에서 우수한 평가를 받는 국내 자동차기업의 수준을 향상시켜 국내 자율주행자동차 산업의 강점을 강화하는 전략은 SO전략에 해당한다.

ㄷ. 국가가 지속적으로 자율주행차 R&D를 지원하는 법안이 본회의를 통과한 기회를 토대로 기술개발을 지원하여 국내 자율주행자동차 산업의 약점인 기술적 안전성을 확보하려는 전략은 WO전략에 해당한다.

02

정답 ②

ㄱ. 기술개발을 통해 연비를 개선하는 것은 막대한 R&D 역량이라는 강점으로 휘발유의 부족 및 가격의 급등이라는 위협을 회피하거나 최소화하는 전략에 해당하므로 적절하다.

ㄹ. 생산설비에 막대한 투자를 했기 때문에 차량모델 변경의 어려움이라는 약점이 있고, 레저용 차량 전반에 대한 수요 침체 및 다른 회사들과의 경쟁이 심화되고 있으므로 생산량 감축을 고려할 수 있다.

ㅁ. 생산 공장을 한 곳만 가지고 있다는 약점이 있지만 새로운 해외시장이 출현하고 있는 기회를 살려서 국내 다른 지역이나 해외에 공장들을 분산 설립할 수 있을 것이다.

ㅂ. 막대한 R&D 역량이라는 강점을 이용하여 휘발유의 부족 및 가격의 급등이라는 위협을 회피하거나 최소화하기 위해 경유용 레저 차량 생산을 고려할 수 있다.

오답분석

ㄴ. 소형 레저용 차량에 대한 수요 증대라는 기회 상황에서 대형 레저용 차량을 생산하는 것은 적절하지 않은 전략이다.

ㄷ. 차량모델 변경의 어려움이라는 약점을 보완하는 전략도 아니고, 소형 또는 저가형 레저용 차량에 대한 선호가 증가하는 기회에 대응하는 전략도 아니다. 또한, 차량 안전 기준의 강화와 같은 규제 강화는 기회 요인이 아니라 위협 요인이다.

ㅅ. 내수 확대에 집중하는 것은 새로운 해외시장의 출현과 같은 기회를 살리는 전략이 아니다.

03

정답 ②

국내 금융기관에 대한 SWOT 분석 결과는 다음과 같다.

강점(Strength)	약점(Weakness)
• 높은 국내 시장 지배력 • 우수한 자산건전성 • 뛰어난 위기관리 역량	• 은행과 이자수익에 편중된 수익구조 • 취약한 해외 비즈니스와 글로벌 경쟁력
기회(Opportunity)	**위협(Threat)**
• 해외 금융시장 진출 확대 • 기술 발달에 따른 핀테크의 등장 • IT 인프라를 활용한 새로운 수익 창출	• 새로운 금융 서비스의 등장 • 글로벌 금융기관과의 경쟁 심화

㉠ SO전략은 강점을 살려 기회를 포착하는 전략으로, 강점인 국내 시장 점유율을 기반으로 핀테크 사업에 진출하려는 것은 SO전략으로 적절하다.

㉢ ST전략은 강점을 살려 위협을 회피하는 전략으로, 강점인 우수한 자산건전성을 강조하여 글로벌 금융기관과의 경쟁에서 우위를 차지하려는 것은 ST전략으로 적절하다.

오답분석

㉡ WO전략은 약점을 보완하여 기회를 포착하는 전략이다. 그러나 위기관리 역량은 국내 금융기관이 지니고 있는 강점에 해당하므로 WO전략으로 적절하지 않다.

㉣ 해외 비즈니스 역량을 강화하여 해외 금융시장에 진출하는 것은 약점을 보완하여 기회를 포착하는 WO전략에 해당한다.

대표기출유형 04 기출응용문제

01

정답 ④

강좌 1회당 수강료는 플라잉 요가가 $\frac{330,000}{20}=16,500$원이고, 가방 공방은 $\frac{360,000}{12}=30,000$원이다. 따라서 플라잉 요가는 가방 공방보다 강좌 1회당 수강료가 30,000−16,500=13,500원 저렴하다.

오답분석

① 운동 프로그램인 세 강좌는 모두 오전 시간에 신청할 수 있으며, 공방 프로그램의 강좌시간은 모두 오후 1시 이후에 시작하므로 가능하다.

② 가방 공방의 강좌시간은 2시간 30분이며, 액세서리 공방은 2시간이므로 가방 공방 강좌시간이 30분 더 길다.

③ 공방 중 하나를 수강하는 경우 오후 1시 이전에 수강이 가능한 필라테스와 플라잉 요가를 모두 들을 수 있으므로 최대 두 프로그램을 들을 수 있다.

02

정답 ①

T주임이 이동할 거리는 총 12+18=30km이다. T주임이 렌트한 H차량은 연비가 10km/L이며 1L 단위로 주유가 가능하므로 3L를 주유하여야 한다. H차량의 연료인 가솔린은 리터당 1.4달러이므로 총 유류비는 3L×1.4달러=4.2달러이다.

03

정답 ④

T주임이 시속 60km로 이동하는 구간은 18+25=43km이고 시속 40km로 이동하는 구간은 12km이다. 따라서 첫 번째 구간의 소요시간은 $\frac{43\text{km}}{60\text{km/h}}$=43분이며, 두 번째 구간의 소요시간은 $\frac{12\text{km}}{40\text{km/h}}$=18분이다. 그러므로 총 이동시간은 43+18=61분, 즉 1시간 1분이다.

04

정답 ③

제시된 직원 투표 결과를 정리하면 다음과 같다.

(단위 : 표)

여행상품	1인당 비용(원)	총무팀	영업팀	개발팀	홍보팀	공장1	공장2	합계
A	500,000	2	1	2	0	15	6	26
B	750,000	1	2	1	1	20	5	30
C	600,000	3	1	0	1	10	4	19
D	1,000,000	3	4	2	1	30	10	50
E	850,000	1	2	0	2	5	5	15
합계		10	10	5	5	80	30	140

㉠ 가장 인기 높은 여행상품은 D이다. 그러나 공장1의 고려사항은 회사에 손해를 줄 수 있으므로, 2박 3일 여행상품이 아닌 1박 2일 여행상품 중 가장 인기 있는 B가 선택된다. 따라서 750,000×140=105,000,000원이 필요하므로 옳다.

㉢ 공장1의 A, B 투표 결과가 바뀐다면 여행상품 A, B의 투표 수가 각각 31, 25표가 되어 선택되는 여행상품이 A로 변경된다.

오답분석

㉡ 가장 인기 높은 여행상품은 D이므로 옳지 않다.

04 | 자원관리능력

대표기출유형 01 기출응용문제

01

정답 ④

시간관리를 통해 스트레스 감소, 균형적인 삶, 생산성 향상, 목표 성취 등의 효과를 얻을 수 있다.

시간관리를 통해 얻을 수 있는 효과

- 스트레스 감소 : 사람들은 시간이 부족하면 스트레스를 받기 때문에 모든 시간 낭비 요인은 잠재적인 스트레스 유발 요인이라 할 수 있다. 따라서 시간관리를 통해 시간을 제대로 활용한다면 스트레스 감소 효과를 얻을 수 있다.
- 균형적인 삶 : 시간관리를 통해 일을 수행하는 시간을 줄인다면, 일 외에 다양한 여가를 즐길 수 있다. 또한, 시간관리는 삶에 있어서 수행해야 할 다양한 역할들의 균형을 잡는 것을 도와준다.
- 생산성 향상 : 한정된 자원인 시간을 적절히 관리하여 효율적으로 일을 하게 된다면 생산성 향상에 큰 도움이 될 수 있다.
- 목표 성취 : 목표를 성취하기 위해서는 시간이 필요하고, 시간은 시간관리를 통해 얻을 수 있다.

02

정답 ④

ⓒ 시간계획을 하는 데 있어서 가장 중요한 것은 그 계획을 따르는 것이지만, 너무 계획에 얽매여서는 안 된다. 이를 방지하기 위해 융통성 있는 시간계획을 세워야 한다.

ⓔ 시간계획을 세우더라도 실제 행동할 때는 차이가 발생하기 마련이다. 자신은 뜻하지 않았지만 다른 일을 해야 할 상황이 발생할 수 있기 때문이다. 따라서 이를 염두하고 시간계획을 세우는 것이 중요하다.

ⓜ 이동시간이나 기다리는 시간 등 자유로운 여유 시간도 시간계획에 포함하여 활용해야 한다.

03

정답 ③

대화 내용을 살펴보면 A과장은 패스트푸드점, B대리는 화장실, C주임은 은행, K사원은 편의점을 이용한다. 이는 동시에 이루어지는 일이므로 가장 오래 걸리는 일의 시간만 고려하면 된다. 은행이 30분으로 가장 오래 걸리므로 17:20에 모두 모이게 된다. 따라서 17:00, 17:15에 출발하는 버스는 이용하지 못하며, 17:30에 출발하는 버스는 잔여석이 부족하여 이용하지 못한다. 따라서 17:45에 출발하는 버스를 탈 수 있고, 가장 빠른 서울 도착 예정시각은 19:45이다.

04

정답 ①

- 출장지에 도착한 현지 날짜 및 시각

서울 시각	5일 오후 1시 35분
비행 시간	+3시간 45분
대기 시간	+3시간 50분
비행 시간	+9시간 25분
시차	−1시간
	=6일 오전 5시 35분

05

정답 ①

• 치과 진료 : 수요일 3주 연속으로 진료를 받는다고 하였으므로 13일, 20일은 무조건 치과 진료가 있다.
• 신혼여행 : 8박 9일간 신혼여행을 가고 휴가는 5일간 사용할 수 있으므로 주말 4일을 포함해야 한다.

이 조건과 두 번째 조건을 종합하면, 2일(토요일)부터 10일(일요일)까지 주말 4일을 포함하여 9일 동안 신혼여행을 다녀오게 되고, 치과는 6일이 아닌 27일에 예약되어 있다. 신혼여행은 결혼식 다음 날 간다고 하였으므로 주어진 일정을 달력에 표시하면 다음과 같다.

일	월	화	수	목	금	토
					1 결혼식	2 신혼여행
3 신혼여행	4 신혼여행 / 휴가	5 신혼여행 / 휴가	6 신혼여행 / 휴가	7 신혼여행 / 휴가	8 신혼여행 / 휴가	9 신혼여행
10 신혼여행	11	12	13 치과	14	15	16
17	18	19	20 치과	21	22	23
24	25	26	27 치과	28 회의	29	30 추석연휴

따라서 A대리의 결혼날짜는 9월 1일이다.

대표기출유형 02 기출응용문제

01

정답 ①

예산의 구성요소

• 직접비용 : 제품 또는 서비스를 창출하기 위해 직접 소비된 것으로 여겨지는 비용을 말한다.
• 간접비용 : 과제를 수행하기 위해 소비된 비용 중 직접비용을 제외한 비용으로, 생산에 직접 관련되지 않은 비용을 말한다.

02

정답 ②

예산수립 절차

필요한 과업 및 활동 규명 – 우선순위 결정 – 예산 배정

03

정답 ④

제품군별 지급해야 할 보관료는 다음과 같다.

• A제품군 : 300억×0.01=3억 원
• B제품군 : 2,000CUBIC×20,000=4천만 원
• C제품군 : 500톤×80,000=4천만 원

따라서 K공사가 보관료로 지급해야 할 총금액은 3억+4천만+4천만=3억 8천만 원이다.

04

정답 ④

통화내역을 통해 국내통화인지 국제통화인지 구분한다.

• 국내통화 : 11/5(화), 11/6(수), 11/8(금) → 10+30+30=70분
• 국제통화 : 11/7(목) → 60분

∴ 70×15+60×40=3,450원

05

정답 ④

B과장의 지출내역을 토대로 여비를 계산하면 다음과 같다.

• 운임 : 철도·선박·항공운임에 대해서만 지급한다고 규정하고 있으므로, 버스 또는 택시요금에 대해서는 지급하지 않는다. 따라서 철도운임만 지급되며 일반실을 기준으로 실비로 지급하므로, 여비는 43,000+43,000=86,000원이다.
• 숙박비 : 1박당 실비로 지급하되, 그 상한액은 40,000원이다. 그러나 출장기간이 2일 이상인 경우에는 출장기간 전체의 총액한도 내에서 실비로 지급한다고 하였으므로, 3일간의 숙박비는 총 120,000원 내에서 실비가 지급된다. 따라서 B과장이 지출한 숙박비 45,000+30,000+35,000=110,000원 모두 여비로 지급된다.
• 식비 : 1일당 20,000원으로 여행일수에 따라 지급된다. 총 4일이므로 80,000원이 지급된다.
• 일비 : 1인당 20,000원으로 여행일수에 따라 지급된다. 총 4일이므로 80,000원이 지급된다.

따라서 B과장이 정산 받은 여비의 총액은 86,000+110,000+80,000+80,000=356,000원이다.

대표기출유형 03 기출응용문제

01

정답 ②

유사성의 원칙은 유사품은 인접한 장소에 보관한다는 것을 말한다. 같은 장소에 보관하는 것은 동일성의 원칙이다.

오답분석

① 물적자원관리 과정에서 첫 번째로 해야 할 일은 사용 물품과 보관 물품의 구분이며, 이는 물품 활용의 편리성과 반복 작업 방지를 위해 필요한 작업이다.
③ 물품 분류가 끝나면 보관장소를 선정해야 하는데, 물품의 특성에 맞게 분류하여 보관하는 것이 바람직하다. 이때 재질의 차이로 분류하는 방법도 옳은 방법이다.
④ 회전대응 보관의 원칙에 대한 옳은 설명이다. 물품 보관 장소까지 선정이 끝나면 차례로 정리하면 된다. 이때 회전대응 보관의 원칙을 지켜야 물품 활용도가 높아질 수 있다.

02

정답 ④

D는 물품을 분실한 경우로, 보관 장소를 파악하지 못한 경우와 비슷할 수 있으나 분실한 경우에는 물품을 다시 구입하지 않으면 향후 활용할 수 없다는 점에서 차이가 있다. 물품을 분실한 경우 물품을 다시 구입해야 하므로 경제적인 손실을 가져올 수 있으며, 경우에 따라 동일한 물품이 시중에서 판매되지 않는 경우가 있을 수 있다.

03

정답 ③

매출 순이익은 [(판매 가격)−(생산 단가)]×(판매량)이므로 메뉴별 매출 순이익을 계산하면 다음과 같다.

메뉴	예상 월간 판매량(개)	생산 단가(원)	판매 가격(원)	매출 순이익(원)
A	500	3,500	4,000	(4,000−3,500)×500=250,000
B	300	5,500	6,000	(6,000−5,500)×300=150,000
C	400	4,000	5,000	(5,000−4,000)×400=400,000
D	200	6,000	7,000	(7,000−6,000)×200=200,000

따라서 매출 순이익이 가장 높은 C를 메인 메뉴로 선정하는 것이 가장 적절하다.

04

정답 ④

완성품 납품 수량은 총 100개이다. 완성품 1개당 부품 A는 10개가 필요하므로 총 1,000개가 필요하고, B는 300개, C는 500개가 필요하다. 그런데 A는 500개, B는 120개, C는 250개의 재고가 있으므로, 각각 모자라는 나머지 부품인 500개, 180개, 250개를 주문해야 한다.

05

정답 ①

두 번째 조건에서 총구매금액이 30만 원 이상이면 총금액에서 5%를 할인해 주므로 한 벌당 가격이 300,000÷50=6,000원 이상인 품목은 할인적용이 들어간다. 업체별 품목 가격을 보면 모든 품목이 6,000원 이상이므로 5% 할인 적용대상이다. 따라서 모든 품목에 할인이 적용되어 정가로 비교가 가능하다.
마지막 조건에서 차순위 품목이 1순위 품목보다 총금액이 20% 이상 저렴한 경우 차순위를 선택한다고 했으므로 한 벌당 가격으로 계산하면 1순위인 카라 티셔츠의 20% 할인된 가격은 8,000×0.8=6,400원이다. 정가가 6,400원 이하인 품목은 A업체의 티셔츠이므로 팀장은 1순위인 카라 티셔츠보다 2순위인 A업체의 티셔츠를 구입할 것이다.

대표기출유형 04 기출응용문제

01

정답 ①

인맥을 활용하면 각종 정보와 정보의 소스를 주변 사람으로부터 획득할 수 있다. 또한, '나' 자신의 인간관계나 생활에 대해서 알 수 있으며, 이로 인해 자신의 인생에 탄력을 불어넣을 수 있다. 그리고 주변 사람들의 참신한 아이디어를 통해 자신만의 사업을 시작할 수도 있다. 따라서 A사원의 메모는 모두 옳은 내용이다.

02

정답 ①

영리기반 공유경제 플랫폼은 효율적이지만, 노동자의 고용안정성을 취약하게 하고 소수에게 이익이 독점되는 문제가 있다.

03

정답 ③

오답분석

- A지원자 : 3월에 복학 예정이기 때문에 인턴 기간이 연장될 경우 근무할 수 없으므로 적절하지 않다.
- B지원자 : 경력 사항이 없으므로 적절하지 않다.
- D지원자 : 근무 시간(9 ~ 18시) 이후에 업무가 불가능하므로 적절하지 않다.

04

정답 ③

먼저 모든 면접위원의 입사 후 경력은 3년 이상이어야 한다는 조건에 따라 A, E, F, H, I, L직원은 면접위원으로 선정될 수 없다. 이사 이상의 직급으로 6명 중 50% 이상 구성해야 하므로 자격이 있는 C, G, N은 반드시 면접위원으로 포함한다. 다음으로 인사팀을 제외한 부서는 두 명 이상 구성할 수 없으므로 이미 N이사가 선출된 개발팀은 더 선출할 수 없고, 인사팀은 반드시 2명을 포함해야 하므로 D과장은 반드시 선출된다. 이를 정리하면 다음과 같다.

구분	1	2	3	4	5	6
경우 1	C이사	D과장	G이사	N이사	B과장	J과장
경우 2	C이사	D과장	G이사	N이사	B과장	K대리
경우 3	C이사	D과장	G이사	N이사	J과장	K대리

따라서 B과장이 면접위원으로 선출됐더라도 K대리가 선출되지 않는 경우도 있다.

CHAPTER

05 조직이해능력

대표기출유형 01 기출응용문제

01

정답 ④

근로자대표가 기업의 의사결정구조에 사용자와 대등한 지분을 가지고 참여하는 공동의사결정제도와 근로자와 사용자가 상호 협조하여 근로자의 복지증진과 기업의 건전한 발전을 목적으로 구성하는 노사협의회제도는 경영참가(㉠)의 사례로 볼 수 있다. 자본참가의 경우 근로자가 경영방침에 따라 회사의 주식을 취득하는 종업원지주제도, 노동제공을 출자의 한 형식으로 간주하여 주식을 제공하는 노동주제도 등을 사례로 볼 수 있다.

02

정답 ④

㉠은 집중화 전략, ㉡은 원가우위 전략, ㉢은 차별화 전략에 해당한다.

03

정답 ②

수직적 체계에 따른 경영자의 역할

1. 최고경영자 : 조직의 최상위층으로 조직의 혁신기능과 의사결정기능을 조직 전체의 수준에서 담당하게 된다.
2. 중간경영자 : 재무관리, 생산관리, 인사관리 등과 같이 경영부문별로 최고경영층이 설정한 경영 목표・전략・정책을 집행하기 위한 제반활동을 수행하게 된다.
3. 하위경영자 : 현장에서 실제로 작업을 하는 근로자를 직접 지휘・감독하는 경영층을 의미한다.

04

정답 ④

- 최주임 : 경영은 조직의 목적달성을 위한 전략, 관리, 운영활동으로서, 기업뿐만 아니라 모든 조직이 경영의 대상에 해당된다.
- 박대리 : 경영은 크게 경영 목적, 자금, 인적자원, 경영 전략 4가지로 구성되어 있다고 볼 수 있다.
- 정주임 : 기업환경이 급변하는 만큼, 환경에 적응하기 위한 경영 전략의 중요성이 커지고 있다.

오답분석

- 김사원 : 현대 사회에서는 기업의 대외환경이 기업경영에 미치는 영향력이 커지고 있는 만큼, 실질적으로 경영은 관리에 전략적 의사결정을 더하여 보다 큰 의미가 되고 있다.

05

정답 ③

제시된 사례의 쟁점은 재고 처리이며, 여기서 김봉구 씨는 W사에 대하여 경쟁전략(강압전략)을 사용하고 있다. 경쟁전략(강압전략)은 'Win－Lose' 전략으로, 내가 승리하기 위해서 당신은 희생되어야 한다는 전략인 'I Win, You Lose' 전략이다. 명시적 또는 묵시적으로 강압적 위협이나 강압적 설득, 처벌 등의 방법으로 상대방을 굴복시키거나 순응시킨다. 자신의 주장을 확실하게 상대방에게 제시하고 상대방에게 이를 수용하지 않으면 보복이 있을 것이며 협상이 결렬될 것이라는 등의 위협을 가하는 것이다. 즉, 경쟁전략(강압전략)은 일방적인 의사소통으로 일방적인 양보를 받아내려는 것이다.

06

정답 ①

맥킨지(McKinsey)에 의해서 개발된 7S 모형

- 공유가치(Shared Value) : 조직 구성원들의 행동이나 사고를 특정 방향으로 이끌어 가는 원칙이나 기준이다.
- 스타일(Style) : 구성원들을 이끌어 나가는 전반적인 조직관리 스타일이다.
- 구성원(Staff) : 조직의 인력 구성과 구성원들의 능력과 전문성, 가치관과 신념, 욕구와 동기, 지각과 태도 그리고 그들의 행동 패턴 등을 의미한다.
- 제도・절차(System) : 조직운영의 의사결정과 일상 운영의 틀이 되는 각종 시스템을 의미한다.
- 조직 구조(Structure) : 조직의 전략을 수행하는 데 필요한 틀로서 구성원의 역할과 그들 간의 상호관계를 지배하는 공식요소이다.
- 전략(Strategy) : 조직의 장기적인 목적과 계획 그리고 이를 달성하기 위한 장기적인 행동지침이다.
- 기술(Skill) : 하드웨어는 물론 이를 사용하는 소프트웨어 기술을 포함하는 요소를 의미한다.

대표기출유형 02 기출응용문제

01

정답 ④

공식적 조직에 대한 설명이다. 비공식적 조직은 자연발생적으로 맺어진 조직으로 의사소통을 촉진시키고, 문제해결에 도움을 준다.

02

정답 ①

조직의 규칙과 규정은 조직의 목표나 전략에 따라 수립되어 조직 구성원들이 활동범위를 제약하고 일관성을 부여하는 기능을 한다. 예를 들어 인사규정, 총무규정, 회계규정 등이 있다.

03

정답 ②

조직은 의식적으로 구성된 상호작용과 조정을 행하는 집합체이다.

04

정답 ③

조직 문화는 구성원 개개인의 개성을 인정하고 그 다양성을 강화하기보다는 구성원들의 행동을 통제하는 기능을 한다. 즉, 구성원을 획일화・사회화시킨다.

05

정답 ②

공식적 목표와 실제적 목표가 다를 수 있으며 다수의 조직 목표를 추구할 수 있다.

06

정답 ①

조직 변화의 과정

1. 환경 변화 인지
2. 조직 변화 방향 수립
3. 조직 변화 실행
4. 변화 결과 평가

07

정답 ②

오답분석

- B : 사장 직속으로 4개의 본부가 있다는 설명은 옳지만, 인사를 전담하고 있는 본부는 없으므로 적절하지 않다.
- C : 감사실이 분리되어 있다는 설명은 옳지만, 사장 직속이 아니므로 적절하지 않다.

대표기출유형 03 기출응용문제

01

정답 ④

현재 시각이 오전 11시이므로 오전 중으로 처리하기로 한 업무를 가장 먼저 처리해야 한다. 따라서 오전 중으로 고객에게 보내기로 한 자료 작성(ㄹ)을 가장 먼저 처리한다. 다음으로 오늘까지 처리해야 하는 업무 두 가지(ㄱ, ㄴ) 중 비품 신청(ㄱ)보다는 부서장이 지시한 부서 업무 사항(ㄴ)을 먼저 처리하는 것이 적절하다. 그리고 특별한 상황이 아닌 이상 개인의 단독 업무보다는 타인·타부서와 협조된 업무를 우선적으로 처리해야 한다. 따라서 '고객에게 보내기로 한 자료 작성(ㄹ) – 부서 업무 사항(ㄴ) – 인접 부서의 협조 요청(ㄷ) – 단독 업무인 비품 신청(ㄱ)'의 순서로 업무를 처리해야 한다.

02

정답 ④

비품은 기관의 비품이나 차량 등을 관리하는 총무지원실에 신청해야 하며, 교육 일정은 사내 직원의 교육 업무를 담당하는 인사혁신실에서 확인해야 한다.

03

정답 ④

예산집행 조정, 통제 및 결산 총괄 등 예산과 관련된 업무는 자산팀(㉣)이 아닌 예산팀(㉠)이 담당하는 업무이다. 자산팀은 물품 구매와 장비·시설물 관리 등의 업무를 담당한다.

04

정답 ①

전문자격 시험의 출제정보를 관리하는 시스템의 구축·운영 업무는 정보화사업팀이 담당하는 업무로, 개인정보보안과 관련된 업무를 담당하는 정보보안전담반의 업무로는 적절하지 않다.

05

정답 ④

홈페이지 운영은 정보사업팀에서 한다.

오답분석

① 1개의 감사실과 11개의 팀으로 되어 있다.
② 예산기획과 경영평가는 전략기획팀에서 관리한다.
③ 경영평가(전략기획팀), 성과평가(인재개발팀), 품질평가(평가관리팀) 등 다른 팀에서 담당한다.

06

정답 ①

품질평가 관련 민원은 평가관리팀이 담당하고 있다.

PART 2

최종점검 모의고사

제 1 회 최종점검 모의고사

01	02	03	04	05	06	07	08	09	10	11	12	13	14	15	16	17	18	19	20
④	④	③	③	④	④	①	①	④	④	②	①	②	②	③	④	③	②	④	④
21	22	23	24	25	26	27	28	29	30	31	32	33	34	35	36	37	38	39	40
③	②	④	①	③	②	①	④	③	④	④	④	③	③	③	③	④	③	③	③
41	42	43	44	45	46	47	48	49	50										
①	④	③	①	③	④	④	②	④	④										

01 문서 내용 이해

정답 ④

개념에 대해 충분히 이해하면서도 개념의 사례를 제대로 구별하지 못할 수 있다. 따라서 비둘기와 참새를 구별하지 못했다고 해서 비둘기의 개념을 이해하지 못하고 있다고 평가할 수는 없다.

오답분석

① 개념의 사례를 식별하는 능력이 개념을 이해하는 능력을 함축하는 것은 아니므로 정사각형을 구별했다고 해서 정사각형의 개념을 명확하게 이해하고 있다고 볼 수 없다.
② 개념을 이해하는 능력이 개념의 사례를 식별하는 능력을 함축하는 것 또한 아니므로 개념을 이해했다고 해서 개념의 사례를 완벽하게 식별할 수 있는 것은 아니다.
③ 개념을 충분히 이해하면서도 개념의 사례를 제대로 구별하지 못할 수 있으므로 개념의 사례를 구별하지 못했다고 해서 개념을 충분히 이해하지 못하고 있다고 판단할 수 없다.

02 문단 나열

정답 ④

제시문은 황사의 정의와 위험성 그리고 대응책에 대하여 설명하고 있다. 따라서 '황사를 단순한 모래바람으로 치부할 수는 없다.'는 제시된 문단의 뒤에는 (다) 중국의 전역을 거쳐 대기물질을 모두 흡수하고 한국으로 넘어오는 황사 – (나) 매연과 화학물질 등 유해물질이 포함된 황사 – (가) 황사의 장점과 방지의 강조 – (라) 황사의 개인적·국가적 대응책의 순으로 나열해야 한다.

03 어휘

정답 ③

㉠ 제시(提示) : 어떤 의사를 글이나 말로 드러내어 보임
㉡ 표출(表出) : 겉으로 나타냄
㉢ 구현(具縣) : 어떤 내용이 구체적인 사실로 나타나게 함

오답분석

- 표시(表示) : 어떤 사항을 알리는 문구나 기호 따위를 외부에 나타내 보임
- 표명(表明) : 의사, 태도 따위를 분명하게 나타냄
- 실현(實現) : 꿈, 기대 따위를 실제로 이룸

04 문서 작성

정답 ③

ㄱ. 업무지시서의 경우, 개괄적 내용만 담은 후 다시 물어보는 것은 비효율적이다. 미리 내용과 방식을 분명히 하여 구체적으로 작성하여야 한다.

ㄴ. 설명서의 경우, 소비자들이 이해하기 쉽도록 전문용어를 쉬운 언어로 풀어서 작성하여야 한다.

오답분석

ㄷ. 공문서는 정부 행정기관에서 대내적, 혹은 대외적 공무를 집행하기 위해 작성하는 문서 또는 정부기관이 일반회사, 또는 단체로부터 접수하는 문서 및 일반회사에서 정부기관을 상대로 사업을 진행하려고 할 때 작성하는 문서로 엄격한 규격과 양식에 따라 정당한 권리를 가진 사람이 작성해야 하며 최종 결재권자의 결재가 있어야 문서로서의 기능이 성립된다.

05 한자성어

정답 ④

제시문에서는 아들이 징역 10년이라는 중형에 처할 수 있는 상황에서 아들의 인생을 바로 잡아주기 위해 아들을 직접 신고한 어머니의 사례를 제시하고 있다. 따라서 제시문과 관련 있는 한자성어로는 '큰 도리를 지키기 위하여 부모나 형제도 돌아보지 않음'을 의미하는 '대의멸친(大義滅親)'이 가장 적절하다.

오답분석

① 반포지효(反哺之孝) : 까마귀 새끼가 자라서 늙은 어미에게 먹이를 물어다 주는 효(孝)라는 뜻으로, 자식이 자란 후에 어버이의 은혜를 갚는 효성을 이르는 말이다.

② 지록위마(指鹿爲馬) : 윗사람을 농락하여 권세를 마음대로 함을 이르는 말이다.

③ 불구대천(不俱戴天) : 하늘을 함께 이지 못한다는 뜻으로, 이 세상에서 같이 살 수 없을 만큼 큰 원한을 가짐을 비유적으로 이르는 말이다.

06 문서 내용 이해

정답 ④

'서도(書道)라든가 다도(茶道)라든가 꽃꽂이라든가 하는 일을 과외로 즐길 줄 아는 사람을 우리는 생활의 멋을 아는 사람이라고 말한다.'의 문장을 통해 알 수 있다.

오답분석

① 제시문에서 언급되지 않은 내용이다.

② 값비싸고 화려한 복장을 한 사람이라고 해서 공리적 계산을 하는 사람은 아니다.

③ 소탈한 생활 태도는 경우에 따라 멋있게 생각될 수 있을 뿐, 가장 중요한 것은 아니다.

07 의사 표현

정답 ①

자신이 전달하고자 하는 의사표현을 명확하고 정확하게 하지 못할 경우에는 자신이 평정을 어느 정도 찾을 때까지 의사소통을 연기한다. 하지만 조직 내에서 의사소통을 무한정으로 연기할 수는 없기 때문에 자신의 분위기와 조직의 분위기를 개선하도록 노력하는 등의 적극적인 자세가 필요하다. 따라서 A사원의 메모 중 잘못 작성한 것은 ㉤으로 1개이다.

08 글의 주제

정답 ①

제시문의 첫 번째 문단에서는 사회적 자본이 늘어나면 정치 참여도가 높아진다는 주장을 하였고, 두 번째 문단에서는 사회적 자본의 개념을 사이버공동체에 도입하였으나 현실과 잘 맞지 않는다고 하면서 사회적 자본의 한계를 서술했다. 그리고 마지막 문단에서는 사회적 자본만으로는 정치 참여가 늘어나기 어렵고 정치적 자본의 매개를 통해서 정치 참여가 활성화된다는 주장을 하고 있다. 따라서 ①이 글의 주제로 가장 적절하다.

09 문단 나열

정답 ④

제시문은 건축 재료에 대한 기술적 탐구로 등장하게 된 프리스트레스트 콘크리트에 대해 설명하는 글이다. 따라서 (마) 프리스트레스트 콘크리트의 등장 – (아) 프리스트레스트 콘크리트 첫 번째 제작 과정 – (가) 프리스트레스트 콘크리트 두 번째 제작 과정 – (나) 프리스트레스트 콘크리트가 사용된 킴벨 미술관 – (다) 프리스트레스트 콘크리트로 구현한 기둥 간격 –(사) 프리스트레스트 콘크리트 구조로 얻는 효과 – (바) 건축 미학의 원동력이 되는 새로운 건축 재료 – (라) 건축 재료와 건축 미학의 유기적 관계 순으로 나열해야 한다.

10 맞춤법

정답 ④

- 안은 → 않은
- 며녁 → 면역
- 항채 → 항체
- 보유률 → 보유율

11 응용 수리

정답 ②

주사위를 3번 던져 나오는 전체 경우의 수는 6^3이고, 처음에 나온 수가 2번째 던진 수와 3번째 던진 수의 곱이 되는 경우를 순서쌍으로 나타내면 다음과 같이 모두 14가지이다.

i) 처음 수가 1인 경우 : (1, 1, 1)
ii) 처음 수가 2인 경우 : (2, 2, 1), (2, 1, 2)
iii) 처음 수가 3인 경우 : (3, 3, 1), (3, 1, 3)
iv) 처음 수가 4인 경우 : (4, 4, 1), (4, 2, 2), (4, 1, 4)
v) 처음 수가 5인 경우 : (5, 5, 1), (5, 1, 5)
vi) 처음 수가 6인 경우 : (6, 6, 1), (6, 3, 2), (6, 2, 3), (6, 1, 6)

따라서 확률은 $\frac{14}{6^3}=\frac{7}{108}$이다.

12 응용 수리

정답 ①

폐렴 보균자일 확률을 $\mathrm{P}(A)$, 항생제 내성이 있을 확률을 $\mathrm{P}(B)$라고 가정하자.

$\mathrm{P}(A)=20\%=\frac{1}{5}$, $\mathrm{P}(B)=75\%=\frac{3}{4}$

따라서 항생제 내성이 있는 사람들 중 폐렴 보균자인 사람은 $\mathrm{P}(A|B)=\frac{P(A)\times P(B)}{P(B)}=\frac{\frac{1}{5}\times\frac{3}{4}}{\frac{3}{4}}=0.2=20\%$이다.

13 응용 수리

정답 ②

- 어른들이 원탁에 앉는 경우의 수 : $(3-1)!=2$가지
- 어른들 사이에 아이들이 앉는 경우의 수 : $3!=6$가지

따라서 원탁에 앉을 수 있는 모든 경우의 수는 $2\times6=12$가지이다.

14 응용 수리

정답 ②

서울에서 부산까지 무정차로 걸리는 시간을 x시간이라고 하면 $x=\frac{400}{120}=\frac{10}{3}$이므로 3시간 20분이고, 서울에서 9시에 출발하여 부산에 13시 10분에 도착했으므로 걸린 시간은 4시간 10분이다. 즉, 무정차 시간과 비교하면 50분이 더 걸렸고, 역마다 정차하는 시간은 10분이므로 정차한 역의 수는 $50\div10=5$개이다.

15 응용 수리

정답 ③

가현이가 수영한 속력을 xm/s, A지점에서 B지점까지의 거리를 ym, 강물의 속력을 zm/s라고 하자.
가현이가 강물이 흐르는 방향으로 가는 속력은 $(x+z)$m/s, 반대방향으로 거슬러 올라가는 속력은 $(x-z)$m/s이고, 강물이 흐르는 방향으로 수영할 때 걸린 시간이 반대방향으로 거슬러 올라가며 걸린 시간의 0.2배라고 하였으므로 다음과 같은 식이 성립한다.

$$\frac{y}{x+z}=\frac{y}{x-z}\times0.2$$

$\rightarrow 10(x-z)=2(x+z)$

$\rightarrow 2x=3z$

$\therefore x=\frac{3}{2}z$

따라서 가현이가 수영한 속력 xm/s는 강물의 속력 zm/s의 1.5배이다.

16 응용 수리

정답 ④

매달 1.5%의 이자가 붙으므로 철수가 갚아야 하는 금액의 총합은 다음과 같다.

$30\times1.015^{12}=30\times1.2=36$만 원

이때, 철수가 이달 말부터 a만 원씩 갚는다고 하면 이자를 포함하여 갚는 금액의 총합은 다음과 같다.

$$a+a\times1.015+\cdots+a\times1.015^{11}=\frac{a(1.015^{12}-1)}{1.015-1}$$

$$\rightarrow \frac{a(1.2-1)}{0.015}=\frac{0.2a}{0.015}=\frac{40}{3}a=36$$

$\therefore a=\frac{27}{10}$

따라서 철수는 매달 2.7만 원, 즉 27,000원씩 갚아야 한다.

17 수열 규칙

정답 ③

$\underline{A\ B\ C} \rightarrow C=-\frac{1}{2}(A+B)$

A	B	C
−7	3	$2\left[=-\frac{1}{2}(-7+3)\right]$
30	−4	$-13\left[=-\frac{1}{2}\{30+(-4)\}\right]$
27	5	$-16\left[=-\frac{1}{2}(27+5)\right]$

18 자료 계산

정답 ②

기타를 제외하고 2024년 김치 수출액이 3번째로 많은 국가는 홍콩이다.

홍콩의 2023년 대비 2024년 수출액의 증감률은 $\frac{4,285-4,543}{4,543}\times 100 \fallingdotseq -5.68\%$이다.

19 자료 이해

정답 ④

이륜자동차의 5년간 총 사고건수는 12,400+12,900+12,000+11,500+11,200=60,000건이고, 2021년과 2022년의 사고건수의 합은 12,900+12,000=24,900건이므로 전체 사고건수의 $\frac{24,900}{60,000}\times 100=41.5\%$이다.

오답분석

① 원동기장치 자전거의 사고건수는 2022년까지 증가하다가, 2023년(7,110건)에는 전년(7,480건) 대비 감소하였다.
② 이륜자동차를 제외하고 2020년부터 2024년까지 교통수단별 사고건수가 가장 많은 해를 구하면 전동킥보드는 2024년(162건), 원동기장치 자전거는 2024년(8,250건), 택시는 2024년(177,856건)이지만, 버스는 2022년(235,580건)이 가장 높다.
③ 택시의 2020년 대비 2024년 사고건수는 (177,856−158,800)÷158,800×100=12% 증가하였고, 버스의 2020년 대비 2024년 사고건수는 (227,256−222,800)÷222,800×100=2% 증가하였다. 따라서 택시의 사고건수 증가율이 높다.

20 자료 이해

정답 ④

㉠ 5가지 교통수단 중 전동킥보드만 사고건수가 매년 증가하고 있으며 대책이 필요하다.
㉢ 2021년 이륜자동차에 면허에 대한 법률이 개정되었고, 2022년부터 시행되었으며, 2022~2024년 전년 대비 이륜자동차의 사고건수가 매년 줄어들고 있으므로 옳은 판단이다.
㉣ 2020년도부터 2024년까지 택시의 사고건수는 '증가 – 감소 – 증가 – 증가'하였으나, 버스는 '감소 – 증가 – 감소 – 감소'하였다.

오답분석

㉡ 원동기장치 자전거의 사고건수가 가장 적은 해는 2020년(5,450건)이지만, 이륜자동차의 사고건수가 가장 많은 해는 2021년(12,900건)이다.

21 명제 추론

정답 ③

같은 색깔로는 심지 못하기 때문에 다음의 경우로 꽃씨를 심을 수 있다.
1) 빨간색 화분 : 파랑, 노랑, 초록
2) 파란색 화분 : 빨강, 노랑, 초록
3) 노란색 화분 : 빨강, 파랑, 초록
4) 초록색 화분 : 빨강, 파랑, 노랑
주어진 조건을 적용하면 다음과 같은 경우로 꽃씨를 심을 수 있다.
1) 빨간색 화분 : 파랑, 초록
2) 파란색 화분 : 빨강, 노랑
3) 노란색 화분 : 파랑, 초록
4) 초록색 화분 : 빨강, 노랑
따라서 초록색 화분과 노란색 화분에 심을 수 있는 꽃씨의 종류는 다르므로 ③은 옳지 않은 설명이다.

22 명제 추론

정답 ②

주어진 조건을 다음의 다섯 가지 경우로 정리할 수 있다.

구분	1층	2층	3층	4층	5층	6층
경우 1	C	D	A	F	E	B
경우 2	F	D	A	C	E	B
경우 3	F	D	A	E	C	B
경우 4	D	F	A	E	B	C
경우 5	D	F	A	C	B	E

따라서 B는 항상 F보다 높은 층에 산다.

오답분석

① C는 B보다 높은 곳에 살 수도 낮은 곳에 살 수도 있다.
③ E는 F와 인접해 있을 수도 인접하지 않을 수도 있다.
④ A는 항상 D보다 높은 층에 산다.

23 명제 추론

정답 ④

각 도입규칙을 논리식으로 나타내면 다음과 같다.

- 규칙1. A
- 규칙2. ~B → D
- 규칙3. E → ~A
- 규칙4. B, E, F 중 2개 이상
- 규칙5. ~E ∧ F → ~C
- 규칙6. 최대한 많은 설비 도입

규칙1에 따르면 A는 도입하며, 규칙3의 대우인 A → ~E에 따르면 E는 도입하지 않는다.
규칙4에 따르면 E를 제외한 B, F를 도입해야 하고, 규칙5에서 E는 도입하지 않으며, F는 도입하므로 C는 도입하지 않는다.
D의 도입여부는 규칙1 ~ 5에서는 알 수 없지만, 규칙6에서 최대한 많은 설비를 도입한다고 하였으므로 D를 도입한다.
따라서 도입할 설비는 A, B, D, F이다.

24 명제 추론

정답 ①

주어진 조건을 논리식으로 표현하면 다음과 같다.

i) 혁신역량강화 → ~조직문화
ii) ~일과 가정 → 미래가치교육
iii) 혁신역량강화, 미래가치교육 中 1
iv) 조직문화, 전략적 결정, 공사융합전략 中 2
v) 조직문화

- G대리가 조직문화에 참여하므로 i)의 대우인 '조직문화 → ~혁신역량강화'에 따라 혁신역량강화에 참여하지 않는다. 따라서 iii)에 따라 미래가치교육에 참여한다.
- 일과 가정의 경우 참여와 불참 모두 가능하지만, G대리는 최대한 참여하므로 일과 가정에 참여한다.
- iv)에 따라 전략적 결정, 공사융합전략 중 한 가지 프로그램에 참여할 것임을 알 수 있다.

따라서 G대리는 조직문화, 미래가치교육, 일과 가정 그리고 전략적 결정 혹은 공사융합전략에 참여하므로 최대 4개의 프로그램에 참여한다.

오답분석

② G대리의 전략적 결정 참여 여부와 일과 가정 참여 여부는 상호 무관하다.
③ G대리는 혁신역량강화에 참여하지 않으며, 일과 가정 참여 여부는 알 수 없으나, 최대한 많이 참여하므로 일과 가정에 참여한다.
④ G대리는 조직문화에 참여하므로 iv)에 따라 전략적 결정과 공사융합전략 중 한 가지에만 참여 가능하다.

25 명제 추론

정답 ③

명제가 참이면 대우 명제도 참이다. 즉, '유민이가 좋아하는 과일은 신혜가 싫어하는 과일이다.'가 참이면 '신혜가 좋아하는 과일은 유민이가 싫어하는 과일이다.'도 참이 된다. 따라서 신혜는 딸기를 좋아하고, 유민이는 사과와 포도를 좋아한다.

26 SWOT 분석

정답 ②

ㄱ. 회사가 가지고 있는 신속한 제품 개발 시스템의 강점을 활용하여 새로운 해외시장의 소비자 기호를 반영한 제품을 개발하는 것은 강점을 통해 기회를 포착하는 SO전략에 해당한다.

ㄷ. 공격적 마케팅을 펼치고 있는 해외 저가 제품과 달리 오히려 회사가 가지고 있는 차별화된 제조 기술을 활용하여 고급화 전략을 추구하는 것은 강점으로 위협을 회피하는 ST전략에 해당한다.

오답분석

ㄴ. 저임금을 활용한 개발도상국과의 경쟁 심화와 해외 저가 제품의 공격적 마케팅을 고려하면 국내에 화장품 생산 공장을 추가로 건설하는 것은 적절한 전략으로 볼 수 없다. 약점을 보완하여 위협을 회피하는 전략을 활용하기 위해서는 오히려 저임금의 개발도상국에 공장을 건설하여 가격 경쟁력을 확보하는 것이 더 적절하다.

ㄹ. 낮은 브랜드 인지도가 약점이기는 하나, 해외시장에서의 한국 제품에 대한 선호가 증가하고 있는 점을 고려하면 현지 기업의 브랜드로 제품을 출시하는 것은 적절한 전략으로 볼 수 없다. 약점을 보완하여 기회를 포착하는 전략을 활용하기 위해서는 오히려 한국 제품임을 강조하는 홍보 전략을 세우는 것이 더 적절하다.

27 규칙 적용

정답 ①

먼저 16진법으로 표현된 수를 10진법으로 변환하여야 한다.

43 → $4\times16+3=67$

41 → $4\times16+1=65$

54 → $5\times16+4=84$

변환된 수를 아스키 코드표를 이용하여 해독하면 67=C, 65=A, 84=T임을 확인할 수 있다. 따라서 철수가 장미에게 보낸 문자의 의미는 'CAT'이다.

28 규칙 적용

정답 ④

- 형태 : HX(육각)
- 허용압력 : L(18kg/cm^2)
- 직경 : 014(14mm)
- 재질 : SS(스테인리스)
- 용도 : M110(자동차)

29 자료 해석

정답 ③

제시된 문제는 각각의 조건에서 해당되지 않는 쇼핑몰을 체크하여 선지에서 하나씩 제거하는 방법으로 푸는 것이 좋다.

- 철수 : C, D, F는 포인트 적립이 안 되므로 해당 사항이 없다(②·④ 제외).
- 영희 : A는 배송비가 없으므로 해당 사항이 없다.
- 민수 : A, B, C는 주문 취소가 가능하므로 해당 사항이 없다(① 제외).
- 철호 : 환불 및 송금수수료, 배송비가 포함되었으므로 A, D, E, F에는 해당 사항이 없다.

30 자료 해석

정답 ④

세레나데 & 봄의 제전은 55% 할인된 가격인 27,000원에서 10%가 티켓 수수료로 추가된다고 했으니 2,700원을 더한 29,700원이 총 결제가격이다. 따라서 티켓판매 수량이 1,200장이니 총수익은 3,564만 원이다.

오답분석

① 판매자료에 티켓이 모두 50% 이상 할인율을 가지고 있어 할인율이 크다는 생각을 할 수 있다.
② 티켓 판매가 부진해 소셜커머스도 반값 이상의 할인을 한다는 생각은 충분히 할 수 있는 생각이다.
③ 백조의 호수의 경우 2월 12일 ~ 17일까지 6일이라는 가장 짧은 기간 동안 티켓을 판매했지만, 1,787장으로 가장 높은 판매량을 기록하고 있다. 설 연휴와 더불어 휴일에 티켓 수요가 늘 것을 예상해 일정을 짧게 잡아 단기간에 빠르게 판매량을 높인 것을 유추할 수 있다.

31 시간 계획

정답 ④

7월 19 ~ 20일에 연차를 쓴다면 작년투자현황 조사를 1, 4일에, 잠재력 심층조사를 6, 7일에, 1차 심사를 11 ~ 13일에, 2차 심사를 15, 18, 21일에 하더라도, 최종결정과 선정결과 발표 사이에 두어야 하는 하루의 간격이 부족하므로, 신규투자처 선정 일정에 지장이 가게 된다. 따라서 불가능하다.

32 시간 계획

정답 ④

최대한 일정을 당겨서 작년투자현황 조사를 1, 4일에, 잠재력 심층조사를 6, 7일에, 1차 심사를 11 ~ 13일에, 2차 심사를 15, 18, 19일에 해야만 신규투자처 선정 일정에 지장이 가지 않는다. 따라서 19일까지는 연차를 쓸 수 없다. 따라서 19일까지 2차 심사를 마치고 20 ~ 21일에 연차를 사용한다면 22일에 최종결정, 25일 혹은 26일에 발표를 할 수 있다.

33 시간 계획

정답 ③

사람들은 마감 기한보다 결과의 질을 중요하게 생각하는 경향이 있으나, 어떤 일이든 기한을 넘겨서는 안 된다. 완벽에 가깝지만 기한을 넘긴 일은 완벽하지는 않지만 기한 내에 끝낸 일보다 인정을 받기 어렵다. 따라서 시간관리에 있어서 주어진 기한을 지키는 것이 가장 중요하다.

오답분석

① A사원 : 시간관리는 상식에 불과하다는 오해를 하고 있다.
② B사원 : 시간에 쫓기면 일을 더 잘한다는 오해를 하고 있다.
④ D사원 : 창의적인 일을 하는 사람에게는 시간관리가 맞지 않는다는 오해를 하고 있다.

34 비용 계산

정답 ③

영희는 누적방수액의 유무와 상관없이 재충전 횟수가 200회 이상이면 충분하다고 하였으므로 100회 이상 300회 미만으로 충전이 가능한 리튬이온배터리를 구매한다. 이때 누적방수액을 바르지 않은 것이 더 저렴하므로 영희가 가장 저렴하게 구매하는 가격은 5,000원이다.

오답분석

① • 철수가 가장 저렴하게 구매하는 가격 : 20,000원
 • 영희가 가장 저렴하게 구매하는 가격 : 5,000원
 • 상수가 가장 저렴하게 구매하는 가격 : 5,000원
 따라서 철수, 영희, 상수가 리튬이온배터리를 가장 저렴하게 구매하는 가격의 합은 20,000+5,000+5,000=30,000원이다.
② • 철수가 가장 비싸게 구매하는 가격 : 50,000원
 • 영희가 가장 비싸게 구매하는 가격 : 10,000원
 • 상수가 가장 비싸게 구매하는 가격 : 50,000원
 따라서 철수, 영희, 상수가 리튬이온배터리를 가장 비싸게 구매하는 가격의 합은 50,000+10,000+50,000=110,000원이다.
④ 영희가 가장 비싸게 구매하는 가격은 10,000원, 상수가 가장 비싸게 구매하는 가격은 50,000원이다. 두 가격의 차이는 40,000원으로 30,000원 이상이다.

35 시간 계획

정답 ③

같은 시간을 어떻게 활용하느냐에 따라 시간의 가치는 달라진다. 누구에게나 하루 24시간이라는 시간이 주어지지만, 시간관리를 어떻게 하느냐에 따라 하루의 가치가 달라지는 것이다. 이를 제시문의 단어로 표현해 보면 효과적인 시간관리란 모두에게 똑같이 주어지는 크로노스의 시간을 내용으로 규정되는 카이로스의 시간으로 관리하는 것으로 나타낼 수 있다. 따라서 빈칸에 들어갈 내용으로 가장 적절한 것은 ③이다.

36 인원 선발

정답 ③

사장은 최소비용으로 최대인원을 채용하는 것을 목적으로 하고 있다. 가장 낮은 임금의 인원을 최우선으로 배치하되, 동일한 임금의 인원은 가용한 시간 내에 분배하여 배치하는 것이 해당 목적을 달성하는 방법이다. 이를 적용하면 다음과 같이 인원을 배치할 수 있다.

<table>
<tr><th>구분</th><th colspan="2">월</th><th colspan="2">화</th><th colspan="2">수</th><th colspan="2">목</th><th colspan="2">금</th></tr>
<tr><td>08:00</td><td rowspan="7">기존 직원</td><td rowspan="2">김갑주</td><td rowspan="7">기존 직원</td><td rowspan="2">김갑주</td><td rowspan="7">기존 직원</td><td rowspan="2">김갑주</td><td rowspan="7">기존 직원</td><td rowspan="2">김갑주</td><td rowspan="7">기존 직원</td><td rowspan="2">김갑주</td></tr>
<tr><td>09:00</td></tr>
<tr><td>10:00</td><td rowspan="2">한수미</td><td rowspan="2">한수미</td><td rowspan="2">한수미</td><td rowspan="2">한수미</td><td rowspan="2">한수미</td></tr>
<tr><td>11:00</td></tr>
<tr><td>12:00</td><td rowspan="4">조병수</td><td rowspan="4">조병수</td><td rowspan="4">조병수</td><td rowspan="4">조병수</td><td rowspan="4">조병수</td></tr>
<tr><td>13:00</td></tr>
<tr><td>14:00</td></tr>
<tr><td>15:00</td><td rowspan="5">강을미</td><td rowspan="5">강을미</td><td rowspan="5">강을미</td><td rowspan="5">강을미</td><td rowspan="5">강을미</td></tr>
<tr><td>16:00</td><td rowspan="4">채미나</td><td rowspan="4">채미나</td><td rowspan="4">채미나</td><td rowspan="4">채미나</td><td rowspan="4">채미나</td></tr>
<tr><td>17:00</td></tr>
<tr><td>18:00</td></tr>
<tr><td>19:00</td></tr>
</table>

8시부터 근무는 김갑주가 임금이 가장 낮다. 이후 10시부터는 임금이 같은 한수미도 근무가 가능하므로, 최대인원을 채용하는 목적에 따라 한수미가 근무한다. 그다음 중복되는 12시부터는 조병수가 임금이 더 낮으므로 조병수가 근무하며, 임금이 가장 낮은 강을미는 15시부터 20시까지 근무한다. 조병수 다음으로 중복되는 14시부터 가능한 최강현은 임금이 비싸므로 근무하지 않는다(최소비용이 최대인원보다 우선하기 때문). 그다음으로 중복되는 16시부터는 채미나가 조병수와 임금이 같으므로 채미나가 근무한다.

37 비용 계산

정답 ④

- 기존 직원 : 8,000원×7시간=56,000원
- 김갑주, 한수미 : 8,000원×2시간=16,000원
- 조병수, 채미나 : 7,500원×4시간=30,000원
- 강을미 : 7,000원×5시간=35,000원

→ 56,000+(16,000×2)+(30,000×2)+35,000=183,000원

∴ (임금)=183,000원×5일=915,000원

38 인원 선발

정답 ③

B, E는 전분기 총사고 건수가 0건으로 이번 분기 차감 혜택이 적용되어야 하지만, E의 경우 이번 분기 발신사고 건수가 5건으로 혜택을 받지 못한다. 이를 참고하여 직원별 벌점을 계산하면 다음과 같다.

(단위 : 점)

직원	수신물 오분류	수신물 분실	미발송	발신물 분실	벌점차감 혜택	총 벌점
A	−	2×4=8	−	4×6=24	×	32
B	2×2=4	3×4=12	3×4=12	−	○(−5)	23
C	2×2=4	−	3×4=12	1×6=6	×	22
D	−	2×4=8	2×4=8	2×6=12	×	28
E	1×2=2	−	3×4=12	2×6=12	×	26

따라서 두 번째로 높은 벌점을 부여받는 직원은 D직원이다.

PART 2

39 비용 계산

정답 ③

벌점이 낮을수록 등수가 높으므로 이를 고려해 각 직원이 지급받을 성과급을 계산하면 다음과 같다.

직원	총 벌점	등수	지급비율	성과급 지급액
A	32점	5	50%(30점 초과)	50만 원
B	23점	2	90%	90만 원
C	22점	1	100%	100만 원
D	28점	4	80%	80만 원
E	26점	3	90%	90만 원

따라서 B직원과 E직원이 지급받을 성과급 총액은 90+90=180만 원이다.

40 품목 확정

정답 ③

B부서는 전분기 부서표창으로 인한 혜택을 받으나, D부서는 '의도적 부정행위' 유형의 사고가 3건 이상이므로 혜택을 받지 못한다. 주어진 정보에 따라 부서별 당월 벌점을 계산하면 다음과 같다.

부서	당월 벌점	전분기 부서표창 여부
A	(20×1)+(12×2)+(6×3)=62점	−
B	(20×1)+(12×4)+(6×2)−20=60점	○
C	(12×3)+(6×6)=72점	−
D	(20×3)+(12×2)=84점	○(혜택 못 받음)

따라서 벌점이 두 번째로 많은 부서는 C부서이다.

41 경영 전략

정답 ①

베트남 사람들은 매장에 직접 방문해서 구입하는 것을 더 선호하므로 인터넷, TV광고와 같은 간접적인 방법의 홍보를 활성화하는 것은 신사업 전략으로 적절하지 않다.

42 경영 전략

정답 ④

회사와 팀의 업무 지침은 변화하는 환경 속에서 그 일의 전문가들에 의해 확립된 것이므로 기본적으로 지켜야 할 것은 지키되, 그 속에서 자신의 방식을 발견해야 한다. 따라서 본인이 속한 팀의 업무 지침이 마음에 들지 않는다는 이유로 이를 지키지 않고 본인만의 방식을 찾겠다는 D대리의 행동전략은 적절하지 않다.

43 조직 구조

정답 ③

백화점에 모여 있는 직원과 고객은 조직의 특징인 조직의 목적과 구조가 없고, 목적을 위해 서로 협동하는 모습도 볼 수 없으므로 조직의 사례로 적절하지 않다.

44 경영 전략

정답 ①

스톡옵션제도에 대한 설명으로, 자본참가 유형에 해당한다.

오답분석

② 스캔론 플랜에 대한 설명으로, 성과참가 유형에 해당한다.
③ 러커 플랜에 대한 설명으로, 성과참가 유형에 해당한다.
④ 노사협의제도에 대한 설명으로, 의사결정참가 유형에 해당한다.

45 조직 구조

정답 ③

빈칸에 들어갈 용어는 '조직 변화' 또는 '조직 혁신'이다. 조직 변화는 구성원들의 사고방식이나 가치체계를 변화시키는 것이다. 즉, 조직의 목적과 일치시키기 위해 문화를 유도하는 문화 변화의 모습을 가진다.

46 업무 종류

정답 ④

내부 메신저는 동료와의 잡담에 쓰일 수도 있지만, 처리해야 할 업무가 있을 때 실시간으로 전달받고 해결하는 데 필요하므로 업무 시간에는 계속 로그인되어 있어야 한다.

47 경영 전략

정답 ④

린 스타트업(Lean Startup)의 제품 개발 프로세스로, 먼저 단기간 동안 시제품을 만들어 시장에 내놓고 반응과 성과를 측정하여 이를 제품 개선에 반영한다. 이러한 과정을 반복하며 시장에서의 성공 확률을 높인다. 제품 개발이 끝날 때까지 전 과정을 비밀로 하는 것은 린 스타트업 이전의 기존 전략에 해당한다.

48 조직 구조

정답 ②

조직 목표의 특징

- 공식적 목표와 실제적 목표가 다를 수 있다.
  조직 목표는 조직이 존재하는 이유와 관련된 조직의 사명과 사명을 달성하기 위한 세부 목표를 가지고 있다. 조직의 사명은 조직의 비전, 가치와 신념, 조직의 존재이유 등을 공식적인 목표로 표현한 것이다. 반면에 세부 목표는 조직이 실제적인 활동을 통해 달성하고자 하는 것으로, 사명에 비해 측정 가능한 형태로 기술되는 단기적인 목표이다.
- 다수의 조직 목표를 추구할 수 있다.
- 조직 목표 간에는 위계적 상호관계가 있다.
  조직은 다수의 조직 목표를 추구할 수 있으며, 이러한 조직 목표들은 위계적 상호관계가 있어 서로 상하관계에 있으면서 영향을 주고받는다.
- 가변적 속성을 가진다.
  조직 목표는 한번 수립되면 달성될 때까지 지속되는 것이 아니라 환경이나 조직 내의 다양한 원인들에 의하여 변동되거나 없어지고, 새로운 목표로 대치되기도 한다.
- 조직의 구성요소와 상호관계를 가진다.
  조직 목표들은 조직 구조, 조직 전략, 조직 문화 등과 같은 조직 체제의 다양한 구성요소들과 상호관계를 가지고 있다.

49 조직 구조

정답 ④

기계적 조직과 유기적 조직의 특징을 통해 안정적이고 확실한 환경에서는 기계적 조직이, 급변하는 환경에서는 유기적 조직이 적합하다.

기계적 조직과 유기적 조직의 특징

기계적 조직	• 구성원들의 업무가 분명하게 정의된다. • 많은 규칙과 규제들이 있다. • 상하 간 의사소통이 공식적인 경로를 통해 이루어진다. • 엄격한 위계질서가 존재한다. • 대표적인 기계조직으로 군대를 들 수 있다.
유기적 조직	• 의사결정 권한이 조직의 하부 구성원들에게 많이 위임되어 있다. • 업무가 고정되지 않고, 공유 가능하다. • 비공식적인 상호의사소통이 원활하게 이루어진다. • 규제나 통제의 정도가 낮아 변화에 따라 의사결정이 쉽게 변할 수 있다.

50 업무 종류

정답 ④

김팀장의 업무 지시에 따르면 이번 주 금요일 회사 창립 기념일 행사가 끝난 후 진행될 총무팀 회식의 장소 예약은 목요일 퇴근 전까지 처리되어야 한다. 따라서 이대리는 ㉣을 목요일 퇴근 전까지 처리해야 한다.

제 2 회 최종점검 모의고사

01	02	03	04	05	06	07	08	09	10	11	12	13	14	15	16	17	18	19	20
④	②	④	①	①	③	①	③	④	④	④	④	①	④	③	③	③	③	④	③
21	22	23	24	25	26	27	28	29	30	31	32	33	34	35	36	37	38	39	40
④	①	③	③	④	①	②	④	④	②	③	①	①	③	④	④	②	①	③	②
41	42	43	44	45	46	47	48	49	50										
①	②	④	③	①	①	④	②	④	④										

01 문서 내용 이해

정답 ④

두 번째 문단에서 굴절파는 지하의 깊이와는 상관없이, 매질의 성격에 따라 이동하는 속도가 달라진다고 나와 있다.

02 규칙 적용

정답 ②

한글 자음과 한글 모음의 치환 규칙은 다음과 같다.

• 한글 자음

ㄱ	ㄴ	ㄷ	ㄹ	ㅁ	ㅂ	ㅅ
a	b	c	d	e	f	g
ㅇ	ㅈ	ㅊ	ㅋ	ㅌ	ㅍ	ㅎ
h	i	j	k	l	m	n

• 한글 모음

ㅏ	ㅑ	ㅓ	ㅕ	ㅗ	ㅛ	ㅜ
A	B	C	D	E	F	G
ㅠ	ㅡ	ㅣ				
H	I	J				

따라서 목요일의 암호인 '완벽해'를 치환하면 다음과 같다.

완 → hㅘb, 벽 → fDa, 해 → nㅐ

이때, 목요일에는 암호 첫째 자리에 숫자 4를 입력해야 하므로 A씨가 입력할 암호는 '4hㅘbfDanㅐ'이다.

03 규칙 적용

정답 ④

오답분석

① 7hEeFnAcA → 일요일의 암호 '오묘하다'

② 3iJfhㅔaAbcA → 수요일의 암호 '집에간다'

③ 2bAaAbEdcA → 화요일의 암호 '나가놀다'

04 자료 이해

정답 ①

청바지의 괴리율 차이는 37.2%p이고, 운동복의 괴리율 차이는 40%p로 운동복의 괴리율 차이가 더 크다.

오답분석

② 할인가 판매제품 수가 정상가 판매제품 수보다 많은 품목은 세탁기, 유선전화기, 기성신사복, 진공청소기, 가스레인지, 무선전화기, 오디오세트, 정수기로 총 8개이다.
③ 할인가 판매제품 수와 정상가 판매제품 수의 차이가 가장 큰 품목은 라면으로, 30개 차이가 난다.
④ 괴리율이 클수록 권장소비자가격과 판매가격(정상가격 또는 할인가격)의 차이가 큰 것이다. 따라서 세탁기가 가장 크고, 기성숙녀복이 가장 작다.

05 업무 종류

정답 ①

최수영 상무이사가 결재한 것은 대결이다. 대결은 전결권자가 출장, 휴가, 기타 사유로 상당기간 부재중일 때 긴급한 문서를 처리하고자 할 경우에는 전결권자의 차하위 직위의 결재를 받아 시행하는 것을 말한다. 대결 시에는 기안문의 결재란 중 대결한 자의 란에 '대결'을 표시하고 서명 또는 날인한다. 결재표는 다음과 같다.

과장	부장	상무이사	전무이사
최경옥	김석호	대결 최수영	전결

06 맞춤법

정답 ③

• 내로라하다 : 어떤 분야를 대표할 만하다.
• 그러다 보니 : 보조용언 '보다'가 앞 단어와 연결 어미로 이어지는 '-다 보다'의 구성으로 쓰이면 앞말과 띄어 쓴다.

오답분석

① 두가지를 → 두 가지를
조화시키느냐하는 → 조화시키느냐 하는
  • 두 가지를 : 수 관형사는 뒤에 오는 명사 또는 의존 명사와 띄어 쓴다.
  • 조화시키느냐 하는 : 어미 다음에 오는 말은 띄어 쓴다.
② 무엇 보다 → 무엇보다 / 인식해야 만 → 인식해야만
  • 무엇보다 : '보다'는 비교의 대상이 되는 말에 붙어 '~에 비해서'의 뜻을 나타내는 조사이므로, 붙여 쓴다.
  • 인식해야만 : '만'은 한정, 강조를 의미하는 보조사이므로 붙여 쓴다.
④ 심사하는만큼 → 심사하는 만큼 / 한 달 간 → 한 달간
  • 심사하는 만큼 : 뒤에 나오는 내용의 원인, 근거를 의미하는 의존 명사이므로 띄어 쓴다.
  • 한 달간 : '동안'을 의미하는 접미사이므로 붙여 쓴다.

07 한자성어

정답 ①

과유불급(過猶不及)은 '지나침은 부족함과 마찬가지'라는 뜻이다.

오답분석

② 소탐대실(小貪大失) : '작은 것을 탐하다가 큰 것을 잃음'을 뜻한다.
③ 안하무인(眼下無人) : '눈 아래에 사람이 없다'는 뜻으로, 방자하고 교만하여 다른 사람을 업신여김을 이르는 말이다.
④ 위풍당당(威風堂堂) : '풍채나 기세가 위엄 있고 떳떳함'을 뜻한다.

08 비용 계산

정답 ③

계약금은 다음과 같이 계산한다.

- K연수원 견적금액 산출
  - 교육은 두 곳에서 진행된다. 인원은 총 50명이므로 세미나 1, 2호실에서 진행하는 것이 적절하며, 숙박은 하지 않으므로 인당 15,000원의 이용료가 발생한다.
    15,000×50=750,000원(강의실 기본요금은 인당 1만 원 기준으로 계산되어 있으므로 별도로 고려할 필요가 없다)
  - 예산이 가능하다면 저녁은 차림식으로 한다는 점을 고려한다.
    경우 1) 두 끼 식사가 자율식일 경우 : (8,000×50×2)=800,000원
    경우 2) 자율식 한 끼, 차림식 한 끼일 경우 : (8,000×50)+(15,000×50)=1,150,000원
    → 예산이 2백만 원이므로 경우 2가 가능하다.

  ∴ K연수원 견적금액 : 750,000+1,150,000=1,900,000원
- 사전예약 10% 할인 적용
  1,900,000×(1−0.1)=1,710,000원
- 계약금 계산(견적금액의 10%)
  1,710,000×0.1=171,000원

09 비용 계산

정답 ④

워크숍을 진행하기 10일 전에 취소하였으므로 위약금이 발생되며, 견적금액의 50%가 위약금이 된다.
따라서 위약금은 1,710,000×0.5=855,000원이다.

10 자료 이해

정답 ④

㉠ 제시된 자료를 보면 2024년에 공개경쟁채용을 통해 채용이 이루어진 공무원 구분은 5급, 7급, 9급, 연구직으로 총 4개이다.

㉡ • 2024년 우정직 채용 인원 : 599명
 • 2024년 7급 채용 인원 : 1,148명
 1,148÷2≒574<599이므로 옳은 설명이다.

㉣ • 2025년 9급 공개경쟁채용 인원 : 3,000×1.1=3,300명
 • 2025년 9급 공개경쟁채용 인원 : 3,300×1.1=3,630명
 • 2025년 9급 공개경쟁채용 인원의 2022년 대비 증가폭 : 3,630−3,000=630명
 나머지 채용 인원은 2024년과 동일하게 유지하여 채용한다고 하였으므로, 2026년 전체 공무원 채용 인원은 9,042+630=9,672명이다. 따라서 2026년 전체 공무원 채용 인원 중 9급 공개경쟁채용 인원의 비중은 $\frac{3,630}{9,672}\times 100 \fallingdotseq 37.53\%$이다.

오답분석

㉢ 5급, 7급, 9급의 경우 공개경쟁채용 인원이 경력경쟁채용 인원보다 많다. 그러나 연구직의 경우 공개경쟁채용 인원은 경력경쟁채용 인원보다 적다.

11 인원 선발

정답 ④

1인당 지급하는 국문 명함은 150장이므로 1인 기준 국문 명함 제작비용은 10,000(100장)+3,000(추가 50장)=13,000원이다.
신입사원의 수를 x명이라고 하면
$13,000x=195,000$
∴ $x=15$
따라서 신입사원은 총 15명이다.

12 비용 계산

정답 ④

1인당 지급하는 영문 명함은 200장이므로 1인당 제작비용(일반종이 기준)은 15,000(100장)+10,000(추가 100장)=25,000원이다. 이때 고급종이로 영문 명함을 제작하므로 해외영업부 사원들의 1인당 제작비용은 $25,000\times\left(1+\frac{1}{10}\right)=27,500$원이다.

따라서 8명의 영문 명함 제작비용은 27,500×8=220,000원이다.

13 자료 해석

정답 ①

지원유형별 채용단계를 파악한 후, 처리비용을 산출하면 다음과 같다.

구분	신입(20건)	인턴(24건)	경력(16건)	합계
접수확인	500×20=10,000원	500×24=12,000원	500×16=8,000원	30,000원
서류심사	1,500×20=30,000원	–	–	30,000원
온라인 인성검사	1,000 ×20=20,000원	1,000×24=24,000원	–	44,000원
직업기초능력평가	3,000×20=60,000원	–	3,000×16=48,000원	108,000원
직무수행능력평가	2,500×20=50,000원	–	2,500×16=40,000원	90,000원
면접평가	3,000×20=60,000원	3,000×24=72,000원	3,000×16=48,000원	180,000원
합격여부 통지	500×20=10,000원	500×24=12,000원	500×16=8,000원	30,000원
합계	240,000원	120,000원	152,000원	512,000원

채용절차에서 발생하는 총비용은 512,000원으로 예산 50만 원보다 12,000원이 초과되었다. 예산 수준에서 최대한 사용하는 것이 목적이었으므로 각 단계 중 비용이 가장 적은 것을 생략한다. 따라서 접수 확인 및 합격여부 통지 단계를 제외하면, 신입의 온라인 인성검사(20,000원)를 생략해야 한다.

14 자료 해석

정답 ④

주어진 조건을 살펴보면 채용단계마다 합격률에 의해 지원자 수가 점차 감소한다는 것을 알 수 있다. 따라서 단계마다 발생하는 처리비용은 단계별 합격인원에 따라 달라진다. 주어진 예산 안에서 수용할 수 있는 최대 지원자 수를 알기 위해서는 지원자 수를 임의로 대입하여 검증하거나 역으로 합격자 수를 임의로 대입하여 검증하는 방법으로 추산할 수 있다. 해당 문제의 경우에는 합격자 수를 정하여 검증하는 방법이 더욱 간편하다. 합격자 수가 1명일 경우의 처리비용과 지원자 수를 구하면 다음과 같다.

구분	합격인원	채용단계별 처리비용
최종합격자	1명	–
합격여부 통지	1명÷0.5=2명	500원×2명=1,000원
면접평가		3,000원×2명=6,000원
직무수행능력평가	2명÷0.4=5명	2,500원×5명=12,500원
직업기초능력평가	5명÷0.5=10명	3,000원×10명=30,000원
접수확인	10명	500원×10명=5,000원
합계	–	54,500원

※ '경력'은 서류심사와 온라인 인성검사 절차가 없음

따라서 총 10명의 지원자가 있으면 1명의 합격자가 발생한다. 또한 그 비용은 54,500원이다.

그러므로 22만 원의 예산 내에서 최대 지원자 수는 40명(≒22만 원÷54,500원×10명)이다.

15 문단 나열

정답 ③

제시문은 청화백자가 무엇인지 설명하고, 청화백자의 시대적 배경 및 특징에 대해 설명하고 있다. 따라서 (라) 청화백자의 기원 – (가) 원대의 청화백자 – (다) 청화백자가 조선시대에 들어온 배경 – (나) 조선시대 청화백자의 특징 순으로 나열해야 한다.

16 자료 이해

정답 ③

현재 유지관리하는 도로의 총거리는 4,113km이고, 1990년대는 367.5+1,322.6+194.5+175.7=2,060.3km이다.
따라서 1990년대보다 현재 도로는 4,113−2,060.3=2,052.7km 더 길어졌다.

오답분석

① 2000년대 4차로 도로의 거리는 3,426−(155+450+342)=2,479km이므로 1960년대부터 유지관리되는 4차로 도로의 거리는 현재까지 계속 증가했다.

② 현재 유지관리하는 도로 한 노선의 평균거리는 $\frac{4,113}{29}$ ≒ 141.8km로 120km 이상이다.

④ 차선이 만들어진 순서는 4차로(1960년대) – 2차로(1970년대) – 6차로(1980년대) – 8차로(1990년대) – 10차로(현재)이다.

17 업무 종류

정답 ③

유대리가 처리해야 할 일의 순서는 다음과 같다.
음악회 주최 의원들과 점심 → 음악회 주최 의원들에게 일정표 전달(점심 이후) → △△조명에 조명 점검 협조 연락(오후) → 한여름 밤의 음악회 장소 점검(퇴근 전) → 김과장에게 상황 보고
따라서 가장 먼저 해야 할 일은 '음악회 주최 의원들과 점심'이다.

18 명제 추론

정답 ③

주어진 조건에 의하면 D면접자와 E면접자는 2번, 3번 의자에 앉아 있고, A면접자는 1번과 8번 의자에 앉을 수 없다. B면접자는 6번 또는 7번 의자에 앉을 수 있다는 점과 A면접자와 C면접자 사이에는 2명이 앉는다는 조건까지 모두 고려하면 A면접자와 B면접자가 서로 이웃해 있을 때, 다음과 같은 두 가지 경우를 확인할 수 있다.

• B면접자가 6번에 앉을 경우

구분	1	2	3	4	5	6	7	8
경우 1		D	E		A	B		C
경우 2		D	E	C		B	A	
경우 3		D	E	A		B	C	
조건	A(×), C(×)							A(×)

• B면접자가 7번에 앉을 경우

구분	1	2	3	4	5	6	7	8
경우 1		D	E	C(×)		A	B	
경우 2		D	E			A	B	C(×)
경우 3		D	E		A		B	C
조건	A(×), C(×)							A(×)

→ B면접자가 7번에 앉는 경우 1과 경우 2에서는 A면접자와 C면접자 사이에 2명이 앉는다는 조건이 성립되지 않는다.
따라서 A면접자와 B면접자가 서로 이웃해 앉는다면 C면접자는 4번 또는 8번 의자에 앉을 수 있다.

오답분석

① 주어진 조건을 살펴보면 A면접자는 1번, 8번 의자에 앉지 않는다고 하였고 2번과 3번 의자는 D면접자와 E면접자로 확정되어 있다. 그리고 C면접자와의 조건때문에 6번 의자에도 앉을 수 없다. 따라서 A면접자는 4번, 5번, 7번 의자에 앉을 수 있다. 따라서 A면접자가 4번에 앉는 것이 항상 옳다고 볼 수 없다.

② 주어진 조건에서 C면접자는 D면접자와 이웃해 앉지 않는다고 하였다. D면접자는 2번 의자로 확정되어 있으므로 C면접자는 1번 의자에 앉을 수 없다.

④ B면접자가 7번 의자에 앉고 A면접자와 B면접자 사이에 2명이 앉도록 하면, A면접자는 4번 의자에 앉아야 한다. 그런데 A면접자와 C면접자 사이에 2명이 앉아 있다는 조건이 성립되려면 C면접자는 1번 의자에 앉아야 하는데, C면접자는 D면접자와 이웃해 있지 않다고 하였으므로 옳지 않다.

19 자료 이해

정답 ④

제시된 자료에 따르면 2022년 모든 품목의 가격지수는 100이다. 품목별로 2022년 가격지수 대비 2024년 3월 가격지수의 상승률을 구하면 다음과 같다.

- 육류 : $\frac{177.0-100}{100}\times100=77\%$
- 낙농품 : $\frac{184.9-100}{100}\times100=84.9\%$
- 곡물 : $\frac{169.8-100}{100}\times100=69.8\%$
- 유지류 : $\frac{151.7-100}{100}\times100=51.7\%$
- 설탕 : $\frac{187.9-100}{100}\times100=87.9\%$

따라서 상승률이 가장 낮은 품목은 유지류이다.

오답분석

① 2024년 3월의 식량 가격지수의 전년 동월 대비 하락률 : $\frac{213.8-173.8}{213.8}\times100\fallingdotseq18.71\%$

② 식량 가격지수 자료를 통해 확인할 수 있다.

③ 품목별 2024년 3월 식량 가격지수의 전년 동월 대비 하락 폭을 구하면 다음과 같다.

- 육류 : $185.5-177.0=8.5$
- 낙농품 : $268.5-184.9=83.6$
- 곡물 : $208.9-169.8=39.1$
- 유지류 : $204.8-151.7=53.1$
- 설탕 : $254.0-187.9=66.1$

따라서 가장 큰 폭으로 하락한 품목은 낙농품이다.

20 글의 주제

정답 ③

제시문에서는 인류의 발전과 미래에 인류에게 닥칠 문제를 해결하기 위해 우주 개발이 필요하다는 '우주 개발의 정당성'에 대해 논의하고 있다. 따라서 글의 주제로 ③이 가장 적절하다.

21 문서 작성

정답 ④

ㄴ. 정보제공의 경우, 시각적 자료가 있으면 문서의 이해를 도울 수 있으므로 적절히 포함시키는 것이 좋다.

ㄹ. 제안서나 기획서의 경우, 객관적 사실뿐만 아니라 제안자의 주관적 판단과 계획도 반영되어야 한다.

22 인원 선발

정답 ①

㉠은 능력주의, ㉡은 적재적소주의, ㉢은 적재적소주의, ㉣은 능력주의이다. 개인에게 능력을 발휘할 수 있는 기회와 장소를 부여하고, 그 성과를 바르게 평가한 뒤 평가된 능력과 실적에 대해 그에 상응하는 보상을 주는 능력주의 원칙은 적재적소주의 원칙의 상위개념이라고 할 수 있다. 즉, 적재적소주의는 능력주의의 하위개념에 해당한다.

23 조직 구조

정답 ③

조직은 목적을 가지고 있어야 하고, 구조가 있어야 한다. 또한 목적을 달성하기 위해 구성원들은 서로 협동적인 노력을 하고, 외부 환경과 긴밀한 관계를 가지고 있어야 한다. 따라서 야구장에 모인 관중들은 동일한 목적만 가지고 있을 뿐 구조를 갖춘 조직으로 볼 수 없다.

24 수열 규칙

정답 ③

분자는 −2, 분모는 +2인 수열이다.

$$\frac{12}{17} \rightarrow \frac{10}{19} \rightarrow \frac{8}{21} \rightarrow \frac{6}{23} \rightarrow \frac{4}{25} \rightarrow \frac{2}{27}$$

(분자: −2, −2, −2, −2, −2 / 분모: +2, +2, +2, +2, +2)

25 자료 해석

정답 ④

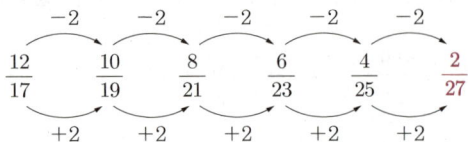

해외출장 일정을 고려해 이동수단별 비용을 구하면 다음과 같다.

- 렌터카 : $(50+10)\times3=\$180$
- 택시 : $1\times(100+50+50)=\$200$
- 대중교통 : $40\times4=\$160$

따라서 경제성에서 대중교통, 렌터카, 택시 순으로 상, 중, 하로 평가된다.
두 번째 조건에 따라 이동수단별 평가표를 점수로 환산한 후 최종점수를 구하면 다음과 같다.

이동수단	경제성	용이성	안전성	최종점수
렌터카	2	3	2	7
택시	1	2	4	7
대중교통	3	1	4	8

따라서 총무팀이 선택하게 될 이동수단은 대중교통이고, 비용은 $160이다.

26 경청

정답 ①

판단하기란 상대방에 대한 부정적인 판단 때문에 상대방의 말을 듣지 않는 것이다.

오답분석

② 조언하기 : 다른 사람의 문제를 본인이 해결해 주고자 하는 것이다.
③ 언쟁하기 : 반대하고 논쟁하기 위해서만 상대방의 말에 귀를 기울이는 것이다.
④ 걸러내기 : 듣고 싶지 않은 것들을 막아버리는 것이다.

27 SWOT 분석

정답 ②

고급 포장과 스토리텔링은 모두 수제 초콜릿의 강점에 해당되므로 SWOT 분석에 의한 마케팅 전략으로 볼 수 없다. SO전략과 ST전략으로 보일 수 있으나, 기회를 포착하거나 위협을 회피하는 모습을 보이지 않기에 적절하지 않다.

오답분석

① 수제 초콜릿의 스토리텔링(강점)을 포장에 명시하여 소비자들의 요구를 충족(기회)시키는 SO전략에 해당된다.
③ 값비싼 포장(약점)을 보완하여 좋은 식품에 대한 인기(기회)에 발맞춰 홍보함으로써 WO전략에 해당된다.
④ 수제 초콜릿의 존재를 모르는(약점) 사람들이 많으므로 마케팅을 강화하여 대기업과의 경쟁(위협)을 이겨내는 WT전략에 해당된다.

28 업무 종류

정답 ④

K주임이 가장 먼저 해야 하는 일은 오늘 오후 2시에 예정된 팀장회의 일정을 P팀장에게 전달하는 것이다. 다음으로 내일 진행될 언론홍보팀과의 회의 일정에 대한 답변을 오늘 내로 전달해달라는 요청을 받았으므로 먼저 익일 업무 일정을 확인 후 회의 일정에 대한 답변을 전달해야 한다. 이후 회의 전에 미리 숙지해야 할 자료를 확인하는 것이 바람직하다. 따라서 K주임은 ④의 순서로 업무를 처리하는 것이 가장 적절하다.

29 명제 추론

정답 ④

주어진 조건에서 적어도 한 사람은 반대를 한다고 하였으므로, 한 명씩 반대한다고 가정하고 접근한다.

- A가 반대한다고 가정하는 경우
  첫 번째 조건에 의해 C는 찬성하고 E는 반대한다. 네 번째 조건에 의해 E가 반대하면 B도 반대한다. 이때 두 번째 조건에서 B가 반대하면 A가 찬성하므로 모순이 발생한다. 따라서 A는 찬성이다.
- B가 반대한다고 가정하는 경우
  두 번째 조건에 의해 A는 찬성하고 D는 반대한다. 세 번째 조건에 의해 D가 반대하면 C도 반대한다. 이때 첫 번째 조건의 대우에 의해 C가 반대하면 D가 찬성하므로 모순이 발생한다. 따라서 B는 찬성이다.

위의 두 경우에서 도출한 결론과 네 번째 조건의 대우를 함께 고려해보면 B가 찬성하면 E가 찬성하고 첫 번째 조건의 대우에 의해 D도 찬성이다. 따라서 A, B, D, E 모두 찬성이다. 그러므로 마지막 조건에 의해 적어도 한 사람은 반대하므로 나머지 C가 반대임을 알 수 있다.

30 자료 이해

정답 ②

수도권은 서울과 인천·경기를 합한 지역을 의미한다. 따라서 전체 마약류 단속 건수 중 수도권의 마약류 단속 건수의 비중은 22.1+35.8=57.9%이다.

오답분석

① • 대마 단속 전체 건수 : 167건
  • 마약 단속 전체 건수 : 65건
  65×3=195>167이므로 옳지 않은 설명이다.

③ 마약 단속 건수가 없는 지역은 강원, 충북, 제주 3곳이다.

④ • 대구·경북 지역의 향정신성의약품 단속 건수 : 138건
  • 광주·전남 지역의 향정신성의약품 단속 건수 : 38건
  38×4=152>138이므로 옳지 않은 설명이다.

31 비용 계산

정답 ③

면당 추가료를 x원, 청구항당 심사청구료를 y원이라고 하자.

- 대기업 : (기본료)+$20x+2y=70,000$ … ㉠
- 중소기업 : (기본료)+$20x+3y=90,000$ … ㉡
  (∵ 중소기업은 50% 감면 후 수수료가 45,000원)

따라서 ㉡−㉠을 계산하면 $y=20,000$이므로 청구항당 심사청구료는 20,000원이다.

32 비용 계산

정답 ①

면당 추가료를 x원, 청구항당 심사청구료를 y원이라고 하자.

- 대기업 : (기본료)+$20x+2y=70,000$ … ㉠
- 개인 : (기본료)+$40x+2y=90,000$ … ㉡
  (∵ 개인은 70% 감면 후 수수료가 27,000원)

따라서 ㉡−㉠을 계산하면 $x=1,000$이므로 면당 추가료는 1,000원이다.

33 비용 계산

정답 ①

면당 추가료는 1,000원, 청구항당 심사청구료는 20,000원이다.

• 대기업 특허출원 수수료 : (기본료)+20×1,000+2×20,000=70,000원

따라서 기본료는 10,000원이다.

34 어휘

정답 ③

아시아 대륙 밑으로 밀려 들어간 인도 대륙이 히말라야 산맥을 높이 밀어 올렸다는 빈칸 뒤의 내용은 인도 대륙과 아시아 대륙이 충돌하는 과정에서 히말라야 산맥이 만들어졌다는 앞의 내용을 부연하므로 빈칸에는 문장을 병렬적으로 연결할 때 쓰는 접속어인 '그리고'가 가장 적절하다.

35 응용 수리

정답 ④

8명이 경기를 하므로 4개의 조를 정하는 것과 같다. 이때 1～4위까지의 선수들이 서로 만나지 않게 하려면 각 조에 1～4위 선수가 한 명씩 배치되어야 한다. 이 선수들을 먼저 배치하고 다른 선수들이 남은 자리에 들어가는 경우의 수는 4!=24가지이다. 다음으로 만들어진 4개의 조를 두 개로 나누는 경우의 수를 구하면 ${}_4C_2\times{}_2C_2\times\frac{1}{2!}=3$가지이다.

따라서 가능한 대진표의 경우의 수는 24×3=72가지이다.

36 응용 수리

정답 ④

수건을 4개, 7개, 8개씩 포장하면 각각 1개씩 남으므로 재고량은 4, 7, 8의 공배수보다 1이 클 것이다.

4, 7, 8의 공배수는 56이므로 다음과 같이 나누어 생각해볼 수 있다.

• 재고량이 56+1=57개일 때 : 57=5×11+2

• 재고량이 56×2+1=113개일 때 : 113=5×22+3

• 재고량이 56×3+1=169개일 때 : 169=5×33+4

따라서 5개씩 포장하면 4개가 남는 경우는 재고량이 169개일 때이므로 가능한 재고량의 최솟값은 169개이다.

37 문서 내용 이해

정답 ②

마지막 문단에서 창살로 구현된 다양한 문양에 따라 집의 표정을 읽을 수 있고 집주인의 품격도 알 수 있다고 하였다.

38 경영 전략

정답 ①

대인적 역할에는 외형적 대표자로서의 역할, 리더로서의 역할, 연락자로서의 역할이 있다. 올바른 정보를 수집하는 것은 정보적 역할에 해당한다.

39 조직 구조

정답 ③

조직은 조직의 전략, 규모, 기술, 환경 등에 따라 기계적 조직 혹은 유기적 조직으로 설계되며 조직 활동의 결과에 따라 조직의 성과와 구성원들의 조직 만족이 결정된다. 이때, 조직의 성과와 만족은 조직 구성원들의 개인적 성향에 따라 달라진다. 즉, 조직 구성원들의 개인적 성향은 조직 구조가 아닌 조직의 성과와 만족에 영향을 미치는 요인이 된다.

오답분석

• 조직 구조의 결정요인 : 전략, 규모, 기술, 환경

40 품목 확정

정답 ②

공사 시행업체 선정방식에 따라 가중치를 반영하여 업체들의 점수를 종합하면 다음과 같다.

평가항목 \ 업체	A	B	C	D
적합성점수	22점	24점	23점	26점
실적점수	12점	18점	14점	14점
입찰점수	10점	6점	4점	8점
평가점수	44점	48점	41점	48점

따라서 평가점수가 가장 높은 업체는 B, D이고, 이 중 실적점수가 더 높은 업체는 B이므로 최종 선정될 업체는 B업체이다.

41 명제 추론

정답 ①

마지막 조건에 따라 C는 러닝을 한 후 바로 파워워킹으로 이동한다. 첫 번째 조건에서는 A와 C가 이동한 방법의 순서가 서로 반대라고 하였고, 세 번째 조건에서 A는 우체국에서 경찰서까지 러닝으로 이동했다고 하였으므로, C는 성당 – 우체국 구간은 러닝으로, 우체국 – 경찰서 구간은 파워워킹으로 이동한 것이 된다. 따라서 C가 경찰서에서 약수터로 이동 시 사용 가능한 이동 방법은 남은 이동 방법인 뒤로 걷기와 자전거 타기이다.

42 명제 추론

정답 ②

첫 번째 조건과 마지막 조건에 따라 '미국 – 일본 – 캐나다' 순서로 여행한 사람의 수가 많음을 알 수 있다. 또한, 두 번째 조건에 의해 일본을 여행한 사람은 미국 또는 캐나다 여행을 했다. 따라서 일본을 여행했지만 미국을 여행하지 않은 사람은 캐나다 여행을 했고, 세 번째 조건에 의해 중국을 여행하지 않았음을 알 수 있다.

오답분석

①·④ 주어진 조건만으로는 알 수 없다.
③ 미국을 여행한 사람이 가장 많지만 일본과 중국을 여행한 사람을 합한 수보다 많은지는 알 수 없다.

43 조직 구조

정답 ④

조직 체계의 구성요소 중 규칙 및 규정은 조직의 목표나 전략에 따라 수립되며, 조직 구성원들의 활동범위를 제약하고 일관성을 부여하는 기능을 한다. 인사규정·총무규정·회계규정 등이 있다.

오답분석

① 조직 목표 : 조직이 달성하려는 장래의 상태로, 대기업, 정부부처, 종교단체를 비롯하여 심지어 작은 가게도 달성하고자 하는 목표를 가지고 있다. 조직의 목표는 미래지향적이지만 현재의 조직 행동의 방향을 결정해주는 역할을 한다.
② 경영자 : 조직의 전략, 관리 및 운영활동을 주관하며, 조직 구성원들과 의사결정을 통해 조직이 나아갈 바를 제시하고 조직의 유지와 발전에 대해 책임을 지는 사람이다.
③ 조직 문화 : 조직이 지속되게 되면서 조직 구성원들 간의 생활양식이나 가치를 서로 공유하게 되는 것을 말하며, 조직 구성원들의 사고와 행동에 영향을 미치며 일체감과 정체성을 부여하고 조직이 안정적으로 유지되게 한다.

44 조직 구조

정답 ③

조직을 구성하고 있는 개개인을 안다고 해서 조직의 실체를 완전히 알 수 있는 것은 아니다. 구성원들을 연결하는 조직의 목적, 구조, 환경 등을 함께 알아야 조직을 제대로 이해할 수 있다.

45 글의 주제

정답 ①

제시문은 '탈원전 · 탈석탄 공약에 맞는 제8차 전력공급 기본계획(안) 수립 – 분산형 에너지 생산시스템으로의 정책 방향 전환 – 분산형 에너지 생산시스템에 대한 대통령의 강한 의지 – 중앙집중형 에너지 생산시스템의 문제점 노출 – 중앙집중형 에너지 생산시스템의 비효율성'의 내용으로 전개되고 있다. 즉, 제시문은 일관되게 '에너지 분권의 필요성과 나아갈 방향을 모색해야 한다.'는 점을 말하고 있다.

오답분석

② 다양한 사회적 문제점들과 기후, 천재지변 등에 의한 문제점들을 언급하고 있으나, 이는 제시문의 주제를 뒷받침하기 위한 이슈이므로 제시문 전체의 주제로 보기는 어렵다.

③ · ④ 제시문에서 언급되지 않았다.

46 자료 계산

정답 ①

• 1학년 전체 학생 중 빨강을 좋아하는 학생 수의 비율 : $\frac{50}{250}\times100=20\%$

• 2학년 전체 학생 중 노랑을 좋아하는 학생 수의 비율 : $\frac{75}{250}\times100=30\%$

47 경영 전략

정답 ④

ㄴ. BCG 매트릭스는 시장성장율과 상대적 시장점유율을 기준으로 4개의 영역으로 나눠 사업의 상대적 위치를 파악한다.

ㄹ. GE – 맥킨지 매트릭스의 산업매력도는 시장규모, 시장 잠재력, 경쟁구조, 재무 · 경제 · 사회 · 정치 요인과 같은 광범위한 요인에 의해 결정된다.

ㅁ. GE – 맥킨지 매트릭스는 반영 요소가 지나치게 단순하다는 BCG 매트릭스의 단점을 보완하기 위해 개발되었다.

오답분석

ㄱ. BCG 매트릭스는 미국의 보스턴컨설팅그룹이 개발한 사업포트폴리오 분석 기법이다.

ㄷ. GE – 맥킨지 매트릭스는 산업매력도와 사업경쟁력을 고려하여 사업의 형태를 9개 영역으로 나타낸다.

48 시간 계획

정답 ②

하루에 6명 이상 근무해야 하기 때문에 2명까지만 휴가를 중복으로 쓸 수 있다.
A사원이 4일 동안 휴가를 쓰면서 최대 휴가 인원이 2명만 중복되게 하려면 6 ~ 11일만 가능하다.

오답분석

① A사원은 4일 이상 휴가를 사용해야 하기 때문에 3일인 7 ~ 11일은 불가능하다.

49 업무 종류

정답 ④

주어진 자료의 분장업무는 영리를 목적으로 하는 영업과 관련된 업무로 볼 수 있다. 따라서 영업부가 가장 적절하다.

오답분석

① 총무부 : 전체적이며 일반적인 행정 실무를 맡아보는 부서로, 분장업무로는 문서 및 직인관리, 주주총회 및 이사회개최 관련 업무, 의전 및 비서업무, 사무실 임차 및 관리, 사내외 행사 관련 업무, 복리후생 업무 등을 담당한다.

② 인사부 : 구성원들의 인사, 상벌, 승진 등의 일을 맡아보는 부서로, 분장업무로는 조직기구의 개편 및 조정, 업무분장 및 조정, 인력수급계획 및 관리, 노사관리, 상벌관리, 인사발령, 평가관리, 퇴직관리 등을 담당한다.

③ 기획부 : 조직의 업무를 계획하여 일을 맡아보는 부서로, 분장업무로는 경영계획 및 전략 수립 · 조정, 전사기획업무 종합 및 조정, 경영정보 조사 및 기획 보고, 종합예산수립 및 실적관리, 사업계획, 손익추정, 실적관리 및 분석 등을 담당한다.

50 자료 계산 정답 ④

- 슬로푸드 선물세트 : 28,000×0.71=19,880 → 19,800원(∵ 10원 단위 이하 절사)
  - 마케팅부의 주문금액(A) : 19,800×13=257,400원
- 흑삼 에브리진생 : 75,000×0.66=49,500
  - 인사부의 주문금액(B) : 49,500×16=792,000원
- 한과 선물세트 : 28,000×0.74=20,720 → 20,700원(∵ 10원 단위 이하 절사)
  - 기술부의 주문금액(C) : 20,700×9=186,300원

따라서 총주문금액은 396,000+384,000+257,400+792,000+186,300=2,015,700원이다.

인생이란 결코 공평하지 않다. 이 사실에 익숙해져라.

– 빌 게이츠 –

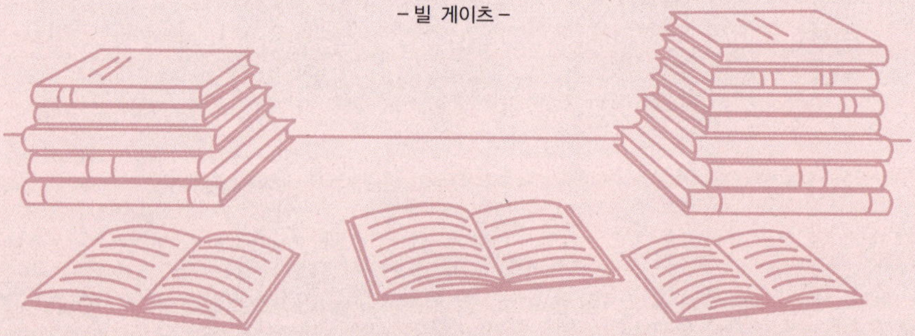

경기도 공공기관 통합채용 필기시험 답안카드

성 명

지원 분야

문제지 형별기재란	
(　　　)형	Ⓐ Ⓑ

수 험 번 호						
⓪	⓪	⓪	⓪	⓪	⓪	⓪
①	①	①	①	①	①	①
②	②	②	②	②	②	②
③	③	③	③	③	③	③
④	④	④	④	④	④	④
⑤	⑤	⑤	⑤	⑤	⑤	⑤
⑥	⑥	⑥	⑥	⑥	⑥	⑥
⑦	⑦	⑦	⑦	⑦	⑦	⑦
⑧	⑧	⑧	⑧	⑧	⑧	⑧
⑨	⑨	⑨	⑨	⑨	⑨	⑨

감독위원 확인
㊞ 인

1	①	②	③	④	21	①	②	③	④	41	①	②	③	④
2	①	②	③	④	22	①	②	③	④	42	①	②	③	④
3	①	②	③	④	23	①	②	③	④	43	①	②	③	④
4	①	②	③	④	24	①	②	③	④	44	①	②	③	④
5	①	②	③	④	25	①	②	③	④	45	①	②	③	④
6	①	②	③	④	26	①	②	③	④	46	①	②	③	④
7	①	②	③	④	27	①	②	③	④	47	①	②	③	④
8	①	②	③	④	28	①	②	③	④	48	①	②	③	④
9	①	②	③	④	29	①	②	③	④	49	①	②	③	④
10	①	②	③	④	30	①	②	③	④	50	①	②	③	④
11	①	②	③	④	31	①	②	③	④					
12	①	②	③	④	32	①	②	③	④					
13	①	②	③	④	33	①	②	③	④					
14	①	②	③	④	34	①	②	③	④					
15	①	②	③	④	35	①	②	③	④					
16	①	②	③	④	36	①	②	③	④					
17	①	②	③	④	37	①	②	③	④					
18	①	②	③	④	38	①	②	③	④					
19	①	②	③	④	39	①	②	③	④					
20	①	②	③	④	40	①	②	③	④					

※ 본 답안지는 마킹연습용 모의 답안지입니다.

〈절취선〉

경기도 공공기관 통합채용 필기시험 답안카드

성 명

지원 분야

문제지 형별기재란	
( )형	Ⓐ Ⓑ

수 험 번 호						
⓪	⓪	⓪	⓪	⓪	⓪	⓪
①	①	①	①	①	①	①
②	②	②	②	②	②	②
③	③	③	③	③	③	③
④	④	④	④	④	④	④
⑤	⑤	⑤	⑤	⑤	⑤	⑤
⑥	⑥	⑥	⑥	⑥	⑥	⑥
⑦	⑦	⑦	⑦	⑦	⑦	⑦
⑧	⑧	⑧	⑧	⑧	⑧	⑧
⑨	⑨	⑨	⑨	⑨	⑨	⑨

감독위원 확인
ⓘ인

1	①	②	③	④	21	①	②	③	④	41	①	②	③	④
2	①	②	③	④	22	①	②	③	④	42	①	②	③	④
3	①	②	③	④	23	①	②	③	④	43	①	②	③	④
4	①	②	③	④	24	①	②	③	④	44	①	②	③	④
5	①	②	③	④	25	①	②	③	④	45	①	②	③	④
6	①	②	③	④	26	①	②	③	④	46	①	②	③	④
7	①	②	③	④	27	①	②	③	④	47	①	②	③	④
8	①	②	③	④	28	①	②	③	④	48	①	②	③	④
9	①	②	③	④	29	①	②	③	④	49	①	②	③	④
10	①	②	③	④	30	①	②	③	④	50	①	②	③	④
11	①	②	③	④	31	①	②	③	④					
12	①	②	③	④	32	①	②	③	④					
13	①	②	③	④	33	①	②	③	④					
14	①	②	③	④	34	①	②	③	④					
15	①	②	③	④	35	①	②	③	④					
16	①	②	③	④	36	①	②	③	④					
17	①	②	③	④	37	①	②	③	④					
18	①	②	③	④	38	①	②	③	④					
19	①	②	③	④	39	①	②	③	④					
20	①	②	③	④	40	①	②	③	④					

※ 본 답안지는 마킹연습용 모의 답안지입니다.

2025 최신판 시대에듀 경기도 공공기관 통합채용 NCS + 최종점검 모의고사 5회 + 무료NCS특강

개정8판2쇄 발행	2025년 03월 20일 (인쇄 2025년 03월 07일)
초 판 발 행	2020년 04월 10일 (인쇄 2020년 03월 12일)
발 행 인	박영일
책 임 편 집	이해욱
편 저	SDC(Sidae Data Center)
편 집 진 행	김재희 · 윤소빈
표지디자인	조혜령
편집디자인	양혜련 · 장성복
발 행 처	(주)시대고시기획
출 판 등 록	제10-1521호
주 소	서울시 마포구 큰우물로 75 [도화동 538 성지 B/D] 9F
전 화	1600-3600
팩 스	02-701-8823
홈 페 이 지	www.sdedu.co.kr

I S B N	979-11-383-8788-0 (13320)
정 가	24,000원

경기도 공공기관

통합채용

NCS+최종점검 모의고사 5회

최신 출제경향 전면 반영

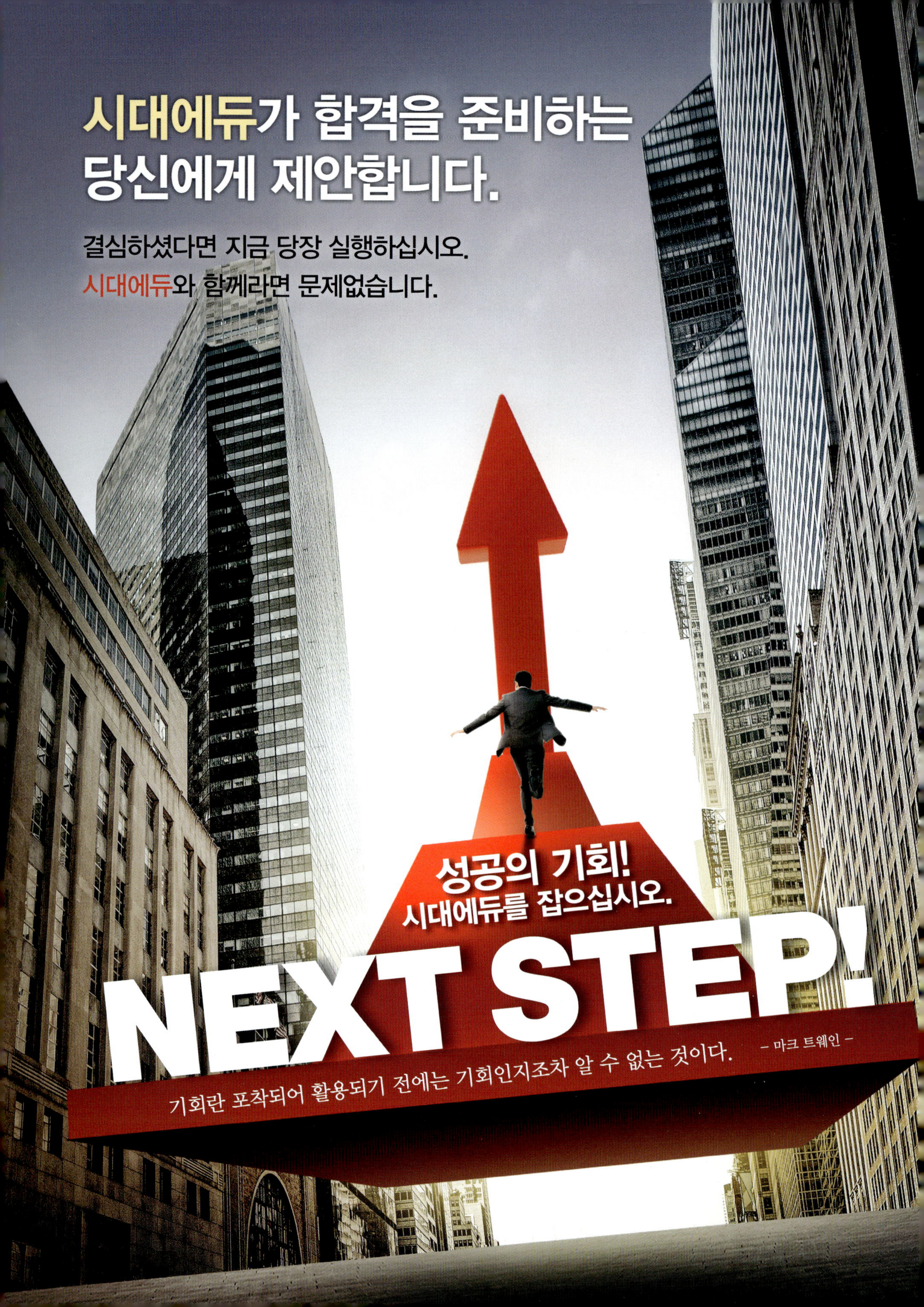
시대에듀가 합격을 준비하는
당신에게 제안합니다.
결심하셨다면 지금 당장 실행하십시오.
시대에듀와 함께라면 문제없습니다.
성공의 기회!
시대에듀를 잡으십시오.
NEXT STEP!
기회란 포착되어 활용되기 전에는 기회인지조차 알 수 없는 것이다.
– 마크 트웨인 –